The Volunteer
The True Story of the Resistance Hero
Who Infiltrated Auschwitz
Jack Fairweather

アウシュヴィッツを破壊せよ

自ら収容所に潜入した男

下

ジャック・フェアウェザー著
矢羽野薫訳

河出書房新社

アウシュヴィッツを破壊せよ　下

自ら収容所に潜入した男

目次

第3部

第4部

［上巻］

アウシュヴィッツを破壊せよ

自ら収容所に潜入した男

下

第3部

12章　デッドライン

アウシュヴィッツ、一九四二年五月

ヴィンツェンティとステファンが脱走した夜、ヴィトルトはサイレンの音を聞いた。彼らは捕まったのだろうか。捕まったらレジスタンスのことを密告するだろうか。考えても仕方がなかった。少なくとも、脱走を理由に報復は行われなかった。だからと言ってヴィトルトが安全だというわけではなかったのだが。彼が収容所に来て一年半のあいだ、ドイツ軍は基本的に、収容所の地下組織はならず者の寄せ集めにすぎないと考えていた。しかし、ヴィトルトがリーダーに選んだラヴィチが反乱の計画を立て始めた頃から、ＳＳは地下組織の正体を疑うようになった。最初のトラブルの兆候は収容所の入り口に置かれた鍵付きの投書箱で、収容者は食べ物と引き換えに密告できるようになった。ヴィトルトは部下の鍛冶職人に合鍵を作らせ、地下組織を罪に陥れるような証拠を握りつぶした[1]。

ある日の午後、青白い顔をしたコンがヴィトルトを引き止めて、皮なめし工房の新入りにゲシュタポのスパイがいるらしいと告げた。クラクフの収容所でその男と同じ部屋にいた者たちからの情報だった。SSは部屋で話していた内容を知っていたようで、すでに数人が射殺されていた[2]。ゲシュタポの事務所で働いている収容者の事務員に確認したところ、男は「特別任務」に就いていた。ヴィトルトがこのスパイに話したのは、地下での任務の概要だけだった。しかし、情報がもれたことは事実だった。問題は、男がすでにゲシュタポに報告したかどうかだ。一刻を争う状況だった。殺すだけでは余計に警戒される。即効性のある下剤のクロトン油を飲ませようと、デリングが提案した。スパイを病院に連れて行けば、デリングがSSの医師をだましてフェノールを注射するように仕向けることができる[3]。

その日の午後、皮なめし工房で働く仲間の収容者がシチューを作り、スパイの皿にクロトン油を混ぜた。男は点呼の時間には明らかに具合が悪そうで、解散の号令とともに正門に駆け寄った。ヴィトルトの部下が彼を捕まえて病院に連れて行き、急性髄膜炎と診断された。SSの医師はぞんざいな検査で処刑を承認した[4]。

それでもヴィトルトは、男がゲシュタポのボスであるグラブナーに自分の収容者番号を報告したのではないかと不安だった。数週間後、ドイツ軍がレジスタンスの記録や将校の階級をもとに収容者を選別するという以前からの原始的な処刑を行ったとき、ヴィトルトは自分が助かったことを知った。この戦術はゲシュタポが収容所内の地下組織について何も手がかりを持っていないことを示唆していたが、彼らは明らかに何かに感づいていた[5]。

五月のある朝、ラヴィチが呼び出されて尋問を受けた。ゲシュタポの勘違いだと説得して切り抜けたが、動揺し、今こそ蜂起の時だと考えた。計画は完成していた。最大の問題は、武器の圧倒的な格差だった。SS守備隊はその春に二五〇〇人に増員され、三〇分で展開できる即応部隊も加わっていた。ラヴィチは、守備隊は常に約三分の一が休暇や非番になると計算していた。ただし、それでも相手は一〇〇〇人。数でも武器でも劣勢であることに変わりはなかった[6]。

ひとつ有利な戦術は奇襲だ。労務班が仕事から戻ってきて収容所が最も混乱している夕方に攻撃すれば数分間の猶予が生まれ、その間に一つのグループが正門や監視塔を制圧し、別のグループが建設事務所の予備の武器庫を押さえて、中央収容所の九〇〇〇人に武器を配れるかもしれない。そうすれば残りの人々も合流するのではないかとラヴィチは期待していた。その後は収容所から約二〇キロ南の小高い丘の上にあるケッティを目指す。夜が明ける前にこの町を少人数で占拠し、ほかの収容者は周りの森に逃げ込むという算段だった[7]。

ヴィトルトは殺戮されて終わるのではないかと恐れた。仮に成功しても、ドイツ軍は残った収容者に報復するだろう。収容者の少なくとも四分の一は病院棟に閉じ込められていて、動ける状態ではなかった。さらに、三キロほど離れたビルケナウにも数千人がいる。ラヴィチは倉庫や列車、車両、クラクフに通じる幹線の橋を爆破して収容所を機能しなくするという計画も立てて、作戦のコストを正当化した[8]。

ヴィトルトはまだ納得していなかった。大虐殺を防ぐためには、収容所の外の地下組織による陽動作戦と連携するしかないと、彼は考えた。ラヴィチもこれに同意したが、日々大勢の人が死んでいくのに、いつまでも待つことはできないと明言した。ラヴィチが五月に釈放された収容者を介してロヴェツキに送った計画には、一カ月足らずの六月一日までにワルシャワから返事がなければ、収容所は単独で行動する覚悟だという最後通告が記されていた[9]。

生物兵器

返事を待っているあいだにも緊張は高まり、犠牲者は増え続けた。収容者が直面していたのは日々の処刑だけではなかった。再びチフスが流行し、ＳＳは多い日は一日に一〇〇人の病人をフェノール注射で殺害した。伍長のクレーアは療養棟の「作戦」室で効率的な殺し方を考案していた。助手が犠牲者を連れてきて、椅子に座らせ、両肩を後ろに引いて胸を開く。クレーアが心臓に針を刺し、犠牲者は体を震わせながらうなだれ、注射器が空になる。そして別の助手が引きずって運び出す。この方法で三〇分間に一二人の収容者を始末した。殺戮によってチフスの感染は一時的に減ったが、病院に行ってはいけない、具合が悪くなってもできるだけ長く収容棟にいろ、という噂が広まった。

地下組織は敵の目をかいくぐれそうな武器で反撃した。シラミだ。このアイデアを思いついたのは、ＳＳからチフスワクチンの準備を任されていた看護師で元細菌学者のヴィトルト・コシュトヴニだったようだ。一九三〇年代には不完全ながらチフスのワクチンが開発されていた。チフスに感染させたシラミに人間の血を吸わせ、チフス菌を含んだ糞を採取し、フェノールの溶液で変性させ、乾燥させて錠剤にするという手順だった。アウシュヴィッツで実施されたプログラムの詳細は不明だが、シュヴェラたちＳＳの医師は、錠剤にするプロセスを再現できると考えたようだ。コシュトヴニは病院棟の本棟の地下に小さな実験室を設置することを許され、病人の体から感染したシラミを小瓶に採取した。この小瓶が生物兵器として使えると、地下組織はにらんだ[10]。

問題は、チフスが広まるくらい多くのシラミにドイツ兵を襲わせることだった。ＳＳは感染を恐れて収容者との接触を避けるようになっていた。収容棟でカポと収容者がカードゲームに興じることもなくなった。ＳＳの本部の清掃係さえ、端に追いやられていた。あるＳＳ隊員は、収容者が使っている部屋のドアを開け閉めする際にハンカチを使った。看守に近づいて、体長数ミリの虫を一匹、指ではじくだけでも怪しまれかねない。数人の収容者がマットレスの藁を引き抜き、吹き矢の筒にしてシラミを吹き飛ばす実験をした。わくわくする発想だったが、攻撃の手段としては不十分だった[11]。

最も簡単な方法は、ＳＳの荷物置き場に忍び込み、上着やロッカーにシラミの入った瓶を空けることだった。監視は収容所内では上着のボタンをきちんと留めていたが、彼らが頻繁に服を脱ぐ場所があった。焼却場の隣にあるＳＳ専用の病院だ。そこでは監視とその家族だけが治療を受けることができ、スタッフもほぼ全員がドイツ人だった。収容者で中に入ることが許されるのは清掃員だけで、ボクサーのテディがその仕事に就いており、攻撃の火ぶたを切る役を引き受けた。[12]

五月のある日、テディは仕事の前にコシュトヴニからシラミの小瓶を受け取った。SSの病院のクロークに外套や上着が並んでおり、テディはその数着の襟の裏で慎重に小瓶を空けた。すぐに収容所で初めてとなるドイツ人の発疹チフス患者が記録された。デリングが次に狙ったのは、フェノール注射を担当していたSSの医師シュヴェラだった。ある日、デリングはシュヴェラが妙な顔で自分の頭を見つめているのに気がついた。[13]

「完璧な丸刈りだ。私もそんなふうにしたい」[14]

「あなたには似合いませんよ」と、デリングは軽口をたたいた。[15]

「さあ、どうかな」

テディが任務を果たしたのだろう。しばらくしてシュヴェラは熱があると訴え、制服の下に大量の汗をかいていた。次の日にはベッドでうめき声を上げ、全身が赤い斑点に覆われて、やがて死んだ。デリングの言うように「地獄でヤツにふさわしい場所に行った」のかもしれない。シュヴェラの感染は偶然だった可能性もあるが、地下組織は標的をとらえたと確信した。次の標的は収容所の死刑執行人、ゲアハルト・パーリチュだった。さらに、レオなど嫌われ者のカポのベッドにシラミが放たれ、数週間後にレオが死んだときは収容所全体がわいた。[16]

この作戦は士気を高めたが、蜂起の日が近づくにつれて高まる不安を和らげることはできなかった。五月二七日、朝の点呼で五六八人の番号が読み上げられた。収容者のあいだに恐怖が広がった。一六八人はそのまま懲罰棟まで行進して処刑された。残りの四〇〇人はビルケナウの懲罰隊に送られた。その日の夜、今こそ決行だと収容棟は活気づいた[17]。

ヴィトルトは我慢するように強く求めたが、限界だと悟った。暑い季節に入っていた。晴天が続き、正門の近くにあるジャスミンの木に花が咲いて香りが収容所に充満していた。何週間も準備してきたのだ。ヴィトルトは「おまえたちに飛びかかる日も近いぞ」と思いながら、正門の監視や、緊張しながら演奏するオーケストラの前を行進した。六月一日を迎えても、ワルシャワから連絡はなかった。地下組織の指導部に対する不満をもらし、自分で何とかすると脅す者も出てきた。おそらくヴィトルトはオシェクのヴォイチェフに、これ以上は待てないから収容所を爆撃するようにメッセージを送ったと思われる[18]。

ゲシュタポの事務所の情報源から、ビルケナウの懲罰隊に送られた四〇〇人は、動揺が広がらないように少人数ずつ射殺されることがわかった。六月四日に一二人が処刑された。二日後に九人。懲罰隊にいる組織のメンバーはヴィトルトに、反撃するつもりだと伝えてきた[19]。

「私たちはまもなく煙になってしまうから知らせておく。明日の作業中、勝負に出る……成功する見込みはほとんどない」と、ある人は書いている。「家族に別れを告げよう。もし可能なら、あなたが生きていれば、私が死ぬのは戦うためだと伝えてほしい[20]」

ヴィトルトは彼らに同情したが、もっと大局的に考えていた。ビルケナウで誰かが脱走を試みれば、ワルシャワから攻撃の承認が届くかもしれないまさにそのときに、収容所全体の取り締まりが厳しくなることはほぼ間違いない。ビルケナウもワルシャワからの知らせを待つべきだということにラヴィチも同意し、作戦を中止させるためにフレットを向かわせた[21]。

フレットは、収容所がチクロンBをガス室に運ぶ救急車に同乗することができた。懲罰棟は、ソ連兵が収容所の北東部に建てた石造りのバラックの一つだった。有刺鉄線で隔てられた奥に、ユダヤ人収容者の流入に備えて急遽建設された木造の小屋が延々と並んでいた。フレットが懲罰棟に着いたのは、門限の少し前だった。小屋の外にたむろしている数人のユダヤ人は、痩せ細り汚れていた。夜間は電気柵のスイッチが入れられ、鉄線が電流でうなった。[22]

ラヴィチの命令を聞いて安堵の声ももれたが、大半の収容者は、銃殺されるのを待つより戦って死んだほうがましだと主張した。結局、翌日の午後まで決起を延期することで話がついた。[23]

翌六月一〇日。朝から曇り空で、空気が重たく感じられた。処刑を待つ人々は排水溝の工事に取りかかった。昼食を口にした者は数えるほどで、みな合図を待っていた。すると突然、午後六時に行動を起こすという話が流れてきた。収容所に戻る号令の笛が合図だ。[24]

収容者は仕事に戻った。雨が降り始め、数人の監視が木の下に避難した。そのとき笛が鳴った。まだ午後四時半だ。仕事の終わりの合図か、それとも休憩だろうか。急いで駆け出す者もいれば、その場でじっとしている者もいた。アウグスト・コワルチクという若い収容者が鋤を振り上げ、いちばん近くにいた監視を殴ろうとしたが、その監視は別の脱走者を追いかけて走り出していた。コワルチクはその隙に土手をよじ登り、銃弾の音を感じながら開けた土地を駆け抜け、ヴィスワ川に近い茂みに逃げ込んだ。弾丸が飛び交うなか、囚人服を脱ぎ捨てて川岸にたどり着き、灰緑色の水に飛び込んだ。[25]

ヴィトルトは遠くから聞こえてくる銃声になすすべもなかった。翌日、詳細が明らかになった。

ビルケナウのバラック［提供：PMA-B］

脱走に成功したのはアウグストを含む七人だけだった。残りの収容者は小屋に戻され、厳重に監視されていた。新任の副収容所長のハンス・アウマイヤーSS大尉は、首謀者の名前を明かすように命じた。誰も答えようとせず、彼は一列に並んだ男たちの前を歩きながら順番に頭を撃った。立ち止まったのは銃弾を込め直すときだけだった。アウマイヤーが一七人を、副官がさらに三人を殺した。残りの者は服を脱ぐように命じられた。有刺鉄線で後ろ手に縛られ、ビルケナウを抜けて森の中の小さな赤い家まで連れて行かれ、ガスで処刑された[26]。

SSの報復はさらに続いた。六月一四日に二〇〇人以上、その数日後に一二〇人が射殺された。毎朝、新しい番号が読み上げられた。収容者たちは恐怖で消耗した。夜になると愛する人たちへの別れの言葉を用意し、銃弾で死ぬのがいいか、ガスやフェノールがいいかと話し合った。士気は危険なほど低下していた。[27]

白い家、赤い家

SSのガレージで働いていた機械工のエウゲニウシュ・ベンデラは、自分の名前がリストに載っていることを知らされ、このまま待つことはできないと決意した。エウゲニウシュは収容所長のヘスが使っているシュタイヤー220を定期的に整備していた。黒色のセダンは六気筒、二・三リッター。収容所で最も速いこの車を盗んで、自由の身になるのだ。そんな夢を友人のカジクことカジミエシュ・ピエホフスキに話すと、SSの制服を着てドイツ語が話せなければ、収容所の入り口にある検問所を通過できないと指摘された。偶然、カジクはドイツ語が堪能だった。SSの予備の装備の保管場所も知っていた。彼らは一緒に計画を立てた。[28]

ヴィトルトは彼らのアイデアを聞いて、荒唐無稽だからこそ、うまくいくかもしれないと思った。そこで、二一歳のスタニスワフ・ヤステルが自分の密使として脱走に加わるように手はずを整えた。ヤステルに新しい報告書を暗記させ、ビルケナウの反乱とユダヤ人のガス処刑のことを連合国側に必ず知らせて、すぐにでも収容所を攻撃するように促さなければならないと念を押し

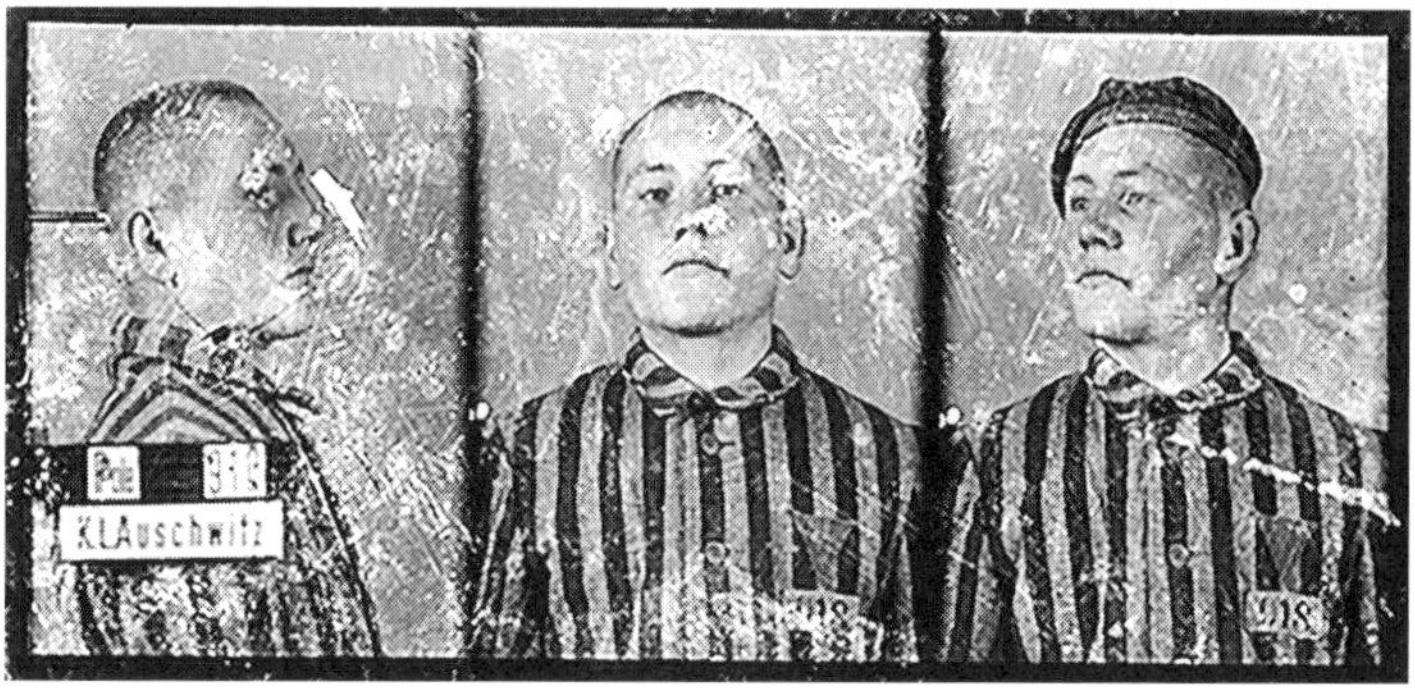

上・スタニスワフ・ヤステル（1941 年頃）［提供：PMA-B］
下・カジミエシュ・ピエホフスキ（1941 年頃）［提供：PMA-B］

た。ヴィトルトはBBCで、ポーランドの落下傘部隊が連合軍の大陸侵攻に備えてスコットランドで訓練をしていることを聞いていたようだ。彼はヤステルに、収容所の倉庫の近くに二〇〇人の落下傘部隊が着陸すれば、武器庫に侵入してほかの収容者を武装させることができると話した。[29]
決行は六月二〇日土曜日に決まった。昼休みは倉庫やガレージから人がいなくなるはずだ。修道士の訓練を受けていたユーゼフ・レンパルトも計画に加わり、正午に点呼広場に集まったメンバーに祝福を授けた。幹線道路沿いにある収容所のゴミ捨て場から外に出る口実として、カジクは生ゴミを積んだ荷車を用意しており、守衛は規定どおり彼らを外に出した。[30]
守衛たちの姿が見えなくなると、彼らはすぐに向きを変えて倉庫に行き、脇にある石炭シュートから中に入った。制服の保管室には鍵がかかっていた。カジクが扉を蹴破って入り、上級軍曹の服と銃を手に取った。脱走中に止められそうになったら、カジクが敵を撃つからとにかく逃げろ、彼らはそう確認した。エウゲニウシュはガレージへと走って車を奪った。倉庫の横手のドアの前で三人を拾い、カジクが助手席に座って、車は走り出した。[31]
三〇〇メートル先に検問所が見えたので、エウゲニウシュはペダルから足を離した。一〇〇メートル手前まで近づいても、守衛たちは動かない。カジクはホルスターを開けて銃に手を置いた。あと五〇メートル。詰所の中まで見えそうだった。エウゲニウシュは汗をかいていた。車が止まった。
「カジク、何とかしろ」。後部座席からヤステルがしゃがれ声でささやいた。[32]
カジクは窓から身を乗り出し、遮断機を開けろとドイツ語で叫んだ。守衛がきまり悪そうな顔

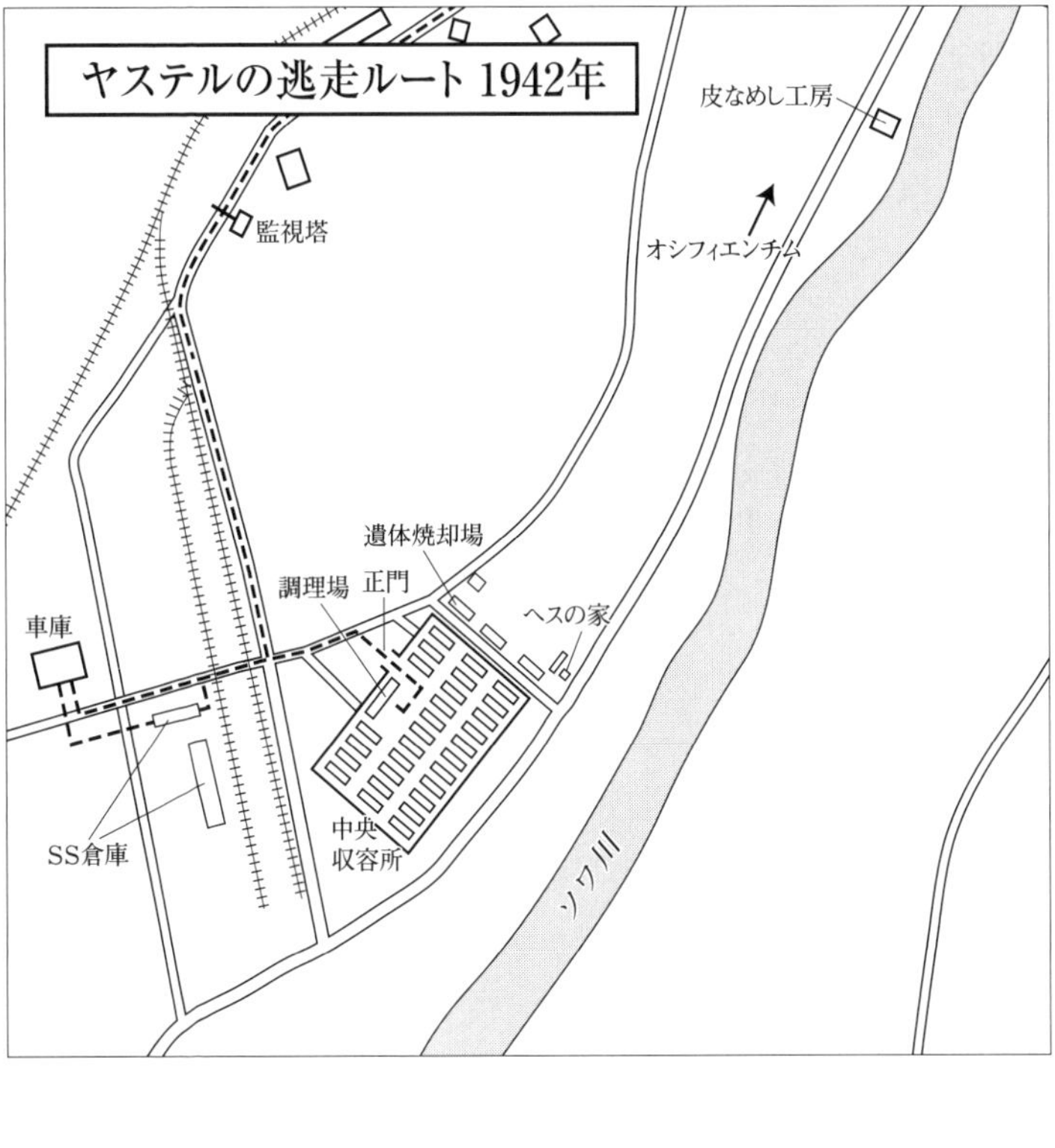
ヤステルの逃走ルート 1942年
皮なめし工房
監視塔
オシフィエンチム
遺体焼却場
調理場
正門
ヘスの家
車庫
SS倉庫
中央
収容所
ソワ川

で詰所から出て来ると、小走りで金属のバーに駆け寄って上にあげた。エウゲニウシュはペダルを踏み込みたくなるのを我慢して、ゆっくり走り抜けた。途中で馬に乗った副収容所長のアウマイヤーとすれ違い、彼らは「ハイル・ヒトラー」と声をかけた。アウマイヤーも敬礼を返し、彼らは自由の身となった。[33]

ヴィトルトは収容所で、いつサイレンが鳴るかと不安だった。時が進むたびに、彼の希望が膨らんだ。四人がいないことにSSが気づいたのは、夕方の点呼のときだった。アウマイヤーは自分がだまされたと知り、集まった収容者に罵詈雑言を浴びせかけた。そして、帽子を投げつけたかと思うと突然、笑い出した。[34]

しかし、ワルシャワから連絡は来なかった。七月の初めにラヴィチが別の収容所に移された。そのためヴィトルトが再び地下組織の実質的なリーダーとなり、蜂起の決定権も彼に移った。ビルケナウでの失敗は、外部からの支援がなければ、中央収容所の本陣で蜂起しても虐殺されるだけだというヴィトルトの懸念を裏づけた。それがさらに多くの処刑に耐えることだとしても、今は待つしかなかった。[35]

この頃、ドイツ軍は、アウシュヴィッツを地域的な殺人施設から「最終的解決」の拠点に変えつつあった。ヒムラーはビルケナウをユダヤ人労働者で埋めるという命令を出していたが、彼らの出身地に残された扶養家族をどうするかという問題が生じていた。そこでヒムラーは、今後は家族全員を収容所に送ると決めた。収容所に到着した時点で労働者を選別して、残りは全員——母親、子供、体が不自由な人、年寄りなどはガスで処刑する。その年の六月から七月にかけて、

家族の選別（上）とガス室への行進（下）。作者不詳［提供：PMA-B］

ＳＳはスロヴァキア、フランス、ベルギー、オランダから一二万五〇〇〇人のユダヤ人を収容所に送る準備を整えた。ビルケナウの森では六月に別の農家がガス室に改装された（その塗装から「白い家」と呼ばれた）。「赤い家」と合わせて二つのガス室ができ、約二〇〇〇人のユダヤ人を一度に輸送して殲滅できるようになった。[36]

七月四日、ビルケナウの正門から約一・五キロのところにある鉄道の支線に、スロヴァキアから最初のユダヤ人輸送列車が到着した。荷降ろし用のタラップは厳重に警備されていた。一〇〇〇人のユダヤ人が列車から降ろされ、はぎ取られた所持品が検査のために並べられた。ＳＳの医師は、労働に適しているのは三七二人だけと判断した。彼らはビルケナウに連れて行かれ、ポーランド人収容者の事務員による登録手続きを受けた。残りの人々は森へ向かった。[37]

ほどなくして、ビルケナウでヴィトルトの細胞《セル》のリーダーを務めるヤン・カルチから、ヨーロッパ各地からほぼ毎日、輸送列車が到着しているという報告が届いた。ヴィトルトは状況を理解するだけで純粋な恐ろしさがこみ上げた。[38]

ヴィトルトは後にこう書いている。「ＳＳの男たちが実際に何を考えていたのか、不思議でならない。貨車には本当にたくさんの女性と子供が乗っていた。乳母車に入っている子供もいた。みな、ここで人生を終える運命だった。まるで動物の群れのように、屠殺場に連れて来られたのだ！」[39]

彼は「新たな悪夢」についても記しており、その犯罪を人類の危機として実存的に捉えていた。「私たちは友を道から踏みはずさせ、私たちもひどく道を踏みはずした……私たちは獣になった……いや、そうではない、獣よりもさらに下劣な悪魔だ[40]」

七月に大量殺戮がエスカレートした頃、収容所の地下組織はナポレオン・セギエダからナチスの犯罪の証拠を求める暗号を受け取った。解読を任されたのは、分厚い眼鏡をかけた学者肌の看護師、スタニスワフ・クウォジンスキだった。ヴィトルトは報告する内容を決めなければならなかった。この七月にアウシュヴィッツで行われたナチスの組織的な殺人プログラムについて記述された書簡を書いたのは、ヴィトルトだった可能性が高い。書簡にはまず、懲罰隊による脱走計画の失敗と、その後に毎日続いた処刑のことが記されている。そして、話はユダヤ人のガス処刑

スタニスワフ・クウォジンスキ（戦前）［提供：PMA-B］

へと進む。「ビルケナウではSSが、自分たちが毒殺した人々の衣類を処分しきれない。一万五〇〇〇点の衣類がガス室の外に積み上げられている」[41]

収容者のあいだに広がる落胆についても綴られている。「現在、収容所内の生活は非常に厳しく、人々は最悪の事態を覚悟している。死ななければならないのなら、羊のように死ぬのではなく、何かをしたいと言っている」

そして、書簡は蜂起の話に戻る。彼らの蜂起は、ユダヤ人の大量殺戮を終わらせるための作戦と直接には結びつかないが、行動が必要なことは明らかだ。収容所の反乱は「世界に大きく響き渡るだろう」と、最後に記されている。「ただ一つ、私を逡巡させるのは、祖国に対する激しい弾圧につながるだろうということだ」

スタシェクも収容者の死亡率に関する最新の報告書をまとめ、おそらくこの書簡とともに送った。そこにはポーランド人とソ連人の死亡者数が月別に記載されており、五月以降、ビルケナウで三万五〇〇〇人のユダヤ人が死亡したことが強調されていた。ユダヤ人家族をガス室に送り込むための列車が数日おきに到着し、二時間で三五〇〇人が処刑されたとみられる。アウシュヴィッツが「死のキャンプ」になったことを示唆する数字だと、スタシェクは書いている。[42]

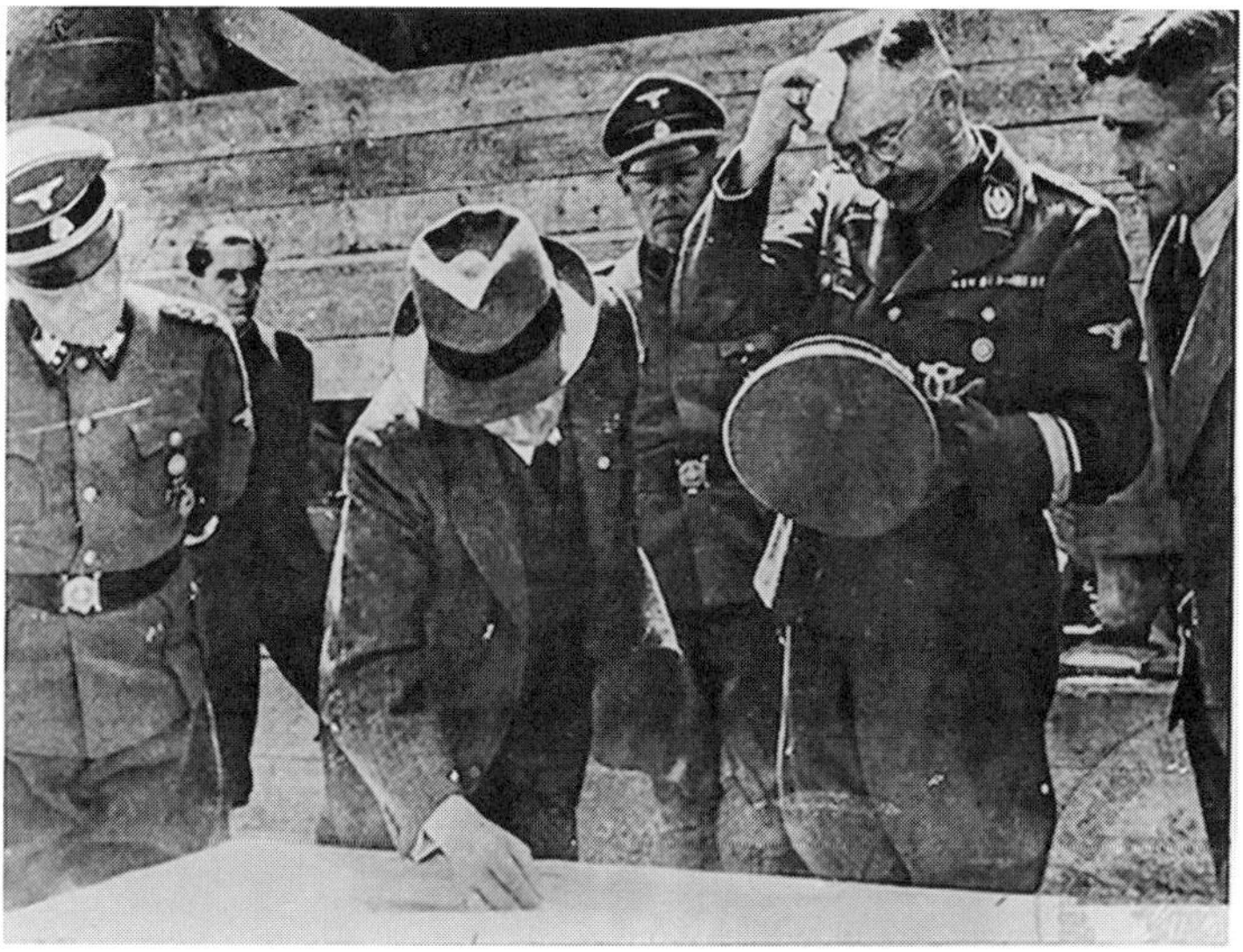

アウシュヴィッツを訪れたハインリヒ・ヒムラー（1942年7月17-18日）［提供：PMA-B］

ヒムラー訪問

地下組織が測量技師や庭師を介して書類を送る準備をしていた頃、SSの最高指導者ハインリヒ・ヒムラーの二回目のアウシュヴィッツ訪問があった。中央収容所の収容者は清潔な囚人服を支給され、体を洗うことも許された。オーケストラはヒムラーお気に入りの曲であるヴェルディの『アイーダ』の「凱旋行進曲」を練習した。七月一八日、早朝の明るい日差しの下、健康そうに見える収容者が集められて整列した。最後の検査で、服のボタンが一つない重罪人が見つかった。中央収容所に数百人いたユダヤ人の一人、ヤンキール・マイゼルだ。彼は収容棟の裏でカポに殴り殺された。息絶えるまで時間がかかり、みじめな悲鳴が静寂な空気を満たしていた。やがてオーケストラのトランペットが最初の音を奏で、黒いセダンが正門の前に止まり、SSの最高指導者が降りてきた。彼は太陽に目を細めながら微笑んでいた。[43]

ヒムラーが上機嫌なのも当然だった。ドイツ軍は六月にソ連領内で新たに大規模な攻勢を始め、南方の戦線を突破してコーカサスの油田を攻略しようとしていたのだ。当初の戦況は順調で、ヒムラーはクリミアまで及ぶドイツの植民地を夢見る余裕があった。ただし、ヨーロッパからユダヤ人を排除するという問題もあった。ヒムラーはビルケナウの絶滅処理を自分の目で確かめたいと考えていた。彼の到着に合わせて、オランダ系ユダヤ人の輸送列車が到着することになっていた。ユダヤ人家族が列車から降ろされて、身ぐるみ剝がされ、処理されていくようすを、ヒムラーは見学した。男性と女性、子供たち四四九人のグループが選ばれて、小さな白い家でガス処刑された。ヒムラーは彼らの後を追い、服を脱がされてドアが閉じられるのを見届けた。悲鳴が聞こえ、静かになった。[44]

「彼は何の不満も言わなかった」と、ヘス収容所長は回想している。ヒムラーはその後、カトヴィツェで地元の大管区指導者が主催する晩餐会に出席した。そこで葉巻とワインを嗜みながら、ごく一部の人々にだけ、ヨーロッパのユダヤ人を殺すというヒトラーの計画を明かした。ナチス最強の官僚社会である収容所でなら、秘密が守られると安心していたのだろう。その数日後、地下組織は収容所から書類一式をひそかに持ち出した。[45]

13章　書類

オシェク、一九四二年八月

囚人服の下から野原の陰へ、運び屋の手から手に渡った地下組織の報告書は、イギリスで訓練を受けた工作員のナポレオン・セギエダが待つオシェクの隠れ家に届けられた。そこには収容所でユダヤ人の大量殺戮が始まったことが詳細に記されていた。ナチスの犯罪の証拠を探していたナポレオンは二週間ほど収容所の周辺を調査しようとしたが、警備が厳しくなって思うようにいかなかった。それでも彼が目撃した暴力は、収容所の残虐さを感じさせるのに十分だった。鉄道駅の近くで行進する収容者の隊列を見かけたとき、痩せこけた男がよろめいて倒れた。ＳＳ隊員は足で彼を仰向けに返し、動かなくなるまで首を踏みつけた。残りの収容者は「黄泉の国から聞こえてくるような」歌を歌いながら進み続けた[1]。

とはいえ、ヴィトルトの書簡に記されているような規模の恐怖をナポレオンは実際に見たことがなく、スタシェクによる最新の死亡率の統計は、彼の想像をはるかに超える産業的な殺戮プログラムが行われていることを物語っていた。なかなか理解できない記述もいくつかあった。たとえば、スタシェクは「ハマールフト」すなわち「空気ハンマー」と呼ぶ殺害方法に言及していたが、これは処刑に使われたボルトアクション式の銃を収容者がそう呼んでいたのだろう。しかしナポレオンは、密閉した部屋で気圧を急激に下げて殺害するようなことだと解釈した。なぜそのような想像をしたのかはわからないが、ひそかに持ち出されたビルケナウの新しい焼却場の図面を見て、精巧な換気システムがある種の加圧式殺戮システムだと考えたという可能性はあるかもしれない。さらに、焼却場の部屋の一部が、致死的な電気ショックを与えるように配線されているとも考えたようだ[2]。

こうした誤解はあったが、ナポレオンは自分がナチスの重大な秘密を手に入れたことはよくわかっていた。アウシュヴィッツはユダヤ人の大量殺戮の重要な拠点となっており、ポーランド系ユダヤ人を主な対象とするほかのガス処刑施設と違って、ヨーロッパ大陸全体からユダヤ人が集められていた[3]。

ヴォイチェフは、ロンドンに向かうナポレオンのために新しい書類を手配した。工作員はそれぞれ偽の身分証を携えてポーランドに降下したが、さらに別の偽名に変えるのが賢明なときもある。ヴォイチェフはうってつけの替え玉を見つけた。ポーランド人の牧師で名前はグスタフ・モ

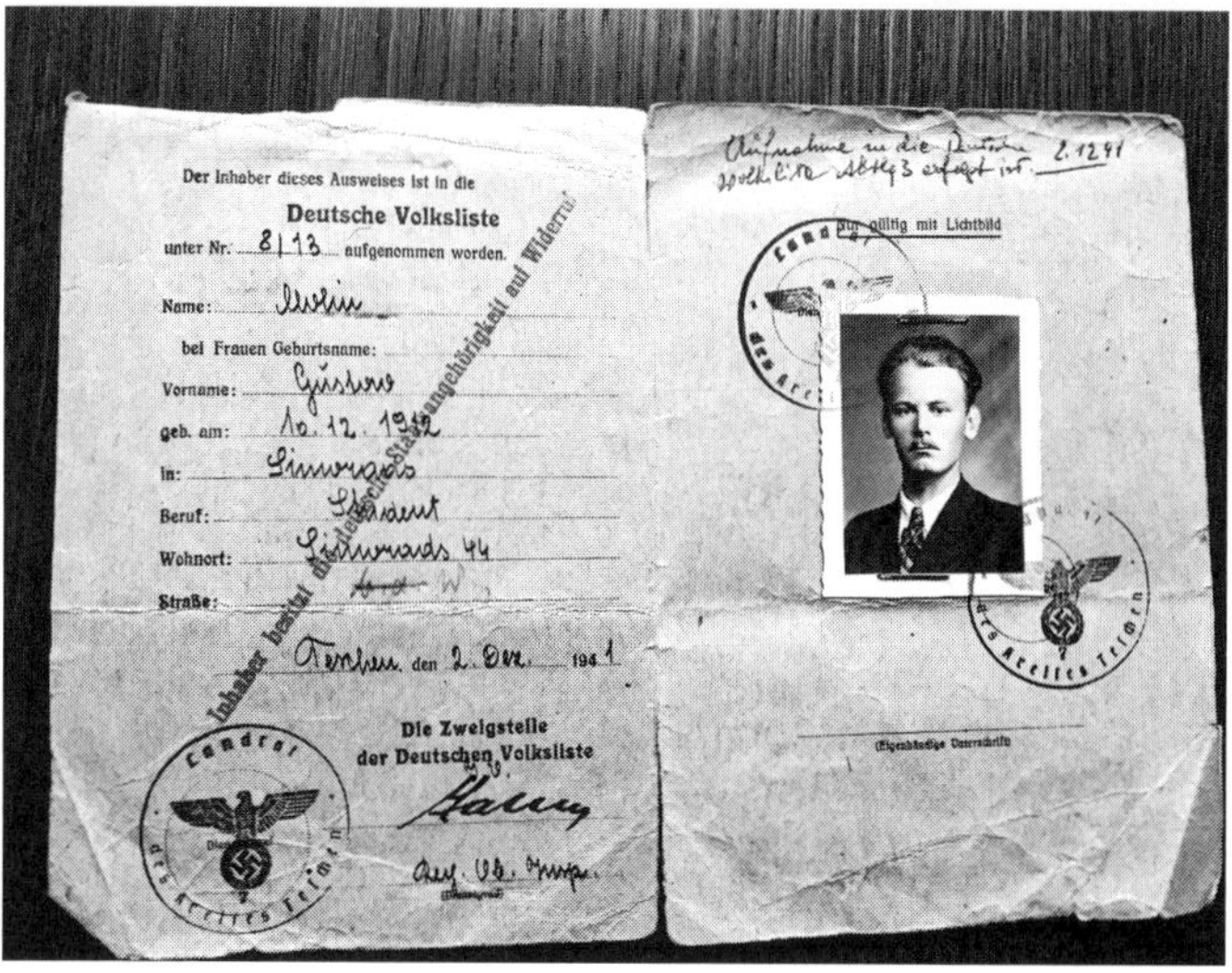

上・収容所近辺の立ち入り禁止の看板［提供：ミロスワフ・ガノビス］
下・グスタフ・モリンの身分証［提供：モリン家］

リン。チェシンという町の近くの出身で、ドイツ系の血を引く者として登録を強いられた後、徴兵の通知を受けていた。モリンはナチス占領下のフランスの部隊に所属するためにポーランドから移動することになっており、それを地下組織が利用することに同意した。ナポレオンがドイツ兵になりすますことができれば、最小限のチェックで移動できるだろう[4]。

一九四二年八月六日、ナポレオンはロヴェツキから最終的な承認を得るため、報告書を携えてワルシャワに向かった。しかし、首都は新たな惨劇に見舞われていた。ドイツ当局は七月二二日に、ゲットーの住民四〇万人を東部の工場に強制移送すると発表していたのだ。ゲットーのユダヤ人評議会のアダム・チェルニャクフ議長は、孤児の移送をめぐるSSとの交渉のなかで、ワルシャワのすべてのユダヤ人が絶滅の対象になっているという恐るべき事実を知った。七月二三日に粛清が始まる直前に、チェルニャクフは青酸カリの錠剤を飲み込んだ。「私の国の子供たちを、この手で殺せと要求されている」と、彼の遺書にある。「私はもう死ぬしかない[5]」

ドイツ軍将校とウクライナの補助部隊がゲットーの入り口を封鎖し、強制移送をちらつかせてユダヤ人の警察官を脅しながら、アパートを回って人々を路上に引きずり出すように命じた。大人も子供もゲットーの端にある鉄道の線路まで行進させられ、いったん空き地の倉庫に入れられてから、家畜運搬用の貨車に詰め込まれた。初日に六〇〇〇人のユダヤ人が移送され、その後も毎日同じくらいの人数が運ばれた。

列車がどこに向かっているのか、誰も知らなかった。翌日、ユダヤ人労働者総同盟はゲットーからザルマン・フリードリヒというスパイを送り込み、ひそかに列車を追跡させた。彼はポーランドの鉄道員から、収容者たちがワルシャワの北東八〇キロにあるトレブリンカ近くの収容所で降ろされたと聞いた。森の奥で鉄条網に囲われたその施設は、次々に到着する人々を収容するには小さすぎた。しかし、誰もそこから出て行かなかった。集団で殺害されているのではないかと思われた。ロヴェツキは自分の情報源からも、ワルシャワのユダヤ人がかつてない規模で殺されているという同様の報告を受けていた[6]。

「ドイツ軍はワルシャワ・ゲットーの虐殺を開始した」。七月二六日に地下組織からロンドンに向けて、粛清に関する最初のメッセージが発信された。「すでに二編成分の列車で人々が、言うまでもなく、死に向かって運ばれた」

死のキャンプには殺されたユダヤ人の体から取った脂肪で石鹸を作る工場があるという噂が広まった。第一次世界大戦の反ドイツのプロパガンダと同じだが、今回は、ナチスが民族を抹殺しているという事実よりも、ナチスの殺人を合理的に説明しているようにさえ聞こえた[7]。

この混乱した熾烈な状況で、ナポレオンはアウシュヴィッツの調査結果を届けようとしていた。ロヴェツキがこのときナポレオンに会うことはなかったと思われるが、ナポレオンがすぐにロンドンに向けて出発することは承認したようで、フランスで活動するポーランド人工作員が大量に逮捕されたために誰もが不安になっていると警告を伝えた[8]。

八月九日、ナポレオンはチェルニャクフの自殺に関する最新情報と、ドイツ軍の作戦開始から一八日間でゲットーの一〇万人が殺害されたという数字を携えてワルシャワを出発した。ワルシャワの複数の政治組織からの報告書やメッセージのマイクロフィルムも持っていた。ヴィトルトの書簡やスタシェクの最新データをマイクロフィルムに記録する時間はなかったが、ナポレオンは重要なフレーズや数字を暗記していた。二週間以内にイギリスに着く見込みだった。[9]

ナポレオンはスイス経由でロンドンを目指した。クラクフで列車を乗り換えた際は、おそらくドイツ国防軍の兵士グスタフ・モリンとして、ウィーンと前線を毎日往復していた軍用輸送列車に乗ったのだろう。輸送列車が走るのは主に夜間で、真っ暗な客車に詰め込まれた男たちは窓にもたれかかり、あるいは床に置いたリュックサックの上に倒れ込むようにして眠っていた。ヒトラーがソ連南部のコーカサス地方で油田を掌握するために行った大規模な作戦が停滞しており、兵士たちは再び過酷な冬の戦場に駆り出されようとしていた。ゲシュタポは兵士の怒りを煽ることを恐れ、客車にはめったに入らなかった。[10]

八月一〇日の明け方にウィーンに到着したナポレオンは、不安な気持ちで夕方まで待ち、チューリッヒ行きの列車に乗り継いだ。一一日の未明にスイスとリヒテンシュタインの国境の駅フェルトキルヒに着いた。乗客は列車から降ろされ、検問所でビザの確認を受けなければならなかった。駅の灯りが、ドアの上に掲げられた「EIN VOLK, EIN REICH, EIN FÜHRER（一つの民族、一つの国、一人の総統）」の看板を照らした。線路を挟んで左右に高さ約二メートルの有刺鉄線のフェンスが続いていた。スロヴァキアでの一斉検挙を逃れて中立国のスイスを目指すユダヤ人は、国境を成すライン川を渡ろうとした。そうした必死の逃避行が毎晩のように行われ、この八月までにスイスは約一万人の難民を含む一〇万人以上の外国人の入国を許可していた。ヨーロッパ各地でナチスによる一斉検挙が行われており、ユダヤ人が流入することを恐れて、多くの国が捕まえたユダヤ人をドイツに引き渡し始めていた[11]。

ナポレオンにとって、この道中で最も危険な瞬間だった。ドイツの国境警察と地元の守衛は、夜明け前の暗がりのなかで彼の体をぞんざいに手でなでると、そのまま検問所を通した。アッペンツェルの山並みの夜明けを、ナポレオンは幸せな気持ちでながめたに違いない。チューリッヒでスイスの首都ベルン行きの列車に乗り換え、八月一二日の正午前に到着した。駅から旧市街の石畳を急ぎ、一度も顔を上げることなく、エルフェンシュトラーセ二〇番地のポーランド公使館

ナポレオン（ワルシャワ、1942年）［提供：ヤニンカ・サルスキ］

に向かった。

ナポレオンの報告

穏やかだったベルンの街は、ヨーロッパのスパイ活動の中心地になっていた。ドイツ、イギリス、アメリカ、ソ連の諜報機関のオフィスはそれぞれ数百メートルしか離れておらず、一人の工作員が午前中だけですべて訪れることができ、二重、三重の複雑なスパイゲームをする者もいた。バーやレストランは、秘密を売り込み、仲介役を買って出る謎めいた人々でにぎわっていた。ドイツは通信手段が複雑になったとしてもチャンネルを開いておくことに価値があると考え、こうした活動を容認していた。ドイツ軍の諜報機関アプヴェーアを率いるヴィルヘルム・カナリスはポーランド人工作員のハリナ・シマンスカと不倫関係にあったと言われており、彼女を使ってイギリスに探りを入れていた[12]。

ベルンのカフェや趣のある裏通りで交換される有益な情報は限られており、その多くは単なる噂話や古いニュースの使い回しで、報酬が捏造のゆがんだ動機になっていた。ナポレオンのように本物の情報を持っている工作員は、いたとしても数えるほどで、ナポレオンも自分を取り巻く危険を承知していた。ポーランド公使館は情報漏洩で悪名高かった。メッセージは傍受され、電話回線は盗聴されていた。不注意に情報を教えれば、ゲシュタポに追われることになる。

偶然にも、その年の夏にナチスの絶滅計画の情報を携えてスイスに来た情報源は、ナポレオンが最初ではなかった。ポーランド西部ブレスラウ〔ヴロツワフ〕出身のドイツ人実業家エドゥアルト・シュルテは、ナチス幹部の人脈からヒトラーのユダヤ人絶滅計画について聞き、七月末にチューリッヒで友人のユダヤ人弁護士に情報を伝えた。この情報はシオニスト組織を経由してジュネーヴのイギリスおよびアメリカの公使館に届けられ、西側のユダヤ人指導者に電報で送られた。殺戮が組織的に行われていることと、ヨーロッパ全土に広がりつつあることを理解するうえで、シュルテの情報は非常に重要だった。しかし、アウシュヴィッツが拡大し続ける殺戮作戦の中心的役割を果たしているという情報を伝えたのは、ナポレオンだけだった[13]。

ナポレオンはアーレ川の急流にかかるキルヒェンフェルト橋を渡り、丘の上の公使館に急いだ。密使は通常、アレクサンデル・ワドシ臨時公使に会って報告書を渡すことになっていた。報告書の内容が緊急の場合は、スイスやドイツに探知されないように公使館がひそかに設置した無線機を使って、暗号で本国に送信する。ナポレオンは公使館の入り口に詰めかけた難民の群れをかき分けて中に入った。彼らの大半は、国外に放り出されないように経済的な支援や書類の作成を求めるユダヤ人だった[14]。

公使館の奥の部屋に通されたナポレオンは、ワドシは週末の休暇でアルプスのリゾート地ベックスにいると職員から知らされた。ナポレオンは引き続きロンドンに向かわなければならず、ワドシ以外には誰にも話すつもりはなかったので、公使館のユダヤ人問題専門家のユリウシュ・キュールが公用車でベックスまで連れて行くことになった[15]。

翌日、ワドシを含む三人はベックスのグラン・オテル・デ・ザリーンで対面した。ホテルにはダン・デュ・ミディ山を見渡せる豪華なダイニングルームがいくつかあり、その奥に人目につかないように話ができるビリヤードルームがあった。ワドシは五〇歳のチェーンスモーカーで、寛大だが気難しいところもあった。彼はユダヤ人の窮状に同情的で、ユダヤ人のグループが公使館の無線機を使ってイギリスやアメリカに報告を送ることを許可していた。キュールとともにパスポート偽造の手はずを整え、ユダヤ人難民がスイスまで来てヨーロッパから脱出できるように手助けしていた。キュールはポーランド東部出身の正統派ユダヤ教徒で、難民の支援を通じて、ユダヤ人の大量殺戮に関する知識を伝える重要なパイプ役となっていた。スイスに駐在しているローマ教皇使節フィリッポ・ベルナルディーニとも親交を深めており、教皇使節公邸の屋根付きのパティオで卓球をしながら情勢の説明をする習慣もあった[16]。

つまり、ナポレオンが話をした二人は、彼の情報の重要性を理解することができ、それを広める手段を持っていた。しかし、ナポレオンは情報漏洩を警戒して、彼らに話す内容を慎重に選んだ。彼はワルシャワのゲットーの粛清とチェルニャクフの自殺について知っていることを伝えた。ワドシはすでに、ワルシャワからロンドンへの無線連絡でこれらの話を知っていたようだが、ナポレオンは作戦の規模や、トレブリンカの死のキャンプの役割、ユダヤ人の死体が石鹸や肥料にされているという噂などをあらためて話した[17]。

しかし、アウシュヴィッツの話題になると、ナポレオンは口をつぐんだ。キュールの記述によれば、このときナポレオンは西ヨーロッパから強制退去させられるユダヤ人の運命について語り、

左・ユリウシュ・キュール（1943 年頃）［提供：アムード・アイシュ記念館］
右・アレクサンデル・ワドシ（1935 年頃）［提供：ポーランド国立公文書館］

ナチスが主張するように東ヨーロッパの労働収容所に送られるのではなく、殺害されるのだと説明したようだ。しかし、ナポレオンが明かしたのはそれだけだった。[18]

ナポレオンの不満

ナポレオンとキュールはベルンに戻った。キュールはすぐに丘を下りてベルナルディーニを訪ね、秘書のモンシニョール・マルティロッティに伝言を託した。そして、ナポレオンの発言を書き留め、ジュネーヴの弁護士エイブラハム・シルバーシャインに伝えた。シルバーシャインは、ドイツ人実業家シュルテから情報を受け取ったシオニスト組織と密接なつながりがあった[19]。

一方、ナポレオンは旅を再開する準備をしていた。翌日にはベルンを発ち、ドイツの身分証を使ってフランスに向かおうと考えていた。しかし、ワドシの助言に従って、スペインかポルトガルへの渡航に必要なビザを取得することにした。そこから飛行機でロンドンに飛ぶか、船を探せるだろう。書類を待つあいだ、ナポレオンは以前から計画していたドイツの鉄道網を利用したメッセージの輸送を実現させようとしたが、いつ渡航書類が手に入るかわからない状況では深入りすることもできなかった[20]。

八月に入り、ナポレオンは不満を募らせていた。ワルシャワのゲットーの粛清についてはメディアでときどき報道されてはいたが、情報が混乱していて衝撃はほとんどなかった。一方で、西ヨーロッパからユダヤ人が国外追放されていることは注目度が高く、彼らの最終的な行き先についても議論が広がった。英タイムズ紙は八月八日、オランダのユダヤ人少女たちは「列車に乗せられて収容所に送られるが、どのような収容所なのかはわからない」と報じた。実際、八月には三万人以上のユダヤ人がアウシュヴィッツに移送された。しかし、収容所の役割はわからないままだった[21]。

九月一七日にロンドンからベルンのポーランド公使館に届いた書状には、「ヴェラ［ナポレオンのコードネーム］のポルトガルのビザ取得にあたり、どのような困難があるか？」と書かれている。その数日後にも再び「ヴェラはどうなったか？」とある[22]。

別の電報には、ナポレオンが暗号化された短い報告書を送らなかったのは残念だと書かれていた。公使館は、適切な書類を整えるために予想以上に時間がかかっているが、ナポレオンはすぐに出発するだろうと答えた。ナポレオンは、自分がアウシュヴィッツの外で集めた情報が重要なものだと理解していた。しかし、彼はイギリスで訓練を受けた多くの工作員の一人として、ポーランドでは極秘に単独で行動していたため、自分の情報が西側にナチスの計画を理解する機会を与え、連合国を説得して軍事介入に踏み切らせることができるかもしれない現実的な目標を提供し得るということは何も知らなかった。夏から秋へと季節が変わり、ナポレオンはベルンで不満を募らせながら、来ることのない書類を待っていた。[23]

14章　熱病

アウシュヴィッツ、一九四二年八月

一九四二年の夏、ビルケナウ近郊の鉄道の側線には目のくらむようなペースで次々に列車が入線した。八月一日にヴェステルボルク通過収容所から一〇〇七人のオランダ系ユダヤ人とドイツ系ユダヤ人が到着し、二〇〇人が直ちにガス処刑され、八〇七人が収容所に入れられた。翌日はピティヴィエからフランス系ユダヤ人一〇五二人が到着し、七七九人がガス処刑された。ベンジンのゲットーからも列車が到着し、一五〇〇人近くのポーランド系ユダヤ人がガス処刑された。その二日後、再びヴェステルボルクから一〇一三人のユダヤ人を乗せた列車が到着し、三一六人がガス処刑された。ヘス収容所長はこの頃、ポーランドのほかの収容所を視察して、自分のところが最も効率的だと豪語した[1]。

森の中へと行進するほこりまみれの隊列も、積み重なった遺体も、ヴィトルトは実際に見ることはなかった。しかし、間接的ながら虐殺を確認することができた。彼が働いていた皮なめし工房では毎日、中庭にトラックが入ってきた。そこには死者から奪った革製品が積み込まれていた。ズボン吊り、ベルト、ハンドバッグ、靴、名札の付いたスーツケース。これらは分類されて、焼却されるか、ドイツ軍の家族に配るために集められる。庭に並べられた靴が幽霊の列のようだった。磨き上げられた紐付きの短靴、履き込まれたローファー、優雅なハイヒール、夏用のゴム底のズック、小さなブーティ。ときどき大きな鉄製の歩行器が混じっていた[2]。

これらの靴が何を意味するのか、収容者は知っていた。恐怖に怯える者もいれば、何も感じていないと強調する者もいた。しかし、この光景が当たり前になると、靴などの品々は好機になった。ブーツのかかとやスーツケースの内側の生地の下に、金塊や宝石、さまざまな通貨の紙幣などの貴重品が隠されていたのだ。これらの品々はドイツ帝国の国庫に入るものとしてSSに引き渡されることになっていたが、すぐに収容所は戦利品であふれ返り、収容者はアウシュヴィッツが「カナダ」になったと言った。カナダは豊かな国だと思われていたのだ。収容所では金銭の価値が完全に崩壊していた。闇で取引されるパンは一〇〇ドルから二〇〇ドル、やがて一〇〇〇ドルになり、フランスフランは価値を失って収容者はトイレの紙に使った[3]。

ＳＳは密輸を取り締まるように命令していたが、監視たちは自分もおこぼれにあずかろうとした。一方通行の危険な取引が広まったが、収容者にとっても利点があった。ビルケナウのある収容者は次のように語っている。「私たちは組織的にＳＳ隊員の機嫌を取ろうとして、彼らに腕時計や指輪、お金を渡した。彼らが賄賂を受け取れば、以前ほど危険ではなくなる」。ヘスも分け前を欲しがった。彼はブーツを磨かせるという口実で皮なめし工房に繰り返し足を運んだが、ヴィトルトは作業場の屋根裏にある監視場所から、収容所長が戦利品を選んでいるようすを見ていた。「［ヘスは］金や宝石、貴重品を取っていった」とヴィトルトは振り返っている。それはつまり、「部下の違反行為を見て見ぬふりをする」ということだった。[4]

収容所全体がカナダの熱狂に包まれた。「まだ温かいものに手を伸ばし、その行為に喜びを感じて、所有する喜びが大麻のように効いてくる」と、ある収容者は書いている。カナダ用の倉庫が設置され、たいてい女性が番をした。容姿で選ばれた彼女たちに、カポや、ときにはＳＳ隊員が贈り物を浴びせ、見返りに性的な要求をした。倉庫の片隅に絹のシーツや羽毛布団が敷かれ、事実上の売春宿になった。[5]

ヴィトルトは戦利品に手を出そうとしなかった。持ち主が死んだことは理解していたが、「血で汚れたもの」という嫌悪感はぬぐえなかった。ただし、食べ物は別だった。チョコレートやオランダ産チーズ、イチジク、レモン、砂糖の小袋、バターのかけらなど、数カ月前には生死を分けた一口が手に入るようになった。「この頃はビスケットやケーキのかけらが入った甘いスープを食べていた」と、ヴィトルトは書いている。「石鹸のかけらが紛れ込んで、香水のような香りがするときもあった[6]」

スタシェクの死

蜂起に失望して以来、ヴィトルトは部下の士気を維持するのに苦労していた。ワルシャワは沈黙を続けており、すぐに行動を起こせる見込みはなかったが、ヴィトルトはあきらめていなかった。ラヴィチが去った後、彼は地下組織の新たな軍事リーダーとしてユリウシュ・ギレヴィチという人のいい空軍大佐を見つけた。例の大佐グループの計画は続いていたのだ。彼らは自分たちの運命は自分でコントロールできると信じていたかった。[7]

ヴィトルトとスタシェクは、収容所内で急増している死者のデータを引き続き集めた。オシェクのヴォイチェフからはナポレオンの動向について何の連絡もなかったが、まもなく何か起きるだろうと期待していた。八月のある朝、点呼でスタシェクの番号が読み上げられた。ヴィトルトは最悪の事態を恐れたに違いない。しかし、スタシェクは食料の小包を渡されただけだった。ヘスは少し前から、政治犯の収容者が中央収容所で外部から届いた荷物を受け取る際の規則を緩和していた。その夜、スタシェクはうれしそうにイワシの缶詰を振る舞った。仲間は彼に、自分の番号が読み上げられたときの気持ちを尋ねた。[8]

「顔をしっかり上げたまま出て行こうと思った。みんな見ているからな！」[9]

しかし、翌日の昼食時に、収容所のゲシュタポのボスであるグラブナーが、収容所内のコンクリート工場で働くスタシェクを連行した。小包を見て、グラブナーはスタシェクが収容所にいることを思い出したようだ。三〇分後、彼は射殺された[10]。

ヴィトルトはその後、スタシェクの死について記していないが、個人的にも、二人でまとめていた報告書にとっても、かなりの打撃だったはずだ。最も親しい協力者の一人を失い、後任が見つかるまでスタシェクの仕事も引き受けなければならなかった。

ヴィトルトは自分の知っている唯一の方法で反撃した。無線に詳しいズビグニエフが、何カ月も探していた部品をようやく見つけて短波送信機を完成させたのだ。信号を送信することは、周辺地域を巡回しているドイツ軍の追跡車にこちらの位置を知られる危険を伴うため、メッセージは簡潔にした。送信の記録は残っていないが、スタシェクが集めた最新のデータを送った可能性が高い。この年の夏、ビルケナウでガス処刑された三万五〇〇〇人のユダヤ人に加えて、約四〇〇〇人の収容者がチフスで、さらに二〇〇〇人がナチスによる処刑やフェノール注射で死んでいた。放送を本当に聞いている人がいるのかどうか、ヴィトルトには知る由もなかったが、収容所の外に向けて送信すれば近くにいる誰かが耳にするかもしれないと思うだけで、大きな励みになった[11]。

デリングへの疑念

この頃、収容所の病院の窮状を助けるために、地下組織は次々に医薬品を密輸していた。収容者の庭師エドヴァルト・ビエルナツキは、一九四二年の夏にブドウ糖注射液、抗生物質、鎮痛剤を約九リットル分と、七〇人を治療できるチフスワクチンを集めたはずだと振り返っている。デリングは、ヴィトルトもワクチンを接種するべきだと主張した。彼は組織にとって失うにはあまりにも貴重な存在であり、感染の危険が高まっていた。ヴィトルトの収容棟では彼と寝台を共有している者も含めて、収容者の半分が発熱していた。地下組織のメンバーで最近チフスにかかったのは、ボクサーのテディとエドヴァルトだった[12]。

デリングは病気になった収容者を守るために、入院してまもないように記録を改ざんしていた。病院に長くいれば、フェノール注射の対象に選ばれる確率が高くなる。選ばれた者も、その日に死んだ者と記録をすり替えて土壇場で救えることもあった。自分の任務に忠実なデリングは新任医師の一人フリードリヒ・アントレSS大尉と親交を深め、彼の外科技術の向上に協力する代わりに自分が担当する患者を選別からはずしてもらっており、その抜け道をこの夏も利用した[13]。

しかし、デリングがSSの医師と仲良くしている姿を見て、地下組織では彼の忠誠心を危ぶむ声があがっていた。デリングの戦術を知る人々も、次第に無愛想で傲慢な態度を取るようになっ

エドヴァルト・ビエルナツキ（1941 年頃）［提供：PMA-B］

た彼を敬遠していた。事態が緊迫したのは、密輸された薬の使い道をめぐる問題だった。デリングは独断で、地下組織が隠しているモルヒネを使い、手術室のタイル張りやペンキ塗りに従事する建設班のカポを買収していた。ある朝、遺体置き場で働くギエネク・オボイスキが工事現場をのぞくと、ドイツ人のカポがお茶にブドウ糖のサプリメントを混ぜていた。ギエネクはデリングのところに突進した[14]。

二人とも短気な男だったが、デリングはギエネクを怒らせるのは得策ではないと考えた。ギエネクは病院の遺体置き場でカポの頭を叩き割り、その死体を焼却場で処分したと噂されていた。ギエネクがこれほど憤慨しているると、何をしでかすかわからない。デリングは弁明しようとしたが、ギエネクの心は決まっていた。彼はデリングを信用しなくなり、密輸した薬を届けなくなった[15]。

患者を救え

八月の終わりにデリングはアントレから、チフスの感染拡大に対処するため、病院全体で選別を行う計画があると聞いた。不吉な予感がした。デリングはヴィトルトのもとに行って警告し、二人は一人でも多くの人を選別から除外する作業に取りかかった。その日の夜、ヴィトルトは療養棟で倒れているテディを見つけた。

「起きろ」。彼は小声で言った。[16]

テディはほとんど動くことができず、ヴィトルトは二人の看護師を呼んできて、彼がよろめきながら自分の収容棟に戻るのを助けた。

デリングとヴィトルトはできるだけ多くの患者を救おうとしたが、退院の書類をそろえるのに時間がかかった。結局、その日の門限までに救い出せたのは、ほんの一部だった。

翌朝、夜が明けきる前に目を覚ましたデリングは、療養棟でまだ行っていない病棟があることを思い出した。そこの患者の中にスタニスワフ・タウベンシュラグという知り合いのユダヤ人がいた。彼は収容所でアーリア人として登録されていた。起床の合図の前に着替えて通りを渡り、スタニスワフたちを起こす時間はありそうだった。

「すぐに病院を出ろ」。デリングはそうささやき、退院の書類を用意すると約束した。[17]

フリードリヒ・アントレ（1946年頃）［提供：USHMM］

そのとき大型トラックが近づいてくる音が聞こえてきた。通りに出たデリングは、アントレとクレーアが降りて来るのを見て、急いで彼らのもとに行った。アントレは青白い幽霊のようで、夜明けの光に浮かび上がった顔は無表情だった。「病院全体で選別が行われる」と彼は言った。選ばれた者はビルケナウに連れて行かれ、いわゆる特別扱いを受けることになる。デリングはその意味を察した。快方に向かっている患者の多くは回復するかもしれない、特に熱が下がったチフス患者は完全に回復するかもしれないとデリングは抗議したが、アントレは彼を手で追い払った。彼らは療養棟から始めようとしていた。[18]

アントレは看護師に、待機している

トラックで「ビルケナウに移送する」ために、患者を舗道に集めるよう指示した。その意味を全員が理解していたわけではなく、理解していた者の多くは抗議するには体が弱りすぎていた。病棟で働いていたフレット・シュトッセルは、番号が記された長いリストを読み上げた。選ばれた者はスロープを上ってトラックに乗り込み、歩けない病人は荷台に投げ込まれた[19]。

デリングは危険を承知でトラックの入り口に潜り込み、ほぼ回復したと思われる人々を引っ張り出したが、アントレに見つかった。

「頭がいかれたのか？　これはベルリンからの命令だ[20]」

「彼らは健康だ」と、デリングは叫び返した[21]。

「愚か者！」。アントレは激怒したが、トラックがいっぱいになって出発する前に、デリングがさらに数人を引っ張り出すのを黙認した。アントレは次の病棟に移動した。しかし、クレーアは番号を確認していた。数が合わない。彼は病棟の看護師が集まっているほうに目をやり、その奥に怪しい人物を見つけた。彼はその男を指差した。

「お前の番号は？　ここの看護師ではないな[22]」

看護師のグループが二手に分かれ、ヴィエスワフ・キーラーという患者が現れた。

「私は健康です、親衛隊長、私は働けます[23]」

クレーアは彼をブロック塀まで引きずり、トラックが戻ってくるのを待った。すぐにエンジンの音が聞こえてきた。トラックが止まった横を、デリングが急いで通り過ぎた。

「ドクター！　ドクター！」と、ヴィエスワフは叫んだ。「助けてくれ！　生きたいんだ[24]！」

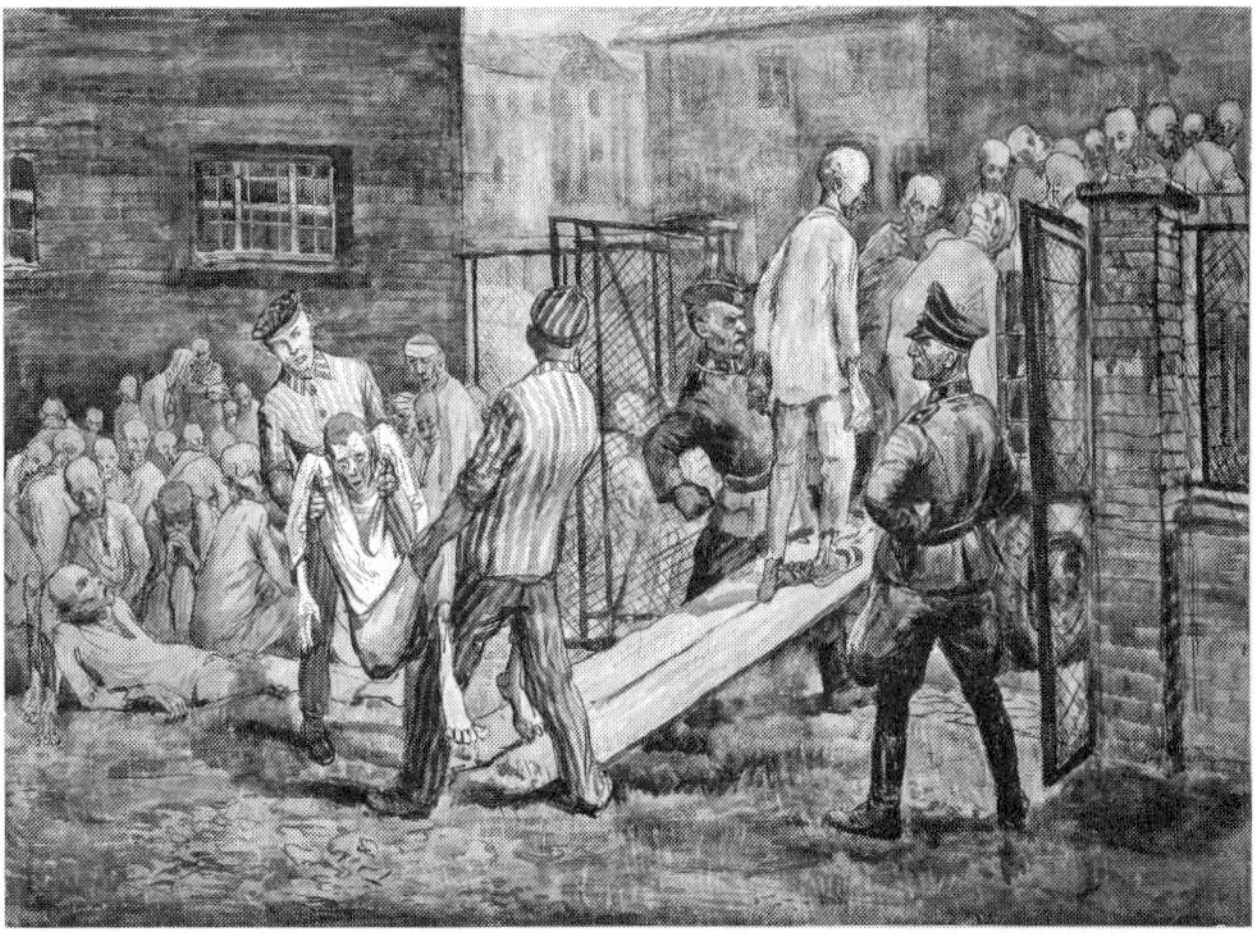

上・イェジ・ポトジェボフスキ「連行される病人」（戦後）［提供：PMA-B］
下・イェジ・ポトジェボフスキ「ガス室へ」（戦後）［提供：PMA-B］

デリングは彼を見て肩をすくめた。フレットは次のリストを読み上げており、先に選ばれた患者たちがトラックに乗り込んでいた。すると、デリングは気が変わったのだろう。「動くな」と、ヴィエスワフに言った。「アントレ医師と話してくる」[25]
デリングが戻ってきたときには、クレーアがヴィエスワフの襟首をつかんで一番近い車に引きずっていた。デリングはその前に立ちはだかった。「待ってください！　待って！　アントレが彼を呼んでいる」。彼はヴィエスワフを指差した。クレーアはデリングをにらみつけたが、獲物から手を離した。
「走れ」。デリングはヴィエスワフに言った。「全力で走ってアントレ医師に報告しろ」
午前中はこのような具合だった。デリングの計算では一一二人の患者を救った。一方で、療養棟に残っていた患者全員も含めて、病院全体の四分の一近い七五六人がガス室に送られた。地下組織にとって壊滅的な一撃だった。その夜、病棟はほとんど空っぽだった。沈黙を破るように看護師のむせび泣きが聞こえた。[26]
救い出された収容者の中に、庭師のエドヴァルト・ビエルナツキがいた。彼はオシェクのヴォイチェフにひそかにメッセージを送り、この数日間の出来事を記している。
「やらなければならないことばかりで、眠れない夜が続いた。残酷な病気から多くの人が救われたのに、今やすべてが失われた」[27]

ヴィトルトのチフス感染

病院でガス室送りの選別が行われた数日後、ヴィトルトはめまいがするようになった。彼は中央収容所の壁に収容所生活を説明する絵を描く仕事を回してもらっていた。顔料が目の前を泳ぎ、関節が痛んで、いくら水を飲んでも足りないほど猛烈に喉が渇いた。ワクチンが効かずにチフスに感染したのではないかと思った[28]。

翌朝、目が覚めると、肌は火照り、マットレスはびしょ濡れだった。何とか起き上がって朝の点呼に向かった。暖かくなり蒸し暑いくらいだったが、痙攣のように体が震えた。ブロックの監督係は、ヴィトルトが仕事に行かず収容棟にいられるようにしてくれたが、その日の朝は収容所全体でシラミ退治があると警告した。同じ部屋の収容者たちはすぐに駆除を受けに行った。ヴィトルトは衰弱して寝台から動けなかった[29]。

ヴィトルトの収容棟にカポが来て、仮病の者がいないかと探し始めた。そのときデリングが現れた。彼はヴィトルトの脈を確認して、彼のシャツをまくり上げた。体に赤い膿疱が広がっていた。チフスだ。デリングはヴィトルトに手を貸して立ち上がらせ、彼の肩に腕を回し、二人はよろめきながら外に出た。ヴィトルトが朦朧としているあいだに、デリングは友人のために手術室に病床を用意した[30]。

その夜、ヴィトルトは叫び声を聞いた。鼓膜に激しい振動を感じた。「空襲だ!」。誰かが叫んでいる。「空襲だ!」。彼は頭が混乱していた。本当なのか。連合国軍が収容所を攻撃しているのだろうか。これが待ち望んでいた合図なのだろうか。サーチライトの光がブロック塀から夜空に向きを変え、部屋が暗くなった。収容者は窓際に集まっていた。

ヴィトルトは警告を呼びかけようとしたが、反乱を起こす時間はなかった。巨大な重りでベッドに縛りつけられているような感覚に襲われた。最初の爆発音が聞こえて地面が揺れた。ビルケナウの近くから聞こえたようだ。ガス室を狙っているのだろうか。鈍い音が続いた。どこかで炎が夜空を照らしていた。ヴィトルトは意識を保とうともがいたが、気がつくと夢の中を漂っていた。[31]

その週はずっと熱が下がらなかった。発疹がひどく、手術室に隠してもアントレに見つかれば、なぜ隔離していないのかと問い詰められるだろう。デリングはやむを得ず、隔離棟にヴィトルトのベッドを確保した。部屋はもがき苦しんでいる収容者でいっぱいだった。デリングはヴィトルトに熱を下げる注射をした。看護師のスタニスワフ・クウォジンスキがレモン汁に砂糖を混ぜたものをスプーンで与え、選別のあいだヴィトルトを寝台に隠すのを手伝った。[32]

ヴィトルトはときどき理性を取り戻した。後にこの病棟について次のように記している。「半分死にかけた者が集められたこの広い遺体置き場では、近くで最期の息を吐く者もいた……ベッドから這い出して床に倒れる者、毛布を投げ捨てる者、熱にうかされながら愛する母親と話している者、叫ぶ者、誰かを罵る者、食事を拒む者、水を求める者、熱にうかされて窓から飛び降りようとする者、医者と言い争う者、何かを頼み込む者——私は横たわったまま、自分にはここで起きているすべてのことを理解して冷静に受け流すだけの力が、まだ残っていると考えていた」[33]

しかし、ヴィトルトの熱は峠を越していなかった。発症から一週間後には一時、三五度まで下がり、血圧も下がって心臓が止まりかけた。呼吸困難に陥り、空気中に黒くて息苦しい煙が充満しているように見えた。彼の心の中の大きな炎が外に広がり、収容所全体が燃えているかのようだった。看護師たちは彼の眉間の汗を拭き、スポンジを唇に押し当てたりしながら危険な状態が落ち着くのを待つしかなかった。

一〇日後にようやく熱が下がった。発疹チフスを克服した人の多くは、チフスが去った後の独特の恍惚感について語る。しかしヴィトルトは、隔離棟から脱出することだけを考えていた。自分の足で立ち上がり、よろめきながら壁にすがって少しずつ歩いてみたが、看護師に説得されてベッドに戻った。[34]

ガス室の特別班

デリングはヴィトルトに爆撃について説明した。ソ連機がラジスコ近郊の畑を攻撃したのだが、理由はわからなかった。ヴィトルトが見た煙の夢も現実だった。ＳＳはガス処刑の犠牲者を集団墓地に埋めるのをやめた。死体が地下水を汚染し、収容所近くに住む市民が悪臭に不安を抱き始めたのだ。ビルケナウに二つの新しい焼却場が建設されることになったが、完成までに数カ月かかり、ＳＳは巨大な薪の山を用意させて新しい死体を直接、燃やした。すでに埋められていた死体も掘り起こされて燃やされた。火は二四時間、燃え続け、夜空を照らし、大量の煙を吐き出して、それが収容所内を漂いながら空に昇っていった。[35]

それから数日のうちに、ヴィトルトはビルケナウのヤン・カルチの組織から焼却について詳細を知らされた。一九四二年九月までに、カルチはガス室を操作する特別班のユダヤ人労働者と定期的に連絡を取るようになっていた。三〇〇人ほどの男たちは、中央収容所で厳重に隔離された後にビルケナウに移されたばかりで、ほかの収容者と隔てるものは鎖のフェンスだけだった。彼らのバラックの入り口は監視所に面していたが、建物の裏手は死角になっていた。毎晩のように、後ろの壁に沿って「たくさんの蛍のように」タバコの火が連なっていたと、隣のバラックで暮らしていたソ連兵捕虜で一〇〇人ほどの生き残りの一人、アンドレイ・ポゴシェフは回想している。[36]

スタインバーグという若いフランス系ユダヤ人が、鎖のフェンスをくぐり抜け、ビルケナウの病院棟でカルチが開いていた地下集会に参加するようになった。病院棟の入り口には死体が山積みにされており、ＳＳも近寄らなかった。集会にはソ連兵捕虜の代表も参加し、活動の調整や情報の共有を図ることになった。スタインバーグからは、白樺の木立の中で何が行われていたのかについて、これまでで最も詳細な情報がもたらされた。ガス室に連れて行かれるユダヤ人は木立のあいだから焼却用の薪の山の炎を見て、次は自分たちの番だと気がつくのだが、子供たちのために、あるいは自分が信じたくないために、静かに服を脱いでガス室に入った。彼らの遺体は待

ヤン・カルチ（1941 年頃）［提供：PMA-B］

機していた人力のトロッコに投げ込まれ、そのまま火の中に運ばれて、別の作業員が薪をくべて炎を上げるのだった[37]。

燃やされた遺体を処理しやすくするために、焼却用の薪は集団墓地のそばに積み上げられた。アウシュヴィッツの基準でも、ぞっとする光景だった。最上部の遺体はフックとクレーンで運べたが、数メートル掘り下げられた穴は悪臭を放つ水が溜まっていて、沈んだ遺体を引き上げては穴の淵に放り投げる。SSは恐怖を紛らわすために、特別班にウオツカを与えたり、自分たちも大量にあおったりしたが、作業を拒んで射殺される者や、正気を失って夜になるとバラックで叫び続ける者もいた。超自然的な存在が自分たちを収容所から引き抜いて天国に連れて行くと、うなされたように言う者もいた。自殺もめずらしくなかった。朝になると、便所に死体のカーテンが吊るされていることもあった。知りすぎた自分たちはいずれナチスに殺されるに違いないと、誰もが思っていた[38]。

九月一七日の朝、ビルケナウで生き延びていた一〇〇人余りのソ連兵が服を脱がされてバラックに閉じ込められていることを、カルチは知った。ほどなくしてスタインバーグが現れ、その夜、午前二時に特別なガス処刑を行う命令が出ており、特別班はウオツカを一杯もらえるらしいと告げた。今夜の標的はソ連兵だと、二人は考えた[39]。

スタインバーグは、自分の班のメンバーは脱走の準備ができており、今夜決行すればソ連兵も逃亡のチャンスになるだろうと言った。カルチは、ビルケナウのポーランド人を集める準備はできているが、中央収容所のヴィトルトたちに作戦を伝えて承認を得る必要があると答えた[40]。

ビルケナウの組織が提案した計画は、よく言えば初歩的だった。ソ連兵が門に向かって歩くあいだに、カルチの部下が監視所に突入する。混乱に乗じてスタインバーグたち特別班が森に逃げ込む。多くの人が死ぬだろうが、少なくとも彼らは自分の運命を自分の手でつかもうとしていた。

その夜、スタインバーグのチームは早い時間に夜勤へ向かった。川から霧が立ち込めていた。ソ連兵は日中に木片を使って簡単な武器を作り、準備を整えていた。カルチたちは神妙な顔で、寝台に座って時を待った[41]。

真夜中近くに、約一・五キロ先の側線に列車が止まる音が聞こえた。続いてトラックの音がした。バラックの木の壁の隙間から外をのぞくと、ユダヤ人の小さな集団がガス室に運ばれていくのが見えた。彼らは待った。徐々に夜明けが近づき、危惧していた事態は起きなかった。その朝、不思議なことにソ連兵は服を返却され、解放されて作業を再開した。SSが彼らにガスを浴びせるつもりだったのか、ばかにしてからかっただけなのかは、わからないままだった[42]。

この脱走未遂について、ヴィトルトは心境を書き残していない。しかし、その数週間後、死刑を宣告された者は自分の命を守る権利があるという彼の信念が、再び試されることになった。一〇月二八日の点呼で二八〇人の収容者の名前が読み上げられた。隊列を組む彼らを、ほかの収容者はじっと見ていた。ヴィトルトは、彼らが反撃に出たら自分も加勢するつもりだった。しかし、彼らはポーランドの国歌を歌いながら行進していった[43]。

その夕方、ヴィトルトたちは焼却場に向かう死体がつけた血の跡を見て、においを感じた。遠くに見えるビルケナウの灯りが残り火のようだった。ヴィトルトの決意は揺らぎ始めていた。収容所に来て二年。この一年で処刑やフェノール注射、病気などで一〇〇人近くの部下を失い、その多くはスタシェクのように親しい協力者だった。大量殺戮のリスクを冒して決起する覚悟はまだできていなかったが、その間にもナチスの残虐行為は信じられない勢いでエスカレートしていた。ドイツ軍が、手の届くユダヤ人をすべて殺すつもりであることは明らかだった。ヴィトルトの部下の士気は下がり、目的意識が薄れて、些細な対立や喧嘩が表面化していた。地下組織をいつまで維持できるか、彼にもわからなかった。

15章　宣言

ロンドン、一九四二年八月

チャーチルのもとに、一九四二年の夏から秋にかけてヨーロッパ全土で行われたユダヤ人の一斉検挙の悲惨な記録が届いた。フランス南部ではペタン元帥のヴィシー政権が、ドイツ軍がユダヤ人の収容施設から全員を連行するのを手助けした。英タイムズ紙はフランスとスペインの国境から、引率者のいないユダヤ人の子供四〇〇〇人を乗せた列車がリヨンを出発し、ドイツのある場所に向かったと報じた。心を揺さぶられたチャーチルは庶民院（下院）の演説で、ナチスによるユダヤ人家族の強制移送を「彼らのあらゆる犯罪のなかで最も野蛮で、最も卑しく、最も無意味なもの」だと非難した。ただし、チャーチルは、これらの男女や子供の大部分の行き先がアウシュヴィッツであることは知らなかった。ヨーロッパのユダヤ人を東部の労働収容所に送っているというドイツの説明を受け入れていたようだ。[1]

連合国はホロコーストの震源地であるアウシュヴィッツの役割を理解しておらず、ドイツのユダヤ人に対する攻撃は拡散していて、戦争でドイツを倒すことでしか止められないと考え続けていた。そのためイギリスとアメリカの政府高官はジェノサイドを軽視し、詳しい調査もさせなかった。八月末にドイツの実業家エドゥアルト・シュルテから、ヒトラーはヨーロッパのユダヤ人を絶滅させようとしているという警告がロンドンとワシントンに届いたときも、連合国の政府高官は信じられないという反応だった。イギリスのある外交官は、「この報道はほかの情報源から確認できない」と指摘した。アメリカの政府関係者は、「ユダヤ人の恐怖心に基づく荒唐無稽な噂だ」と結論づけた。米国務省は、シュルテの情報を伝える電報がアメリカの有力なラビであるスティーブン・ワイズに届くのを阻止しようとしたが、失敗した。政府高官はワイズをはじめとするユダヤ人指導者に、政府が確認するまでこの情報を口外しないようにと説得した。[2]

国務省は九月に控えめな調査を開始し、ローマに使者を一人派遣してヴァチカン（ローマ教皇庁）に情報を確認した。ローマ教皇ピウス一二世が一九四二年の夏には、ユダヤ人の大量殺戮と強制移送者の運命について、ポーランドの司教座やベルンのローマ教皇使節から聞いていたことはほぼ間違いない。しかし、教皇は教会に対するヒトラーの怒りを刺激することを警戒して、発言を控えていた。[3]

アメリカが次に注目したのはポーランド人だったようだ。一〇月中旬にポーランド亡命政府は、ユダヤ人の大量殺戮に関する最新情報をワルシャワに緊急要請した。このときこそ、地下組織のリーダーのロヴェツキが収容所について知っていることを明らかにする機会だったはずだ。ヴィトルトの密使スタニスワフ・ヤステルがビルケナウにおけるユダヤ人のガス処刑に関する報告書を八月中旬に届けており、ユダヤ人の死者数を三万五〇〇〇人とするスタシェクの最新の統計と併せて発送の準備は整っていた。しかし、ロヴェツキはアウシュヴィッツの殺戮については沈黙していた。一〇月三日付のシコルスキへのメッセージではアウシュヴィッツに言及しているが、ほかの強制収容所と併せて「ポーランド人に対する絶滅政策の表れ」と述べているだけだ。[4]

ユダヤ人の死の収容所というアウシュヴィッツの新しい役割を、ロヴェツキが認識できなかった理由はわからない。虐殺に注目を集めようとしたものの反応がなく、苛立っていたことは確かだ。九月にはロンドンで、「数百万人の急激な大量殺戮を目撃しながら、世界中が沈黙している」と訴えている。欧米諸国がユダヤ人の問題に無関心に見えたことから、ナチスが次に狙うかもしれないポーランド人の窮状を強調する必要があると考えたのかもしれない。また、アウシュヴィッツをポーランド人の、つまりキリスト教徒の苦悩の象徴と考えるウルトラナショナリストの怒りを買うことを、懸念した可能性もある。[5]

アメリカの調査が長引く一方で、一一月二〇日、アウシュヴィッツの死の収容所としての役割がついに公になった。それはイギリス、アメリカ、ポーランドの諜報機関がヴィトルトの報告書をつなぎ合わせたものではなく、ユダヤ機関という小さなシオニスト組織によるものだった。ユダヤ機関のエルサレム本部は、ドイツ軍が捕虜交換で解放したパレスチナ人一一四人（うち六九人はユダヤ人）から証言を集めていた。そのなかでポーランドのソスノヴィエツ出身の女性が、アウシュヴィッツにはユダヤ人をガス処刑するための焼却場が三つあると説明した。彼女の証言をニューヨーク・タイムズ紙のロンドン特派員が拾い上げ、一一月二五日付の一〇面に「パレスチナに詳報が届く」という見出しで短い記事が掲載された。ただし、アウシュヴィッツへの言及はわずか一行だった。「ポーランドのドイツ軍がユダヤ人の虐殺を行った方法について、今回得られた情報に、列車に詰め込まれた大人と子供がクラクフ近郊のオシフィエンチムにある大規模な焼却場に連行されたという記録がある」[6]

これは、アウシュヴィッツが死の収容所であることに西側メディアが初めて言及したものだった。しかし、追跡する記事はなかった。代わりに、同じ日にワシントンで行われたラビのワイズの記者会見に注目が集まった。国務省がようやく調査を終えて、ヒトラーの絶滅計画に関するシュルテの情報を公開することを承認したのだ。ワイズはすでに二〇〇万人の命が失われていることを明らかにした[7]。

ワイズの発表は国際的な関心を集めた。一二月八日、彼が四人のラビを連れて米大統領執務室に入ると、ルーズヴェルトは散らかった机でタバコを吸っていた。大統領は友好的で、ラビの祝福を受けることに同意した。ワイズは用意した声明文を読み上げ、アウシュヴィッツにも言及した大量殺戮に関する詳細な要約を手渡した。しかし、ルーズヴェルトはそのような具体的な内容にはほとんど関心がなかった[8]。

「米国政府は、あなた方が伝えている事実の大半を熟知している」と、ルーズヴェルトは執務室に集まった人々に言った。そして、判断を下すのはまだ早く、アメリカが何かを発表したところで、どこまで効果があるのだろうと疑問を呈した。ユダヤ人の苦しみを強調すれば米国内の反ユダヤ主義を煽るのではないかという懸念については、明言しなかった。ルーズヴェルト政権には著名なユダヤ人が何人かいるため、ナチス政権はルーズヴェルトがユダヤ人と手を組んでいると繰り返し主張していた。ユダヤ人の代表団は三〇分足らずで丁重に退室を促された。[9]

イギリス外務大臣の声明

エスカレートする残虐行為を連合軍の行動に結びつける任務は、再びシコルスキに託された。彼はシュルテの情報が関心を集めていることを機会とみて、連合国がナチスの犯罪を非難する正式な声明を出すように求めた。一二月二日、ポーランドのエドヴァルト・ラチンスキ臨時外務大臣はイギリスのアンソニー・イーデン外務大臣と会い、ナチスの大量殺戮計画に関する会議の招集を要請した。[10]

イーデンは最初は懐疑的だった。イギリスの副外務大臣は、ポーランド人は「1. マイナーな連合国を犠牲にして注目を集め、2. 自分たちが反ユダヤ主義者ではないことを示す、そうした機会を常に喜んでいる」と書いている。しかし、ユダヤ人団体からの圧力が高まり、議会で厄介な質問が飛んで、ポーランド政府やほかの情報源から殺戮に関する情報が次々に入ってきたため、あらためて考えざるを得なくなった。ある政府関係者が指摘したように、残虐行為が事実であると判明した場合に、何もしていなければイギリス政府は「とんでもない立場」に追い込まれるだろう。イーデンは声明を出すことによって、この問題を戦後まで先送りにしたいと考えた[11]。

一二月一五日、イーデンはホワイトホールの地下会議室、通称「ザ・ホール」で開かれた閣議で声明の草案を提出した。ポーランド政府が大量殺人について、アウシュヴィッツではなくベウジェツなどの死の収容所に言及しているメモを読んだチャーチルは、「電気的手法」による「ユダヤ人の大虐殺」の報道は本当かと外務大臣に尋ねた[12]。「ユダヤ人がノルウェーから連行されて、何らかの目的でポーランドに送られていることは明らかです」と、イーデンは答えた。しかし、イーデンは殺害方法や行き先を「確認」することはできなかった。実際、その前の週に五二九人のノルウェー系ユダヤ人がアウシュヴィッツに到着しており、そのうち三四六人が到着と同時にガス処刑された[13]。

一二月一七日、イーデンは満員の下院議事堂で、ドイツが「冷酷な絶滅という野蛮な政策」に乗り出したと明言した。そして、ヨーロッパ中のユダヤ人がナチスの「主な屠殺場」であるポーランドに移送されていること、「連行された者は誰一人として消息がわからない」ことを説明した。最初に質問に立ったユダヤ人のジェームズ・ロスチャイルド下院議員は、イーデンの言葉が今まさにドイツ軍の手中にある人々に「かすかな希望と勇気」を与えるものであってほしいと述べた。その後、議場では一分間の黙禱が捧げられた[14]。

アンソニー・イーデン英外相（左）とコーデル・ハル米国務長官（右）［提供：米国務省］

この声明によって、ユダヤ人の大量殺戮がようやく世間に知られるようになった。ニューヨーク・タイムズ紙は一面に「ユダヤ人に対するナチスの戦争を連合国が非難」という見出しを打ち、声明の全文を掲載した。CBSニュースのエドワード・R・マローは、「『強制収容所』という言葉は時代遅れだ……『絶滅収容所』としか言いようがない」と断言した。BBCはヨーロッパ向けのニュース放送で一週間にわたり一日に数回、この声明について報じた。ニュースキャスターは「ユダヤ人を励ますメッセージを少なくとも一つ入れる」ように指示された。ドイツではヨーゼフ・ゲッベルス国民啓蒙・宣伝相がニュース放送の信号を妨害しようと躍起になったが、うまくいかなかった。彼は日記で、イギリス議会で聞いた「お涙頂戴の洪水」を嘆いた。[15]

一連の報道の規模と世論の盛り上がりは、イギリス政府を驚かせた。外務省には、ユダヤ人を中立国に逃がしたい、スイスなどの難民キャンプにいるユダヤ人を助けてほしいという要請が殺到した。エレノア・ラスボーン下院議員は、ハンガリーやルーマニアなどドイツの衛星国に対し、ナチスへの協力を撤回するか、国内のユダヤ人を連合国側に解放するように圧力をかけるべきだと訴えた。実際にルーマニアは一二月のうちに七万人のユダヤ人を解放すると申し出て、あるイギリス政府関係者は「恐ろしいことが起きそうだ」と述べている。外務省は大勢のユダヤ人難民の面倒を見るつもりはなく、彼らがイギリス統治下のパレスチナに流入するとなればなおさらだった。[16]

イギリス政府はさらに、ポーランドから新たに報復の爆撃を要請されていた。ポーランド東部のザモシチでSSによるポーランド人の民族浄化作戦が行われているという情報もあり、報復の機運が高まっていた。ロヴェツキの報告によると、ドイツ軍は健康で丈夫なポーランド人を労働収容所に、それ以外をアウシュヴィッツに送っていた。彼はこれがポーランド版「ユダヤ人方式」の始まりではないかと誤解していた。実際は、ナチスの指導部は領土内のポーランド人を最大八五パーセントと大幅に減らすつもりだったが、完全な絶滅は考えていなかった。あるドイツ政府高官は、「そのような解決策は……ドイツ国民に影響を与え、あらゆるところで支持を失うことになる」と述べている。[17]

チャーチルはチャールズ・ポータル英空軍参謀総長に、ポーランド領内の爆撃目標の実行可能性を検討させた。ポータルがアウシュヴィッツ爆撃を否定してから二年が経ち、英空軍の能力は向上していた。航続距離約四〇〇〇キロ、約三一五〇キロの爆弾を搭載できるランカスター爆撃機が投入されていた。一九四二年の春にはランカスターの飛行部隊がダンツィヒでドイツ軍の潜水艦基地を攻撃した。この後二年間で八〇万人のユダヤ人を殺害することになるアウシュヴィッツとガス処刑施設につながる鉄道路線を攻撃することは、この段階で実現可能だった。しかし、まさにこのとき、イギリスがアウシュヴィッツの重要性を理解していなかったことが、最も悲劇的なかたちで明らかになった。収容所の爆撃は、この年のクリスマスには議論されなかった。収容所が、軍事的にあまり重要ではないとしても象徴的な意味を持つ標的から、人類史上類を見ない機械化された大量虐殺の震源地に変わっていたことを、誰も理解していなかったのだ[18]。

ポータルは一九四三年一月六日付のメモでチャーチルに、ポーランドの標的への小規模な攻撃は可能であると認めたが、一方で、象徴的なジェスチャーにすぎず、ナチスを抑止することにはならないと考えていた。それどころか、ユダヤ人の国際的な陰謀の指示で戦争が行われているというヒトラーのシナリオに加担することになるのではないかと案じていた。ドイツ側の捕虜になっているイギリス人空軍兵への報復も、ポータルは懸念していた。そして、明らかな報復攻撃は、英空軍が現在ドイツの都市に対して行っている作戦が「軍事目標（産業的な目標も含む）に対する通常の戦闘作戦」であるという道徳的根拠に、疑問が生じるのではないかとも考えていた[19]。

チャーチルはポータルの意見を却下することもできたが、イギリスの官僚たちにこの問題から静かに手を引くように、明確な合図を送ることに同意した。ヨーロッパが解放されればユダヤ人も救われる、だからその目的にすべての資源を投入するべきだ。それが表向きの方針だった。アメリカも同じようなアプローチを取った。米国務省はスイス公使館に、ユダヤ人団体の資料を公式ルートで送ることはやめるように指示した。しかし二月中旬、アウシュヴィッツの重要性が認識されないままに、ナポレオンがロンドンのポーランド亡命政府に向かっているという知らせが届いた。[20]

16章　崩壊

アウシュヴィッツ、一九四二年一一月

アウシュヴィッツに初雪が降った夕方、数人の収容者と広場に立っていたヴィトルトは誰かに名前を呼ばれた。振り返ると、ロヴェツキの部下で参謀将校のスタニスワフ・ヴィエルズビツキが、雪が緩んだ灰色の水たまりの中を向かってきた。ロヴェツキの側近と接触するのは収容所に来てから初めてだった。新しいニュースか、もしかすると蜂起に関するメッセージを伝えに来たのかもしれない。スタニスワフは心のこもった挨拶をして、収容所に着いたばかりだと説明した。彼はヴィトルトが健康そうだと指摘した。ワルシャワでは、収容者はみんな「歩く骨の袋」だと思われているという[1]。

ヴィトルトは顔をしかめた。皮なめしの仕事から戻ったばかりだった。最近はビルケナウのユダヤ人女性の死体から刈り取った髪の毛を、マットレスの詰め物や軍服の裏地の補強材に使うために加工する仕事も増えていた。ヴィトルトは自分の報告がどのように受け止められたのかを知りたかった。大規模なガス処刑やフェノール注射、ユダヤ人からの膨大な略奪品の話を聞いて、世界はどんな反応をしたのだろうか。彼らの蜂起について協調的な支援が期待できるのではないか。[2]

スタニスワフは、ヴィトルトの密使のステファン・ビエレツキがワルシャワに到着したことを伝えた。彼が本部まで送り届けたのだ。しかし、何の決定も下されていなかった。アウシュヴィッツのことを真剣に考えている人はほとんどいないと、スタニスワフは言った。ワルシャワは東部戦線のことで頭がいっぱいだった。ヒトラーはすぐにもソ連に勝利すると豪語していたが、戦闘は激化していた。ポーランドは、アウシュヴィッツではなくワルシャワやクラクフなどの大都市で独立を主張する準備に忙しかった。[3]

ヴィトルトは衝撃のあまり笑いそうになった。そばにいた男たちは殴られたかのような表情をしていた。彼らの報告、残虐行為、そして彼らの命は、あっさりと流されたのだ。スタニスワフが去り、残されたヴィトルトはさまざまな考えが頭の中を駆け巡った。このまま蜂起は近いふりをして、ワルシャワの支援なしに部下を無駄死にさせるわけにはいかない。しかし、蜂起の可能性を断ち切ることは新たなジレンマを生む。士気はすでに低下していた。目的を失えば地下組織は崩壊するかもしれなかった。[4]

数日後、通信係のフレット・シュトッセルがＳＳの命令に従って収容者にフェノール注射をするようになり、ヴィトルトの不安は一気に高まった。コンがフレットに食ってかかった。[5]

「なぜこんな汚いことをする」[6]

フレットは肩をすくめた。自分が注射をしているのは病院にいる少人数のユダヤ人がほとんどで、彼らは遅かれ早かれ死ぬ定めだと、彼は言った。「即死と、棍棒で数日間、殴られて死ぬのと、どっちがいい？」[7]

「そういう話ではない」と、コンは言った。「ドイツ人がポーランド人やユダヤ人たちを絶滅させるためにこの収容所をつくったことを、おまえは都合よく忘れている。このアウシュヴィッツでもドイツ軍と戦っているわれわれポーランド人が、なぜそんな恐ろしい計画に加担できるんだ」

コンは、フレットが人を殺す力を楽しんでいるように感じてならなかったが、どうすればいいのかわからなかった。数日後、スタシェクの社会主義者グループのチェスワフ・ソヴールが自らの手で事を解決するとして、密告用の投書箱にフレットの名前を書いたメモを入れた。組織の全員を危険にさらす無謀な行為だった。[8]

翌日の午後、フレットはゲシュタポの本部に呼び出され、取り調べを受け、懲罰棟に送られた。それから数日間、ゲシュタポの本部に通って尋問を受けた。その冬、ヴィルヘルム・ボーガーＳＳ曹長は、自白を引き出すために収容者の手足を縛って吊るし、性器を鞭で打つという手法を導入した。フレットは毎晩、血まみれになり自暴自棄になって懲罰棟に戻った。壊れるのは時間の問題だと思われた[9]。

　一週間ほどして、フレットは懲罰棟の清掃係を介し、地下組織を裏切っていないというメッセージを伝えた。しかし、彼は限界に近づいており、青酸カリを回してほしいと頼んできた。こっそり薬を渡すことは容易ではなく、食事もチェックされていた。結局、懲罰棟の清掃係の収容者が、チフス菌に感染したシラミを彼の部屋に放した。まもなくフレットは熱を出して倒れ、監視が病院に連れて行った。病院ではヴィトルトの部下が目を離さなかった。フレットはチフスから回復したが、ＳＳは彼に興味を失い、射殺した[10]。

　地下組織の分裂の危機は続いていた。社会主義者グループはフレットの逸脱行為に対し、今後は少しでも秩序を乱す行動があれば、ドイツ軍に近づきすぎたと見なすと脅した。デリングがナチスのシンパになったのではないかと疑う者もいた[11]。

　その年の秋、新しい医師長のエドゥアルト・ヴィルトＳＳ少佐は、あり余る人間の素材を研究に使わせるようになった。トラコーマやチフス、結核、ジフテリアなどを治療する実験的な薬が患者に投与された。多くの場合、収容者は意図的に感染させられ、検証前の薬を混合して投与されて副作用に苦しんだ。あるＳＳの医師は、飢餓が患者に与える影響を研究していた。犠牲者から食生活について聞き取り調査をして、写真を撮り、フェノールを注射し、解剖して肝臓、脾臓、膵臓を瓶に入れて保存した[12]。

　デリングは密輸した薬をカポに流し、ナチスの命令に従って不必要な手術を積極的に行うなど、優遇された地位を利用して、そうした行為に迎合するようになった。しかし、多くの看護師がＳ

Sの命令に従いながら、ひそかに手に入れた薬や食料で苦しい心を紛らわせようとしていたことも事実だ。殺人に加担することが生き残る条件となった環境で、どの程度の行為が協力と言えるのか、何が道徳的な行為なのか、誰も確信は持てなかった。結局のところ、ドイツ人は大多数の収容者に、直接的または間接的に収容所の死の機械を操作させていたのだ[13]。

デリングの行為をめぐる疑惑は高まっていたが、ヴィトルトは自分も殺人に共謀していることを理解していた。彼はナチスの犯罪に関する情報収集にいっそう力を入れることで、そうした葛藤を乗り越えようとしたのだろう。自分の報告がぞんざいに扱われることはわかっていた。ヴィトルトの部下で、保管部で働いていたベルナルト・シュヴィエルツィナは、中央収容所で死んだすべての収容者と考えられる原因を取りまとめた。そのリストには一万六〇〇〇人の名前が載っていた。同じ頃、ヴィトルトの情報収集活動によって、ビルケナウの大量殺戮の全貌が明らかになり始めた。犠牲者は収容所に正式に登録されていなかったので、収容所に到着する列車の数から、五〇万二〇〇〇人のユダヤ人がガス処刑されたと推定した（実際は約二〇万人で大きな差があった[14]）。

そして、測量技師がビルケナウで建設中の新しい焼却場の図面の写しを盗んだという知らせが入った。SSの建築技師ヴァルター・デヤコは、従来の設計を大幅に変更していた。二つの新しい焼却場は遺体置き場がガス室になっていたのだ。遺体を地下に落とすシュートの代わりに、ユダヤ人の犠牲者が自分で歩いてガス室に入れるように階段が取り付けられる。これらの新しい施設が加われば、収容所の殺戮能力は一日あたり四五〇〇人以上になる。工事は年明けに完了する予定だった。しかし、SSの主任建築技師のカール・ビショフが最高機密の図面が紛失していることに気づき、建設事務所は二日間、静かな混乱に陥った。最終的にビショフは「オリジナルの」コピーを新しく作るように命じ、機密漏洩はもみ消された[15]。

クリスマスが近づき、ヴィトルトはワルシャワに書類を届けるために大胆な脱走を企てた。今回の密使は作業割り当ての事務所で働く二四歳の海軍士官、ミエチスワフ・ヤヌシェフスキだった。地下組織の作業班の調整を手伝ってくれた親切なドイツ人のカポ、オットーと、皮なめし職

ベルナルト・シュヴィエルツィナ（1939年頃）［提供：PMA-B］

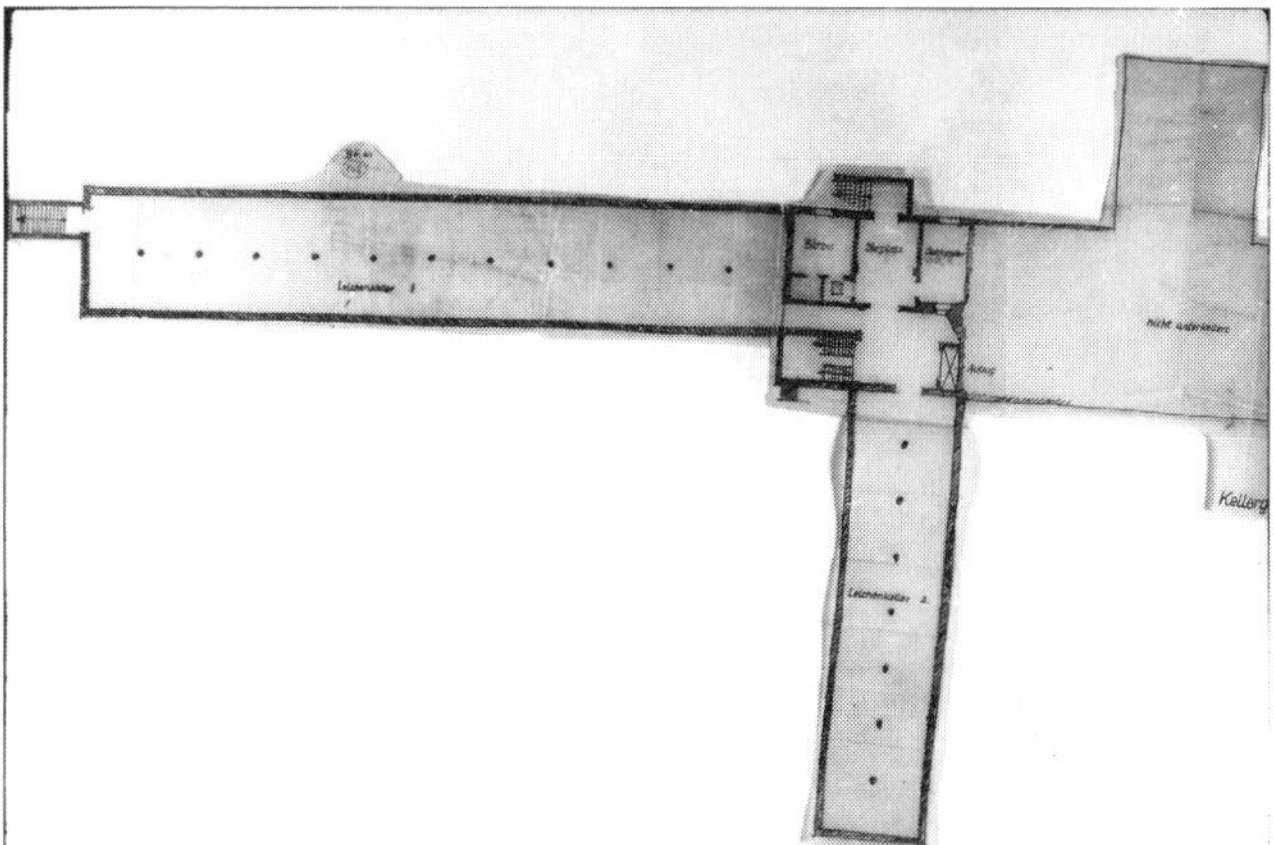

上・ビルケナウで新しい焼却場とガス室の建設作業にあたる収容者（1943 年頃）［提供：PMA-B］
下・測量技師が盗んだ新しい焼却場の設計図。地下の遺体置き場がガス室に改装され、階段で降りていくようになっている［提供：PMA-B］

人のヤン・コムスキ、収容所の歯科医ボレスワフ・クチュバラもチームに加わった。一二月二九日、ボレスワフは盗んだSSの制服を着て、オットーとともに木工作業所で家具を積んだ荷馬車を受け取り、近くのSS隊員の自宅に届けるふりをした。そして、書類を持って戸棚に隠れていたミエチスワフとヤンを拾い、収容所を出た。ドイツ軍が発見したのは乗り捨てられた荷馬車と縞模様の囚人服だけで、上着の一つには、カポを束ねるブルーノが逃亡に関与していることを示唆するメモが残されていた[16]。

ブルーノは懲罰棟に送られて取り調べを受けた。ヴィトルトは逃亡者たちのヴィットに感嘆したが、喜びはつかのまだった。SSはレジスタンスの摘発を強化した。一九四三年一月二五日には十数人の収容者が連行されて尋問を受けた。さらに逮捕や処刑が行われた。遺体置き場で働いていたギエネク・オボイスキ、無線の専門家ズビグニエフ・ルシュチンスキ、ビルケナウの組織のリーダーのヤン・カルチらが射殺された。ヴィトルトは地下組織の全員に、活動を縮小して、新しく参加しようとする者を警戒するように命じた。収容所を乗っ取る計画がグラブナーの情報屋にばれて、大量処刑が間近に迫っているという噂が広まった。その冬、彼らはゲシュタポの事務所から響く悲鳴を聞きながら恐怖に震えていた[17]。

ヴィトルトは、ある場面がいつまでも心に残っていた。夜、皮なめしの仕事を終えて戻ってきたとき、焼却場の外に十数人の男女や子供たちが立っているのを見てハッとした。寒い日で、太陽はとっくに沈んでいた。彼らの顔は道路のように灰色だった。ヴィトルトは彼らがこれから殺されるのだろうと思った。彼らもそれを知っているようだった。ガス処刑がビルケナウに移って

ミエチスワフ・ヤヌシェフスキ（後列）、（前列左から）ヤン・コムスキ、オットー・キューゼル、ボレスワフ・クチュバラ、アンジェイ・ハラトと娘のヴワディスワフ。脱走後に。（1942 年 12 月頃）［提供：PMA-B］

からは、焼却場の遺体置き場が、政治犯や地元で捕まったユダヤ人家族の処刑に使われることもあった。ヴィトルトは彼らと目を合わせないようにした。しかし、一〇歳くらいの小さな男の子が待ちかねるように周囲を見回している姿に、気がつかないはずがなかった。息子のアンジェイと同じくらいだろう。焼却場の門が開き、少年たちは中に消えた。そして銃声が聞こえた[18]。

　ヴィトルトはその夜、少年のことを思い出してなかなか寝つけず、恥ずかしさに打ちのめされた。反乱を口にしながら、たった一人の子供のために行動することができなかった。そして、この痛みもやがて薄れ、あの少年は顔のない思い出になって忘れてしまうのだ。ユダヤ人の殺害について考えるときも、同じような無感覚が自分のなかで膨らんでいくのを感じていた。皮なめし工房で殺戮の証拠に囲まれていても、ユダヤ人の犠牲者に共感できなかった。「健康な人がガスで殺されているという事実は、それを目の当たりにしたときに、初めて強い衝撃になる」と彼は書いている。[19]

そうした感情的な距離感に拍車をかけたのが、中央収容所で収容者の扱いが多少なりとも改善されたことだ。深刻な労働力不足に直面していたナチスは、強制収容所の収容者を軍需生産に利用しようとした。収容所の近くでＩＧファルベンの工場の建設が進む一方で、オシフィエンチムの周辺には数十の小さな工場や衛星収容所が誕生した。中央収容所の収容者は役所からの仕事に就く者が増えた。収容棟に洗面所が設置され、朝の点呼が廃止された。収容者は洗濯をしてひげを剃る時間ができた。デニムが不足したため、多くの者が普通の服を着るようになり、腕や背中に描かれた赤い縞模様が収容者のしるしになった。ヘス収容所長は、収容者の虐待をやめるように指示を出した。カポは棍棒を使うこともあったが、それは、見ている者たちにここが死の収容所であることを思い出させなければならない儀式のようだった。[20]

少年たちの死

ヴィトルトは自身の脱走を考え始めた。ロヴェツキを説得して、アウシュヴィッツを攻撃させることができるかもしれないと思ったのだろう。ただし、脱走が成功する見込みは相変わらず低

中央収容所の井戸［提供：カタジーナ・ヒズィンスカ］

かった。一九四二年は約一七〇回のうち、成功したのはわずか十数回だった。ヴィトルトも一〇回、計画を立てたことがあったが、新たに実行可能な作戦を考えるのはなかなか難しかった。あるとき仲間の配管工から、収容所の地下に人間が通れる広さの水路が張り巡らされていると聞いた。下調べのために、ヴィトルトは下水道に通じるマンホールのそばにある小包班に移った。事務所にはSS隊員が一人しか配置されておらず、夜勤の最中の午前二時頃にはたいてい居眠りをしていた。ヴィトルトは衣類棟で懐中電灯と作業着を手に入れ、二月のある夜、仕事場を抜け出して路上に向かった。

ヴィトルトが確認したマンホールは二つの収容棟のあいだにあり、監視塔からは見えなかった。ふたは簡単に開いた。内側の金属製の格子は南京錠で固定されており、なんとかこじ開けた。地上の道路に沿ってトンネルが三方向に延びていた。直径は六〇センチほどで、排泄物がびっしり詰まっていた。ヴィトルトはしゃがんで歩き始めたが、ところどころ汚泥でふさがれており、両手と両膝をつき、やがて腹這いになった。這いながら少しずつ進んだが、通路がさらに狭くなり、それ以上先は身動きが取れなくなる恐れがあった。彼はゆっくり引き返し、夜が明ける前に地上に出た。夜な夜なこれを繰り返したが、この地下水路からは外に出ることができないと判断した[21]。

二月の初め、皮なめし工房の同僚が、ある衣類の山を見つけた。木靴、農作業用のスモック、簡素なロザリオ。間違いなくポーランドの農民のものだ。その日の夜、ポーランド東部のザモシチ地区からポーランド人が移送されて、その半分がガス室に直行したという知らせが届いた。ポーランド人がユダヤ人と同じように抹殺されたのは初めてだった。ヴィトルトは、自分たちポーランド人の収容者が大量虐殺の対象になろうとしていると思ったに違いない[22]。

二月二三日にヴィトルトは、ザモシチのポーランド人の少年三九人が家族から引き離されて病院棟に連れてこられ、裸にされてトイレに放置されていたことを知った。何人かの子供が、自分たちは死ぬのだと察して泣きだした。看護師が集まってスープを渡し、歌を歌ったりしているうちに、少年たちは落ち着いた。看護師のスタニスワフ・グワワは涙があふれてきた。年長の少年が「僕たちは死ぬんだね」と言った[23]。

スタニスワフはフェノール注射を始めたポーランド人看護師に詰め寄り、「この子供たちを殺せば、おまえも朝まで生き延びることはできない」と罵った。その看護師は病院を逃げ出して収容棟に隠れた。しかし、数時間後、二人のSSが子供たちに注射をしていた。「ママ、パパ、助けて！」「神様、どうして僕たちは死ななくちゃいけないの？」という叫び声が病院に響いた。[24]「私たちは収容所ですでに多くの死体の山を見ていたが、この山は……私たちや古株の収容者も衝撃を受けた」と、ヴィトルトは振り返っている。一週間後、さらに八〇人のポーランド人少年が注射を打たれた。脱走しなければならない。しかし、どうやって？[25]

アウシュヴィッツに残る

三月のある朝、ヴィトルトは収容所を出る意外な方法を知った。中央収容所の約半分に当たる五〇〇〇人のポーランド人収容者が、ユダヤ人と入れ替わりでドイツ領内のほかの強制収容所に移送されることになったのだ。ヴィトルトは自分がその名簿に入っているだろうと思っていたが、葛藤もあった。今すぐにでもここを去りたいが、ほかの収容所に移されれば、ワルシャワに向かう任務が遅れることになる。新しい収容所では、また何カ月もかけてネットワークを構築し、脱走の計画を立てなければならない。しかし、アウシュヴィッツを離れられるという誘惑にはあらがえなかった。[26]

最初の移送は三月一〇日の予定で、行き先はドイツ中部のワイマール近郊にあるブーヘンヴァルトと、ハンブルク郊外のノイエンガンメの強制収容所だった。SSは明らかに、今の望ましい作業や地位を失うことになる収容者が移送に抵抗しようとするのではないかと疑っていた。ゲシュタポのボスのグラブナーは最終決定の名簿を厳重に保管し、収容者が隠れたり収容者番号を入れ替えたりしにくいように、夕方に選別を行うよう命じた。ヴィトルトの収容棟には、選別が始まってすぐにカポが来た。収容者はカポが名簿を確認し終えるまで、自分の寝台でじっと待った。新しい収容所でまた要領を覚えなければならないと愚痴をこぼす者もいれば、アウシュヴィッツほどひどいところはないだろうと思う者もいた。ヴィトルトの近くにいて選ばれた一人は、「ここで私を苦しめることを、やつらはあきらめたというわけだ」とつぶやいた。[27]

予想どおりヴィトルトの番号も名簿に載っていた。彼は自分でも驚くほど安堵していた。そのままほかの一〇〇〇人とともに、待機用の収容棟に移された。翌朝、看護師になったばかりの友人エデクがヴィトルトを見つけた。看護師は収容所の運営に欠かせない重要な労働者として、誰も選ばれていなかった。エデクはヴィトルトに、残れる方法を見つけたと耳打ちした。医療面の最終選考があり、病気のふりをすれば移送を免れることができるという。数人の看護師が夜のうちに、脱腸を装うために腰に巻く帯を作った。リスクのある戦略だったが、ヴィトルトは帯を着けることに同意した。[28]

明け方、移送される収容者はビルケンアレーに整列して最終検査を受けた。ヴィトルトが収容所に来た最初の朝と同じように、霧がかかっていた。医師たちは列に沿ってゆっくり歩き、ひとりひとり検査した。ヴィトルトは死んでいった仲間の名前を心の中で順番に呼び、別れを告げた。

彼らのためにも、この収容所に残って任務を完遂しなければならなかった。
真夜中を過ぎ、医師たちがヴィトルトの列に来た。彼らはヴィトルトの膨らんだみぞおちを見て、収容所に戻れと言った。彼はブーヘンヴァルトへの移送が決まったコンと、視線で別れの挨拶を交わした。[29]
それから三日間で四〇〇〇人のポーランド人が移送された。一週間後にさらに二五〇〇人が移送されたときも、ヴィトルトは収容所の運営に必要な労働者のグループに選ばれて免れた。しかし、彼のネットワークは壊滅し、脱走のルートを見つける機会は遠のいた。[30]

新たな脱走計画

三月にビルケナウで二つの焼却場とガス室が稼働し、すぐにクラクフのゲットーから来たユダヤ人の殺害に使われた。中央収容所では収容棟の一つが医療実験室に改装され、SSは主にユダヤ人の男女の性器を使って化学や放射線の実験を始め、人種的に好ましくない人々を集団消毒する手法が実行可能かどうかを調べた。[31]
ある日の午後、ヴィトルトが小包班の部屋で「いまいましい」とつぶやいていると、エドムント・ザバフスキという若い収容者が声をかけてきた。[32]
二人は雑談を始めた。もっぱらエドムントがしゃべっていた。ヴィトルトはこの真面目な若者が気に入った。何度か話をしているうちに、エドムントは友人の一人が収容所の外にあるパン工房から脱走する計画を立てていて、自分も仲間に加わろうと思っていることを明かした。ヴィトルトはその友人の顔を知っていた。ヤン・レジェイという身長一九三センチの元教師で、ヴィトルトと同じ列車で収容所に着き、収容所内にパンを配達する作業班にいた。エドムントは三月下旬の夜に、点呼の後で二人を会わせることにした[33]。

その夜、広場は小雨が降っていた。ヤンは配達の仕事でびしょ濡れになり、はげた頭が雨に濡れて光っていたが、ヴィトルトたちに会うと笑顔になって自分の計画を説明した。ヤンがパンを受け取りに行くパン工房は、収容所から二キロほど離れた野原の見える場所にあり、脱走の出発点にうってつけだった。パン工房では民間のパン職人と収容者の作業班が働いており、民間の職人は通勤用の自転車を工房の外の壁に立てかけていた。一人一台自転車を手に入れたら、あとは「やってみる」。それがヤンの計画だった[34]。

ヴィトルトはいいアイデアだとは思わなかったが、可能性は感じた。パン工房の夜勤に潜り込めば、暗闇に紛れて逃げられるだろう。ヤンがパン工房についてもう少し詳しく調べることになり、カポを買収して工房の作業班に移った[35]。

数日後、ヤンが報告に来た。いい知らせは、工房に監視が二人しかいないことだった。しかし、手ごわい壁が立ちはだかっていた。作業中は監視がドアに鍵をかけ、二重のボルトで固定する。さらに、シフトが終わって収容所に戻る班が、外からかんぬきをかけるのだ。ほかに出入り口はなく、窓にはすべて鉄格子がはめられていた。ヤンは鍵を盗めないかと考えた。一つは監視が常

上・エドムント・ザバフスキ（1942 年頃）［提供：PMA-B］
下・ヤン・レジェイ（1941 年頃）［提供：PMA-B］

にベルトにぶら下げているが、合鍵は控室にあるガラス製の箱の後ろに保管されていた。問題は、合鍵を手に入れてドアを開けられたとしても、外側のかんぬきに阻まれることだった。

あの「いまいましいかんぬき」があるかぎり無理だと、ヤンは言った。ヴィトルトはヤンにもう一度かんぬきを確認させた。そのうちにエドムントが脱走に加わりたいと言いだし、クラクフの南にあるボフニャという小さな町の妻の実家を目指そうと提案した。収容所からは一〇〇キロほどで、数日かかるだろう。追っ手をかわすため、夜に移動しなければならない[36]。

翌日、ヤンから朗報が届いた。かんぬきはボルトで固定されたフックにかかっており、ドアの内側からねじで留められていた。ねじの大きさを測ることができれば、工具で緩めてかんぬきをはずせるだろう。数日後、ヤンはパンの生地を使ってねじの型を取り、それをヴィトルトが仲間の鍛冶職人に渡し、同じサイズのスパナを作らせた。鍵は難関だったが、ヤンは監視が後ろを向いている隙に、やはりパンの生地で合鍵の型を取った。ヴィトルトが用意していた鋳型にヤンが鍵を差し込んだ。うまくいった。

脱走計画が始動した[37]。

第4部

17章　衝撃

ジュネーヴ、一九四二年一一月

ナポレオンはスイスの公使館でビザの発給を待つことをあきらめ、一一月七日にフランス国境のジュネーヴへ行き、密入国の手配をする業者と会った。男は必要な書類を持っていると言ったが、金を受け取ると姿をくらました。その夜、ナポレオンは自力で国境を越え、数時間後にフランスの憲兵に連行された。フランスの警察は一週間後にナポレオンを容疑なしとして釈放した。自分はドイツ国防軍の兵士で、部隊に戻る途中だというナポレオンの説明に納得したのだろう。しかし、彼が留置場にいるあいだに、連合軍の北アフリカ侵攻を受けてヒトラーがフランスの残りの地域を占領し、スペインとの国境を封鎖した。フランス南部の道路にドイツ軍の部隊があふれ、ゲシュタポはユダヤ人とレジスタンスを捜索していた[1]。

ナポレオンはピレネー山脈のふもとのペルピニャンにある隠れ家にたどり着いた。峠を越えてスペインに入ろうとしたが、地元の案内人は相場の二倍の金額を要求した。仕方なく金を払ったが、この男も姿をくらました。ナポレオンは必死に山を越え、一週間後の一一月二四日にバルセロナにたどり着いた。数時間の滞在で、そのまま南下して英保護領のジブラルタルを目指すつもりだった。しかし、バルセロナは警察の厳重な管理下にあり、彼は再び逮捕された。スペインは、ドイツと正式な同盟関係にはなかったが、ファシストのフランシスコ・フランコ将軍はナチスの大義に共感していた。今回はすぐには釈放されなかった[2]。

スペイン警察はナポレオンを二カ月間、独房に入れた後、国境を越える際に捕まった外国人が収容されていたカスティーリャのミランダ・デ・エブロ強制収容所に移送した。一九四三年の一月初旬に収容所に着いたナポレオンは、服も栄養も粗末な五〇〇〇人の収容者に交って、道路建設のために近くの川原から石を運んだ。さまざまな脱走計画を考えたが、収容所の状況を踏まえてハンガーストライキに決めた。彼は数百人のポーランド人収容者を説得してストライキに参加させ、スペインでポーランド問題を担当するイギリス領事を呼ぶように要求した。断食を始めてから二週間後、スペイン当局はマドリードからイギリス大使を召還して交渉に当たらせた。ナポレオンは大使との面会にこぎ着け、自分はイギリスで訓練を受けた工作員だから釈放してほしいと説得したようだ[3]。

ナポレオンは一九四三年二月三日にジブラルタルに着いた。スターリングラードでドイツ軍が

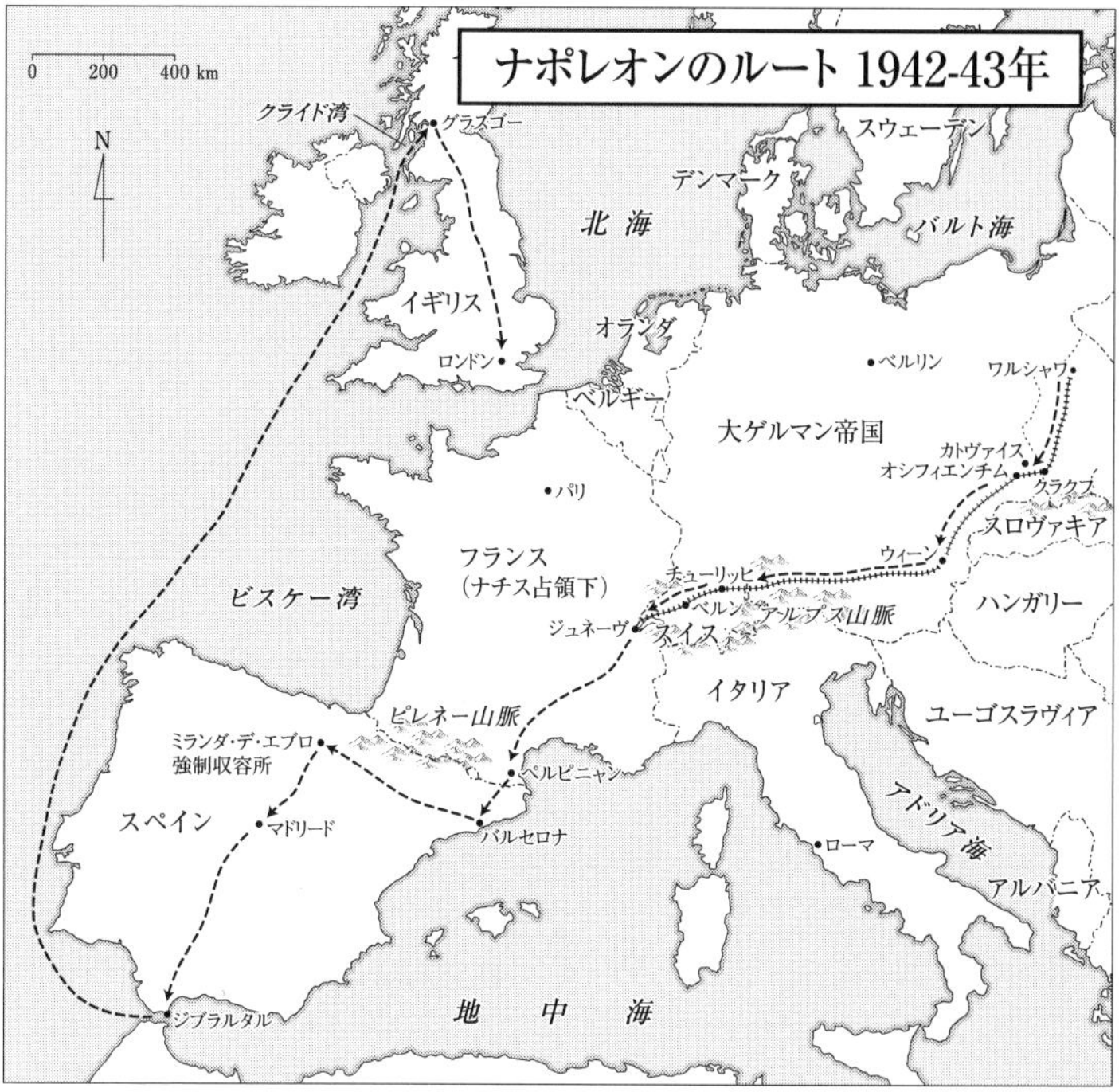

ナポレオンのルート 1942-43年
0 200 400 km
N
クライド湾
グラスゴー
スウェーデン
デンマーク
北 海
バルト海
イギリス
オランダ
ロンドン
ベルリン
ワルシャワ
ベルギー
大ゲルマン帝国
カトヴァイス
オシフィエンチム
クラクフ
パリ
スロヴァキア
フランス
(ナチス占領下)
ウィーン
チューリッヒ
ビスケー湾
ベルン
アルプス山脈
ハンガリー
ジュネーヴ
スイス
イタリア
ピレネー山脈
ユーゴスラヴィア
ミランダ・デ・エブロ
強制収容所
ペルピニャン
アドリア海
スペイン
マドリード
バルセロナ
ローマ
アルバニア
ジブラルタル
地 中 海

壊滅的な敗北を喫した直後だった。ヴォルガ川で九万人のドイツ兵が降伏し、一〇万人が行方不明となって死亡したと思われた。ソ連軍はドイツが前の年に挙げたすべての戦果を奪還し、さらに大規模な反攻に出ようとしていた。戦争の潮目が変わろうとしていた。[4]

ナポレオンは、イギリスの飛び地と連合国の船舶の主要な拠点であるスコットランドのクライド湾を定期的に往復している商船に乗り込んだ。ドイツ軍のUボートの哨戒隊をかわしながら緊迫した一週間を過ごし、二月一九日、ついにイギリスの地を踏んだ。二週間程度と見込んでいた旅に、半年以上を費やした。この遅れに「胸が張り裂けそうだった」と後に語っている。その間にナチスはアウシュヴィッツで二五万人近いユダヤ人を殺していた。[5]

後回しにされる解決

ナポレオンはロンドンの南のはずれのワンズワースにあるロイヤル・ヴィクトリア愛国学校で、イギリス当局の事情聴取を受けたようだ。ゴシック様式の広大な建物は、イギリスに着いた外国人の尋問に使われていた。聴取の大半は、温厚だが毅然とした情報高官のマルコム・スコット少佐が流暢なポーランド語で行った（スコットの母親はポーランド人だった）。彼がどのような情報を明かしたのか、当時の記録は見つかっていない。[6]

ナポレオンは、警察の記録にはイェジ・サルスキという名前を使うように要求した。次の任務を見据えて素性を隠そうと考えたのだろう。担当の警察官の一人、J・D・オライリー少佐がこの要求を上に伝えた[7]。

しかし、返答は素っ気ないものだった。「あなたも承知のとおり、われわれはポーランドのSOEに六〇万ポンドの資金提供をしており、彼らの活動はわれわれの活動でもある」

二月末、ようやくナポレオンはポーランド内務省の役人に引き渡された。それから数日間、彼は収容所におけるユダヤ人の大量殺戮について自分が知っていることを明らかにした。ガス室に関する確かな事実もあれば、空気圧や感電を利用した殺人をめぐる誤った説明もあった。シコルスキがワルシャワにメッセージを送ったかどうか、記録には残されていない。しかし、密使の到着を確認することは基本的な手順で、たいてい何回かやり取りが行われた。ナポレオンの到着によって、ワルシャワからもアウシュヴィッツに関する情報が流入してきたことは明らかだ。三月三日、ロヴェツキはロンドンに無線で連絡し、一九四二年にはすでに五〇万二〇〇〇人のユダヤ人が収容所で死亡していたというヴィトルトからの情報を伝えた。ロヴェツキは三月一二日にも、ビルケナウで二つの焼却場が稼働して、それぞれ一日に二〇〇〇人の遺体を焼却できることを書き送った。同じ情報を三月二三日に再びロンドンに伝えている。その一週間後には、クラクフのゲットーが清算され、四〇〇〇人の住人がアウシュヴィッツに移送されたというメッセージを送った[8]。

ポーランド亡命政府は死者の数に衝撃を受けた。時を同じくして、国内に残っているユダヤ人がわずか二〇万人になったという知らせも届いた。国家評議会のシュムル・ズィギェルボイムは、ポーランド内務省に数字が正しいかどうか再確認するように求めた。三〇人から成る国家評議会のうちユダヤ人はズィギェルボイムを含む二人だけで、彼の妻と二人の子供はワルシャワ・ゲットーがあった場所に住んでいた。[9]

「歴史が私たちをどう評価するかはわからない」と、ズィギェルボイムは三月に評議会で語った。「しかし、ここにいる私たちが世界の世論を動かしたり、非人道的な苦しみを終わらせるために何かをしたりする立場にないことを、ポーランドの何百万という人々は信じることも理解することもできないだろう」[10]

ズィギェルボイムは連合国が新たな宣言を出すように求めたが、実現する見込みはほとんどなかった。イギリスとアメリカは、大量殺戮について議論を深めることにも、戦争から資源を奪いかねない救出活動を支援することにも関心がなかった。アメリカでは国務省がユダヤ人をはじめとする強制移住者や避難民の窮状を話し合う国際会議を提案し、軍事的および外交的な行動を遅らせるための嘲るようなその態度に、イギリスもすぐさま同調した。ポーランドを率いるシコルスキは何らかの攻撃をするべきだと重ねて主張したが、英外務省のある幹部は、「われわれがポーランド人に繰り返し言っているとおり、そのような報復は選択肢から除外されている」と書いている。別の外交官は、「ポーランド人はこの件で非常に苛立っている」と記している。[11]

イギリスは関心を示さなかったが、ナポレオンは調査結果の要約をまとめ、英外務省のフランク・セイヴァリーと共有したようだ。領事としてワルシャワに駐在した経験があるセイヴァリーはポーランド問題の担当で、情報がどのように取り扱われるかを判断する門番でもあった。セイヴァリーは、BBCの報道を監督する政府機関で、政策立案者と国民をつなぐ重要なパイプである政治戦争執行局（PWE）にアウシュヴィッツの役割を伝えたと思われる。PWEは四月初旬に会議を開き、アウシュヴィッツにおけるユダヤ人のガス処刑をニュースとして報じるかどうかを議論した。ここに英政府高官が初めて、アウシュヴィッツの収容所がユダヤ人のガス処刑に関与していたことを公に認めたのだ。ただし、このニュースは国内では報じられず、ポーランド語放送に限定されていた。[12]

シュムル・ズィギェルボイム（1941年頃）［提供：USHMM］

四月一一日、ＢＢＣのポーランド語放送はアウシュヴィッツのニュースを報じる準備をしていた。爆撃で破壊された本社の地下にある仮設スタジオは、音響効果を高めるために壁や天井にキャンバス地のシートがかけられ、空襲で停電した場合に備えて入り口に石油ランプが置かれていた。スタジオは複数の言語の台本を手に駆け回るプロデューサーたちでいつもにぎやかだった。ポーランド人のアナウンサーが読み上げる文章は、イギリスの役人が必ず入念にチェックした。役人は放送中もスイッチの横に座り、台本から少しでもずれたり、誰かが「突然、ヒトラー万歳と叫んだりしたら」放送を停止させようと構えていたと、あるＢＢＣの職員は振り返っている[13]。

　この日の放送は、複数の人の手を経たせいか文章にいくつか誤りはあったが、順調に進んだ。ナポレオンの報告書は、まず、ドイツ軍が三月にクラクフ・ゲットーを一掃したこと、ゲットーの一万五〇〇〇人の住人が「死の収容所」に送られて殺されたことを説明している。そして、「残った人々は大型トラックでオシフィエンチムの強制収容所に送られた。そこには大量殺人のための特別な設備、つまり、ガス室と電流が流れる鉄の床があることが知られている」と結んでいる。最後の説明は、ビルケナウの施設に関するナポレオンの誤った思い込みから出てきたのかもしれない[14]。

　とはいえ、放送の影響は限定的だった。ロヴェツキも、そしてドイツも、この報告を聞いたか、少なくとも放送されたことは知っていただろう。しかし、ポーランド亡命政府は、ソ連西部のカティンの森で大規模な共同墓地が見つかったというベルリンからの知らせに気を取られていた。ドイツ側は、一九四〇年にソ連軍に射殺された三〇〇〇〇人のポーランド人将校の遺体が埋められていると主張した（実際には約二万二〇〇〇人の将校がスターリンの命令で殺害され、共同墓地に埋められていた）。この事件にポーランド人の関心が集まり、アウシュヴィッツで死んだ人々や、今まさに死のうとしている人々の運命は、またしても後回しにされた[15]。

ナポレオン去る

アウシュヴィッツから注意をそらすような出来事が続いた。四月一九日、SSとドイツ警察の部隊が、ワルシャワ・ゲットーに残っていた六万人のユダヤ人を一掃する作戦を開始した。ユダヤ人のレジスタンスが反撃したが、完全に不均衡な戦闘が始まった。ユダヤ人戦闘員の手にはわずかな機関銃と拳銃、手製の手榴弾。対するドイツ軍は戦車や重火器を投入して、ゲットーを文字どおり一区画ずつ整然と破壊した。

少しずつ明らかになる惨劇は、地下のスタジオからロンドンに中継された。ポーランド政府やユダヤ人団体にできることはほとんどなく、国際社会の行動を求め続けた。ズィギェルボイムは連合国に、ワルシャワ・ゲットーやアウシュヴィッツのSS部隊を爆撃するよう必死に訴えた。ユダヤ人の大量殺戮に関連して収容所が名指しされたことで、ようやく攻撃対象が明確になったのだ。イギリス政府に嘆願してもらちがあかないと思ったズィギェルボイムは、アメリカの情報当局の友人を介してアメリカ政府にも要望を伝えた。しかし、米軍はアウシュヴィッツ爆撃の価値と効果について英空軍と同じ結論を出していたようで、彼の要請は却下された[16]。

ワルシャワ・ゲットーが完全に破壊された後の五月一一日、ズィギェルボイムはロンドンのアパートでバルビツール系の薬を過剰摂取して死んだ。遺体のそばにメモがあった。「私の死を持って、世界がユダヤ人の破壊をただ見つめて許している無作為に対し、最も重大な抗議を表現したい」。彼の妻と息子はゲットーで死んだ[17]。

ズィギェルボイムの死はあまり話題にならず、ユダヤ人の窮状は再び国際社会の議題からこぼれ落ちた。四月中旬にイギリスとアメリカがバミューダ諸島で開催した難民危機を話し合った会議は、決議を採択せずに終わった。連合国の関心は、差し迫ったイタリア侵攻に注がれていた。東部戦線ではドイツ軍とソ連軍がクルスクで大戦中最大の戦車戦を繰り広げていた。その間も、ユーゴスラヴィア、イタリア、ギリシャ、フランス、オランダからアウシュヴィッツに向けて列車が走り続けた。一九四三年五月までにヘウムノの殺人収容所は閉鎖され、ほかの死の収容所も閉鎖が決まっており、アウシュヴィッツはナチスの大量殺戮の衝動を発散する唯一の場所になった。しかし、一九四三年の春には、最終的に一〇〇万人に達する犠牲者のうち三分の二はまだ生きていた[18]。

ナポレオンは占領下のヨーロッパに戻りたかったが、ポーランド亡命政府内務省のパヴェウ・シウダクは、この申し出にほとんど価値を見出さなかった。「［ナポレオンは］帰国後、われわれに信じられないような噂を吹き込んだ」と、シウダクは六月にワルシャワに無線で伝えた。「われわれはこれらの噂を無視した。彼はもはや密使ではない[19]」

この痛烈な批判の結果、ナポレオンは自分の報告を広める役割を失った。彼が退いた同じ頃、ヤン・カルスキという密使が外交上の任務でアメリカに向かう準備をしていた。一九四二年一一月にポーランドから到着したヤンは、ワルシャワ・ゲットーの清算や、ベウジェツの死の収容所の近くにある列車移送の駅について有力な目撃証言を持っていた。しかし、アウシュヴィッツについては何かを語れるほど知っていることはなかった。アウシュヴィッツは、知られているが認められていないグレーゾーンに陥っていた。

18章　逃亡

アウシュヴィッツ、一九四三年四月

ヴィトルトとヤンは、監視の半数が休暇中か酔っ払っているであろう復活祭翌日の月曜日を決行の日と定めた。エドムントは家族の安全を考えて脱走を断念した。ヴィトルトは残り数日で必要なものを集めなければならなかった。パン工房に隠しておく平服、現金、ポケットナイフ、追っ手の犬を欺くために燻製してにおいをつけたタバコ、パン職人への賄賂（リンゴ、ジャム、ハチミツ、砂糖一袋）、そして、捕まったときのための青酸カリのカプセル[1]。

続いてパン工房の仕事を手に入れなければならなかったが、これは難関だった。ヴィトルトはほかの収容所に移送されることを回避するために、小包班に欠かせない要員という扱いになっていた。いきなり作業班を変えようとすれば怪しまれる。そこで、具合が悪いふりをして入院を認められて、パン工房のカポに近づき、班替えの許可が出たとだますことにした。策略が見破られるまでの数時間のうちに脱走しなければならなかった。

収容所に残る地下組織のリーダーたちに、自分がすぐに出て行くことを知らせる時が来た。ヴィトルトは簡潔に説明しようとした。

「私はここで遂行しなければならない任務があった。でも、最近は何の指示もない」と、ヴィトルトはある部下に言った。「これ以上、ここにいる意味はない」[2]

彼はおどけるようにヴィトルトが冒そうとしているリスクを説明してみせた。「つまり、アウシュヴィッツにいつ来るのか、いつ出ていくのか、自分で選べるというわけか」[3]

四月二四日、復活祭前日の聖土曜日は曇り空で暖かかった。ヴィトルトは小包班の作業所に着くと、頭痛を訴え始めた。午後も持ち場に行かず、関節やふくらはぎの痛みという典型的な発疹チフスの症状を、カポに聞こえるように言い募った。カポはすぐに病院に行けと命じた。熱があると言って病院に来たヴィトルトに、看護師たちは辛辣な言葉を投げかけた。何人かがすでに発疹チフスにかかっていると指摘したが、それ以上は強く言わなかった。友人のエデクが検査をせずに入院の手続きをした。

ヴィトルトがデリングと連絡を取らなかったのは、彼が地下組織と疎遠になりつつあったことを象徴していたのだろう。ヴィトルトは知らなかったのだが、この頃デリングはＳＳの上層部から、放射線や化学物質の実験に参加して、子宮摘出や去勢の手術をするように圧力をかけられていた。デリングは返事を決めかねていたが、すでにドイツ人同性愛者の睾丸を取り除く手術を極秘に行ったことがあり、収容者のあいだで彼の悪評が流れていたため、次第に弱気になっていた。病院では新しいカポのルートヴィヒ・ヴォールが責任者になり、大部分がポーランド人である職員を明らかに嫌って、クビにするかビルケナウに移送しようとしていた。そして、ユダヤ人が病院で治療を受けることを認めた後、初めてユダヤ人の看護師が配属された。デリングは自分のポストを守っていたが、孤立無援だった[4]。

翌四月二五日の朝、ヴィトルトはエデクに起こされた。ヴィトルトは彼を部屋に招き入れて計画を説明し、脱走を成功させるためにエデクの協力が必要だと言った[5]。

「エデク、面倒な言い方はやめよう。私はここを出るつもりだ。きみは通常の手続きをせずに私を入院させてくれた。これから私の脱走の手配をしてもらうことになる。私が逃げた後に捕まるのは誰か。きみだ。だから一緒に来ないか[6]」

エデクは「あなたを信じます」と言い、計画については質問しなかった[7]。

その日の午後、ヴィトルトは病院を訪れたヤンに、エデクも同行すると伝えた。ヤンは顔をしかめた。パン工房にヴィトルト一人の枠を確保するのにも苦労しているのに、もう一人とは。しかし、ヴィトルトはもう決めたと告げた。ヤンは「そうか、それならそれでいい」と肩をすくめた[8]。

その晩、エデクは病院でのポーランド人の扱いにうんざりしたから辞めると、ヴォールに当たりちらした。ヴォールは「それなら好きなところへ行けばいい、愚か者！」と怒鳴った。ヴィトルトは階上の自分の病室からこのやり取りを聞いて、うまくいったと確信した。しばらくして、誰かがもみ合う音と叫び声が聞こえた。嫌われ者のフェノール注射係の一人をエデクが殴っていたのだと、後になって知った[9]。

　四月二六日の朝、エデクは自分とヴィトルトが病院から別の棟に移るために必要な書類を持って来た。ヴィトルトはチフスにかかっていて、最低でも二週間は隔離棟に入れられることになっていたのだから、手に入れるのは簡単ではなかっただろう。エデクは、ヴィトルトのチフスは誤診で、密造酒でひどく酔っ払っただけだという言い訳を考えた。二人がパン工房の作業班がいる収容棟に行くと、窓際のテーブルにヤンがいて、ズデーテン・ドイツ人のカポとトランプをしながら機嫌を取っていた。テーブルの上に半分空いたウオツカのボトルがあった。ヴィトルトは、自分たちはパン職人だからここに移されたのだと説明した。カポは驚いた顔をした。ヤンが身を乗り出し、彼の耳元でささやいた[10]。

「バカが二人送り込まれてきたんですよ。パン工房はパンをたらふく食べることができて、楽な仕事だと思っているのでしょう。私がやつらに夜勤をさせて、どんな仕事なのか教えてやります[11]」

　ここが正念場だ。ヴィトルトはリンゴと砂糖、そして小包班でせしめたジャムの小瓶を差し出した。カポの目が輝いた。

「いいだろう。どれだけの腕前か見せてもらおう[12]」

　これで三人がそろった。次は収容者を二人、説得して、夜勤を代わってもらわなければならない。午後六時からの作業を前に、ほとんどの男たちは寝台で休んでいた。ヴィトルトとエデクは自分の寝台に横になり、復活祭に収容所の外から届いた小包の話をにぎやかに始めた。みなが注目した。そこでリンゴを配り、ついに二人を口説き落としてその夜のシフトを交代してもらった。すでに夕方近く、衣類棟でエデクの分の平服を調達してぎりぎり間に合った。彼は急いで囚人服の下に服を着込んだ。その数分後、パン工房の作業班に招集がかかった。[13]

太陽が雲の下に沈み、オレンジ色の照明に浮かんだ「ARBEIT MACHT FREI（労働は自由への道）」の文字をくぐり、彼らは門を出た。南から嵐が近づいていた。門のそばにある古い焼却場の煙突は煙を吐いていた。その日は三三人の遺体が運び込まれ、ビルケナウのどこかでギリシャのテッサロニカから到着する二七〇〇人のユダヤ人のために火が焚かれていた。[14]

パン工房までの行進には五人のＳＳ隊員が同行した。復活祭の祝日のため、いつもと違う隊員が監視についていた。彼らはパン工房の作業班をあまりよく知らず、ヴィトルトたち新入りには特に目を光らせなければならないことも把握していないのではないかと期待した。しかし、残念ながら新しい監視たちはひときわ警戒心が強く、門の守衛から「気をつけろ」と声をかけられていた。[15]

「何があっても、二度とあの門をくぐってはならない」。ヴィトルトはそう思いながら収容所の外に足を踏み出した。[16]

パン工房からの逃走

収容所からパン工房に向かう道の脇にある川は、増水して灰色に濁っていた。夜勤の班についてきた監視のうち三人は、町に通じる橋の上で隊列から離れた。祝日の酒盛りに行ったのだろう。残る監視は二人になった。ヴィトルトたちがパン工房にたどり着いた頃にはあたりが薄暗くなっており、広々とした夜空から雨が落ちてきた。水車小屋の横にある大きな赤レンガの建物の前で隊列は止まり、監視が革の鞄から鍵を取り出した。雨のなかで待っていると、日勤の収容者たちが小麦粉にまみれて現れた。彼らは土砂降りになった雨に愚痴をこぼし、ヴィトルトたち夜勤の班は廊下を通って更衣室に入った。彼らの後ろで監視が鋲のついた重たいドアに鍵をかけ、外からかんぬきをはめる音がした[17]。

民間のパン職人は仕事を始めており、彼らが脱いだ服が壁にかけられていた。ヴィトルトたちは急いで服を脱いで下着姿になり、ドアの横の釘から白いエプロンを取って着けた。そして、ボイラー室を抜けて短い廊下を進み、中央の作業場に向かった。ボイラー室の平炉のそばに監視の机と椅子があり、壁際に狭い簡易ベッドが置かれていた。ヴィトルトは廊下の壁に設置された電話機に目をとめた。監視が一時間ごとに収容所の本部に連絡するのだ。ヴィトルトは天井に張り巡らされた電線を切断するためにペンナイフを持ってきていた[18]。

中央の作業場は細長い部屋で、ガラスのカバーがかかったオーブンが並んでいた。夜勤の者に仕事が割り当てられた。ヴィトルトの担当は、床に置いた大きな電動ミキサーで生地を混ぜ、塊に分けてオーブンのトレイに並べる作業だった。すぐに汗だくになり、なんとか体を動かし続けた。エデクは一回目の五〇〇個ほどのパンを焼くために石炭をオーブンに入れ、燃えさしを棒で脇によけていた。何回か火傷をして、担当を変えてもらい生地をのせたトレイを運んでいたが、とうとう悲鳴をあげて床に倒れ込んだ。

ヤンが駆け寄った。

「だいじょうぶだ――何でもない」。エデクが小声で言った。「重労働を避けるために、わざとやっている」[19]

ジンジャー色の髪のドイツ兵が近づいてきた。エデクと同じくらいの年齢だろう。

「おまえはいくつだ?」と、その監視が聞いた。[20]

「一七歳です」。本当は二一歳だった。

「いつからここにいる?」

「二年以上です」

「まだ元気か?」

ドイツ兵は同情して、エデクに空の小麦粉袋を持って廊下で横になればいいと言った。

夜勤は五回に分けてパンを焼く。一回目か二回目、午後一〇時頃に逃げる計画だった。ヴィトルトがほかのメンバーに合図を送ろうとすると、ヤンが心配そうな顔を向けた。倉庫の窓から、非番のＳＳ隊員とガールフレンドが軒下で雨宿りをしているのが見えたのだ。雨がやむのを待たなければならないのだろうか。

ヤンはカップルを見ているうちに気持ちがたかぶってきた。

廊下で仰向けになっていたエデクは、パンが焼き上がる回数を数えていた。一回焼き上がるごとに、脱走のチャンスが減っていく。監視から数回スクワットをしたらボイラー用の石炭を持ってくるように命令されたときは、ほっと胸をなでおろした。

夜半近くになってようやく雨が上がり、恋人たちはいなくなった。パンを焼くのは残り一回となり、作業のペースが落ちていた。ジンジャー色の髪の監視がボイラーの炉の上でソーセージを焼いていた。もう一人のドイツ兵は机で手紙を書いていた。パン職人たちは短い休憩に入った。最初で最後のチャンスだった。

ヴィトルトとヤンは、パン職人たちに燃料を取ってくると声をかけて倉庫に向かった。エデクが石炭用の手押し車を持って合流した。ヤンはすでに平服に着替えており、石炭室に数日前に隠しておいたスパナを取り出した。合図とともにヤンが入り口にそろりと近づき、ヴィトルトは大きな音を立てて薪を割り始めた。

まずは、ドアの外側でかんぬきを固定しているねじをはずさなければならない。ヤンが体重をかけるとねじが緩み、そのまま回してボルトを押し出した。次はかんぬきを固定している二本のボルトだ。こちらは難しかった。ヴィトルトとエデクはボルトがこすれる音を隠すために、できるだけ大きな音を立てた。

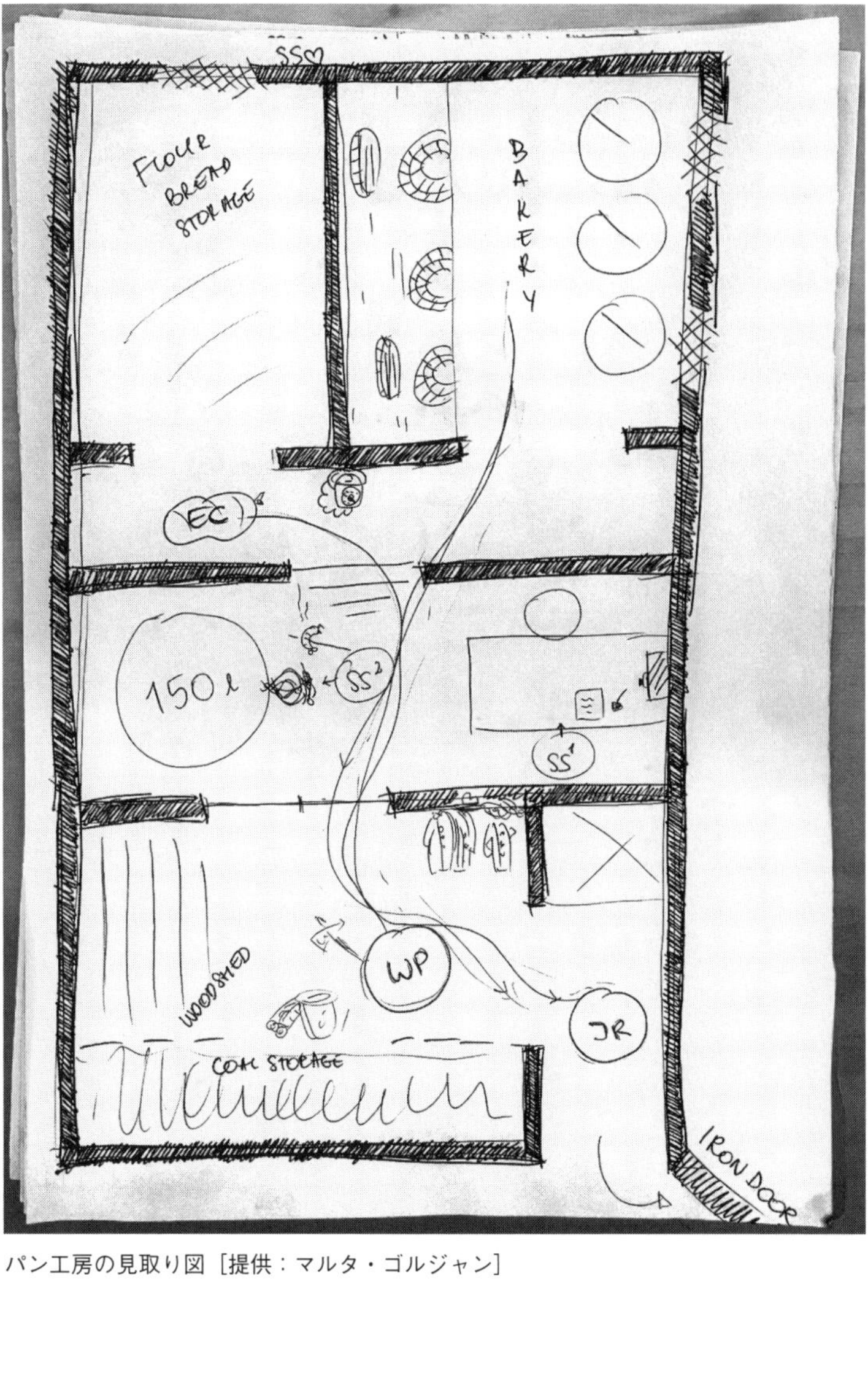

パン工房の見取り図［提供：マルタ・ゴルジャン］

そのとき、ジンジャー色の髪の監視が倉庫をのぞいた。

「もう一人はどこだ？」[21]

二人はその場で固まった。

監視は入り口に向かった。ヤンが捕まるのは間違いないと思ったが、彼はなんとかトイレに駆け込んでズボンを下ろし、その姿で監視に見つかった。

「ここにいたのか」。監視はまだ疑っているようだった。彼はドアに近づき、懐中電灯で照らして調べた。どういうわけか、ボルトが引き抜かれ、かんぬきのねじがなくなっていることに、彼は気がつかなかった。彼は再びボイラーでソーセージを焼き始めた。

次は廊下の電話を使えないようにしなければならない。もうすぐ午前二時。監視が本部に連絡をする時間が近づいていた。ヴィトルトはあわててエデクに包丁を渡すと、手押し車を持って炉に向かった。ジンジャー色の髪の監視は電話がある廊下のほうを向いていたが、炎とソーセージに夢中のようだった。手紙を書いていた男はベッドで眠っていた。エデクはできるだけ静かに手押し車を下ろし、自分が横になっていた小麦粉の袋の上に乗って、手を伸ばし、ゴムで覆われたケーブルを二カ所、切断した。落ちてきた電線を手で受け止め、急いでオーブンに放り込んだが、ゴムの焼けるにおいが部屋に充満してすぐに間違いに気がついた。ジンジャー色の髪の監視が駆けつけて、何を投げ入れたのかと問いただしたが、火の中には何も見えず、エデクを罵倒してボイラーの横に戻った。エデクが入り口に行こうとしたとき、パン職人の一人が生地を練る水を汲んでくるように指示した。エデクは躊躇した。監視が本部に電話をかけようとすれば、その瞬間に自分の妨害工作がばれる。しかし、どうしようもなかった。エデクがボイラー室の蛇口でバケツに水を汲んでいると、苛立ったヴィトルトが現れた。

「今すぐ出るぞ」。彼はささやいた。「時間との勝負だ[22]」

エデクはボイラーの横にバケツを置き、ヴィトルトと一緒に監視たちのそばを抜けて更衣室に行った。着替える時間はなかった。二人は服を抱え、パン工房の入り口の前でヤンの隣に待機した。ヤンは偽造した鍵を鍵穴に差し込んだ。ぴくりとも動かない。ヴィトルトとエデクも加勢して全身で扉を押した。扉が曲がったような気がした。そして突然、ばたんと開き、冷たい空気が一気に入ってきた。ヴィトルトは星をちらりと見上げた。ヤンの姿が川のほうに消えた。ヴィトルトとエデクは後を追いかけた[23]。

銃声が響いた。二人は振り返らずに走り、二〇〇メートルほど先で暗闇に包まれた。ヴィトルトはヤンを呼び止めた。計画では町に続く橋でソワ川を渡り、対岸を収容所の前で引き返し、そのままクラクフを目指して東に進むつもりだった。そんなルートを通るとはＳＳも思わないだろう。しかし、ヤンは収容所と反対方向に走り出した。

ヴィトルトとエデクがようやく追いつくと、ヤンは腰をかがめ、苦しそうに息をしながら言った。「ルートは考えていると言わなかったか？[24]」

そうだ、とヴィトルトは答えた。しかし、引き返すには遅すぎた。どこか別の場所で川を渡らなければならない。彼らは一列に並び、町から遠ざかりながら川岸を走った。スピードを緩め、走りながら平服のシャツとパンツを着た。用意していたタバコの袋が破れていた。前方でガタガタと列車の音がして、川にかかる橋を渡る客車の灯りの列が見えた。クラクフ行きの本線だった。[25]

この橋は、ほぼ確実に警備がいる。

「ほかに道はない」。ヴィトルトはそう言って鉄橋に向かった。「最短のルートで行くしかない」[26]

鉄道の土手の上に、歩哨の詰所の輪郭が見えてきた。三人は濡れた地面に身を伏せてじっと見た。何も起こらなかった。数分後に詰所に近づくと、中は空っぽだった。

ヴィトルトは橋を渡り始め、二人もすぐ続いた。右手にはオシフィエンチム城の輪郭が、左手には野原と川の曲線が見えた。彼らが歩いている単線の鉄路は、真っ黒な空間を横切っていた。これまでに何人の収容者が彼らと逆方向に旅立ち、帰らぬ人となったのだろうか。[27]

土手を降りると泥だらけの畑が広がっていた。ソワ川は線路の脇を数キロ蛇行して、ヴィスワ川に合流する。川も線路も東に向かっていた。彼らが目指す方角だ。再び川を渡り、夜明け前に森のある北岸に上がるつもりだった。川沿いは枯れた葦やイラクサが雨に濡れてまとわりつき、思うように進めなかった。土手は野生のニンニクの香りが漂い、小さな果実をつけた花はかすかにアーモンドの香りがした。線路の反対側で、ＩＧファルベンの巨大な合成ゴム工場の煙突をサーチライトが照らしていた。建設中に数千人が命を落とし、まだ完成していなかった。三人は側溝や排水溝の中を一時間以上かけて進み、ようやく工場を迂回した。[28]

収容所から一六キロほど走った頃には、空が明るくなり始めた。対岸の奥に森が見えて、隠れることができそうだった。このあたりは川幅が広く、早朝の霧に包まれていた。川面が小さな渦を描き、やがて消えた。

ソワ川に架かる橋

「ここらで舟を使おう」と、ヤンが言った。

幸運にも、土手のそばの杭に水浸しの小舟が鎖でつながれていた。近くの木立の中に農家が数軒あった。鎖には簡単な南京錠が付いていた。ヤンが持っていたスパナを取り出すとねじにぴたりとはまり、彼が鎖をはずしているあいだにヴィトルトは近くにあった空き缶を使って水をかき出した。急いで舟に乗り込んで岸を離れ、砂州にぶつかってから最後の数メートルは氷のように冷たい水を歩いて渡った[29]。

対岸の土手に上がると、すでに日が昇り、野原にうっすらと霧がかかっていた。開けた野原をはさんで二キロほど離れたところに森が見えた。近くの村々は前年に民族浄化され、今はドイツ人の入植者で占められている。頭を剃って濡れた服を着ていれば、ひとめで脱走者だとわかる。ヤンはポケットからカラフルなスカーフを取り出してエデクの頭に巻き、くたびれた女のようだと言った[30]。

棒のようになった足を引きずりながら痺れた足で歩いていると、収容所のサイレンの物悲しい音が響き、遠くでバイクの音が聞こえた。ヤンは全速力で走り出し、ヴィトルトとエデクも必死に追いかけた。ヤンが最初に森にたどり着いた[31]。

森の木々はほとんどがスコッツパインで、地主によって整然と植えられていた。ヴィトルトとエデクはヤンを見失い、水路をたどって暗い森に分け入った。突然、木の後ろからヤンが現れ、両手を広げて満面の笑みを浮かべた[32]。

「あなたがたをこの森にお迎えできて光栄です[33]！」

二人はヤンを抱き締め、その頬にキスをした。ヴィトルトは苔と乾いた松葉のベッドに仰向けに倒れ込み、上に伸びて細くなっていく幹を見上げた。

「松がささやき、はるか上の枝が静かに揺れていた……」と、ヴィトルトは後に書いている。「青空のかけらが幹のあいだに見えた。茂みや草の上で、露が小さな宝石のように輝いていた……ところどころ日の光が差し込んでいた[34]」

森は早朝の鳥の声で活気づき、ヒバリのさえずりやカラスの荒々しい鳴き声が聞こえたが、ヴィトルトが最も心を打たれたのは静寂だった。「人間の怒号から遠く離れた静寂……人間の策略から遠く離れた静寂……人ひとりいない静寂……一〇〇〇年もいるかのように感じた収容所とは、

上・夜明けのヴィスワ川
下・ヴィトルト、ヤン、エデクが足を休めたメントクフの森

何と対照的なのだろう[35]」

ポケットにハチミツの瓶とティースプーンがあった。家族からの小包に入っていたものだ。ヴィトルトはヤンとエデクに一さじずつ差し出した。「私たちはあらゆるものに魅了されていた。私たちは世界を……世界の人々だけでなく、この世界を愛していた[36]」

司祭の助け

気持ちが少しずつ落ち着き、警戒心が戻ってきて、あらためて脱走の話をした。ヴィトルトは、ドイツ帝国とポーランド総督府領の国境が近いはずだと感じていた。どうにかして国境を越えて、さらに一〇〇キロほど先のボフニャの隠れ家を目指すのだ。食べ物もカネもなく、必要な書類もない。収容所のゲシュタポが、彼らの詳細を地域のすべての警察本部に伝えていることは間違いなかった。

午後になり出発すると、すぐに森林の管理人と遭遇した。彼は三人に近づいて声をかけようとしたが、彼らは新緑の松林の奥に逃げ込んだ。その後は高台に向かい、夜の帳のなかで幹線道路を渡って、ブナやシデの広葉樹の森へとひたすら上った。さらに丘を上ると、廃墟となった要塞の石灰岩の壁が見えたのでそこを目指した。

人の気配はなかったが、彼らは建物の近くにはとどまらず、近くの溝にあふれている昨年の落ち葉で体を隠した。湿っていて寒かった。ヤンとエデクは眠りに落ちたが、ヴィトルトは坐骨神経が痛んで仕方がなかった。震えながら次の行動を考えた。国境は厳重に警備されていて、案内人が必要だが、誰を信用すればいいのか。二年半の収容所生活で、これから会う人々が何を考えているのか、よくわからなくなっていた。ヴィトルトは自分の国の人々のほとんどが今も反抗していると確信していたが、どれだけの人が飢えや恐怖、あるいは野心によって、占領者との和解を余儀なくされたのだろうか。ナチスはドイツ人の血がわずかでも流れているポーランド人に以前から保護を提供しており、さらに多くのポーランド人を自分たちの大義に協力させようと、新たな取り組みを進めていた。

午前四時頃、うとうとしていたヴィトルトは一年前の会話を思い出した。ある収容者が、叔父が国境のすぐそばで司祭をしていると言っていた。その収容者の名前は覚えている。町の名前は確かアルベルニャだった。ここから遠くはないはずだ。

横でエデクが寝返りを打ち、パンだ砂糖だとつぶやいていたが、突然、飛び起きて叫んだ。

「どうだ? [ヴィトルトは] パンを持ってきたか?」[37]

ヴィトルトは微笑みながら優しく声をかけた。

「心配するな。森が見えるだろう? 城だ。落ち葉の中で寝ていたんだ。夢を見ていたんだよ」[38]

いずれにせよ、起きる時間だった。暗いうちに進まなければならない。体が固まっていたが、森の坂道を下っていくうちに関節が温まった。空が明るくなり、木々のあいだから道が見えた。隣の丘の上に教会と町があり、初めて人の気配を感じた。いちばんこぎれいな服装をしていたヤンは、もともと頭がはげているから自然に見える。ヴィトルトは彼に道を尋ねに行かせた。ヤンが通りに出て、歩いていた人に近づくのを、二人は遠くから見ていた。しばらく話をしていたヤンが戻ってきた。この先にある町は、確かにアルベルニャだった。国境までは二キロ足らずで、町の入り口に税関があるという。彼らは道の先に目をやった。監視の姿が見えるような気がした。

人目につかずに教会にたどり着くには森を抜けるしかなかったが、その手前で、さえぎるもののない道路を横断しなければならなかった。彼らはどうにか反対側に渡り、木から木へと身を隠しながら、ついに教会に着いた。建物の裏に回って、古い樫の木のかたわらにしゃがみ込んだ頃には疲れ切っていた。教会の鐘が鳴り始めた。

「仕方がない、きみ［ヤン］が教会に行くしかない」と、ヴィトルトは言った[39]。

ヤンは素直に立ち上がり、ヴィトルトとエデクは彼を待ちながらうたた寝をした。数時間後、ヤンは一人で戻ってきた。司祭には会ったが、彼らの話を怪しんでいるという。アウシュヴィッツから脱走したことを信じず、ヤンが自分を陥れようとしているのではないかと疑っていた。ヴィトルトはヤンに、司祭の家族について覚えていることをできるだけ詳しく話し、収容所の友人がクリスマスに司祭たちに書いた手紙のことも教えて、再び送り出した。今度はヤンが司祭を連れて戻ってきた。司祭は緊張した面持ちだったが、ヴィトルトとエデクの哀れな姿を見て納得したようだ。急いで教会に戻り、コーヒーと牛乳の入ったピッチャー、パン、砂糖、バター、ハム、イースターエッグ、イースターのお祝いのケーキなどを持ってきた。

彼らは包みをひとつひとつ開けては歓声を上げた。「この小包に入っていないものがあるのか？」と、エデクが叫んだ[40]。

関節に塗る軟膏もあった。タバコも一人一本ずつ入っていて、腹いっぱい食べた後に吸った。彼はヴィトルトたちが探していた司祭ではなかったが、ヴィトルトの友人の家族を知っていて、できるかぎり協力すると約束した。国境を越えて総督府領まで案内できる人物にも心当たりがあると言うが、国境の警備隊があちこちにいたため、司祭が再び戻ってくるまで隠れて待つしかなかった。

司祭は昼食時に再び彼らのもとに来て、食料品の包みと一〇〇マルク、黒いベレー帽、つなぎの作業服を持ってきた。そして、日が暮れたら次は案内人と一緒に来ると言った[41]。

二人のトマシュ

三人は木々のあいだで食事をして、うたた寝をしながら、影が長くなって夜になるのを待った。午後一〇時頃に司祭が案内人と食料を運んできたときには、服を着て準備を整えていた。雲はなく、月は見えなかった。彼らは一列に並んで出発した。案内人は年配の男性で、痩せていて寡黙だった。何も言わずに三人を丘に連れて行き、壊れた溝や切り倒された木が散乱してイバラが生い茂った険しい渓谷に着くと、一〇〇メートル先の国境地帯を渡れば総督府領だと言い残して去った。曲がりくねった道を抜けると道路に出て、その道沿いに歩いたが、空が明るくなったため、暗くなるまで藪に隠れるしかなかった。地面は水とぬかるみで横になることもできず、夕暮れどきに再び歩きだしたときはほっとした。

すぐにヴィスワ川の開けたところに着いた。向かい側の崖の上にベネディクト派修道院があり、淡い色の川とティニエツという小さな町を見下ろしていた。船頭が小舟で対岸まで乗せてくれることになった。彼は舟に乗り込む三人をじっと見つめ、もうすぐ夜間外出禁止令の時間になるから気をつけるようにと言った。対岸に着くと、急いで町に入った。農民たちが周囲の野原から牛を連れて帰ってくるところだった。ある家の玄関が開き、室内の暖かい光を背に主婦が姿を見せた。ヤンは牛乳やパンを頼もうと思ったが、女性はすぐに扉を閉めた。彼らは町のはずれまで行き、別の家に近づいた。その家の女性が彼らを追い払おうとすると、かたわらに夫が現れた。彼は妻の反対を無視して、ビートのスープを差し出した[42]。

「ドイツの工場から来たんだね[43]」

「はい」と、ヤンが答えた[44]。

「あの工場なら髪の毛を伸ばしてもいいはずなのに、違うのか」

ヤンはチフスが流行していて頭を剃らなければならないのだと言ったが、男性は明らかに信じていなかった。彼はアウシュヴィッツの話を持ちかけたが、三人は誘導には乗らなかった。納屋で寝てもいいと言われ、二日前の夜に収容所を出て以来、まともに寝ていなかったヴィトルトは彼を信じることにした。翌朝はすぐに出発した。

それから数日間は村々を回りながら、ときどき食べ物や水を求めてドアを叩いたが、長くとどまることはなかった。ヴィスワ川に沿って東に進み、クラクフを避けるように進んだ。五月一日、ニェポウォミツェの森に到着した。森の反対側は目指すボフニャだ。エドムントの家族が待っているはずだ。

暖かい春の朝だった。誰にも会わず、曲がりくねった林道を進んでいくと、左手に森林監督官の白い漆喰塗りの家が見えた。緑色の雨戸は閉じられていて、人の気配はなかった。庭を抜けようとしていたとき、ライフルを肩にかけたドイツ兵が歩いてくるのが見えた。彼らは平静を装いながら前進したが、十数歩進んだところでドイツ兵が「止まれ！」と叫んだ。

彼らは歩き続けた[45]。

「止まれ！」。兵士は再び怒鳴り、ライフルの撃鉄を引いた。

ヴィトルトは笑顔で彼のほうを振り向いた。

「問題ありませんよ[46]」

家の中から二人目の兵士が出てきたが、発砲しようとしていた一人目は武器を降ろした。彼との距離は三〇メートルほど。もう一人は六〇メートルほど離れていた。

「逃げろ！」。ヴィトルトはそう叫ぶと走りだした。森の中で三方に散った後ろから銃弾が飛んできた。木の幹を乗り越え、茂みのあいだを縫うように走るヴィトルトをかすめて銃弾が追い越していった。ふと右肩に短いが鋭い衝撃が走った。「ちくしょう」と思ったが、痛みは感じず、さらに走った[47]。

左側にエデクが走っているのが見えた。森の奥に入ってから大声で呼びかけ、二人は合流して、やがて足を止めた。遠くで銃声が響いている。ヤンの気配はなかった。エデクがヴィトルトの傷を確認すると、銃弾は骨をそれて肩を貫通していた。エデクは収容所から持ってきたヨードと包帯で手際よく傷口の手当てをした。ヴィトルトのズボンとウィンドブレーカーにはさらに三つ穴が開いていたが、いずれも傷はなかった。信じられない幸運だった。この森でヤンを見つけられる可能性はほとんどない。二人はヤンも来ることを願いながら、ボフニャに向かうことにした。[48]

森を抜けると夜になっていた。渡し舟でラバ川を渡り、対岸の小さな村に着いた。ボフニャの灯りが見えてきた。一九世紀にオーストリア・ハンガリー帝国の一部として栄えた古い塩鉱山の町だ。ナチスは中心部の一部を壁で囲ってゲットーをつくっていたが、まだ一掃されていなかった。ヴィトルトとエデクは黙って歩いた。ヤンのことを考えると気持ちが沈んだ。

農家の屋根裏部屋で眠り、翌朝、エドムントの実家を見つけた。義理の父親のユーゼフ・オボラは庭仕事をしていた。二人を見て、大きな笑みで迎えてくれた。不思議に思いながら家に入ると、ヤンがベッドで大の字に寝ていた。怪我もなく、熟睡していて、ベッドカバーの下から足を突き出していた。二人はベッドの上に飛び乗って彼を抱き締めた。それから数時間、状況を報告し合い、食事をして、オボラ一家と話をしながら幸せなひとときを過ごした。話題は収容所のことになり、ヴィトルトは落ち着かなくなった。怪我をして疲労困憊していたが、彼はその日の午後に地下組織の人間に会うと主張し、実際に会った地元の工作員から上官に会うには時間がかかると言われても、あまり納得がいかなかった。[49]

数日後、工作員はヴィトルトを連れて隣町のノヴィ・ヴィシニチに向かった。エデクとヤンは

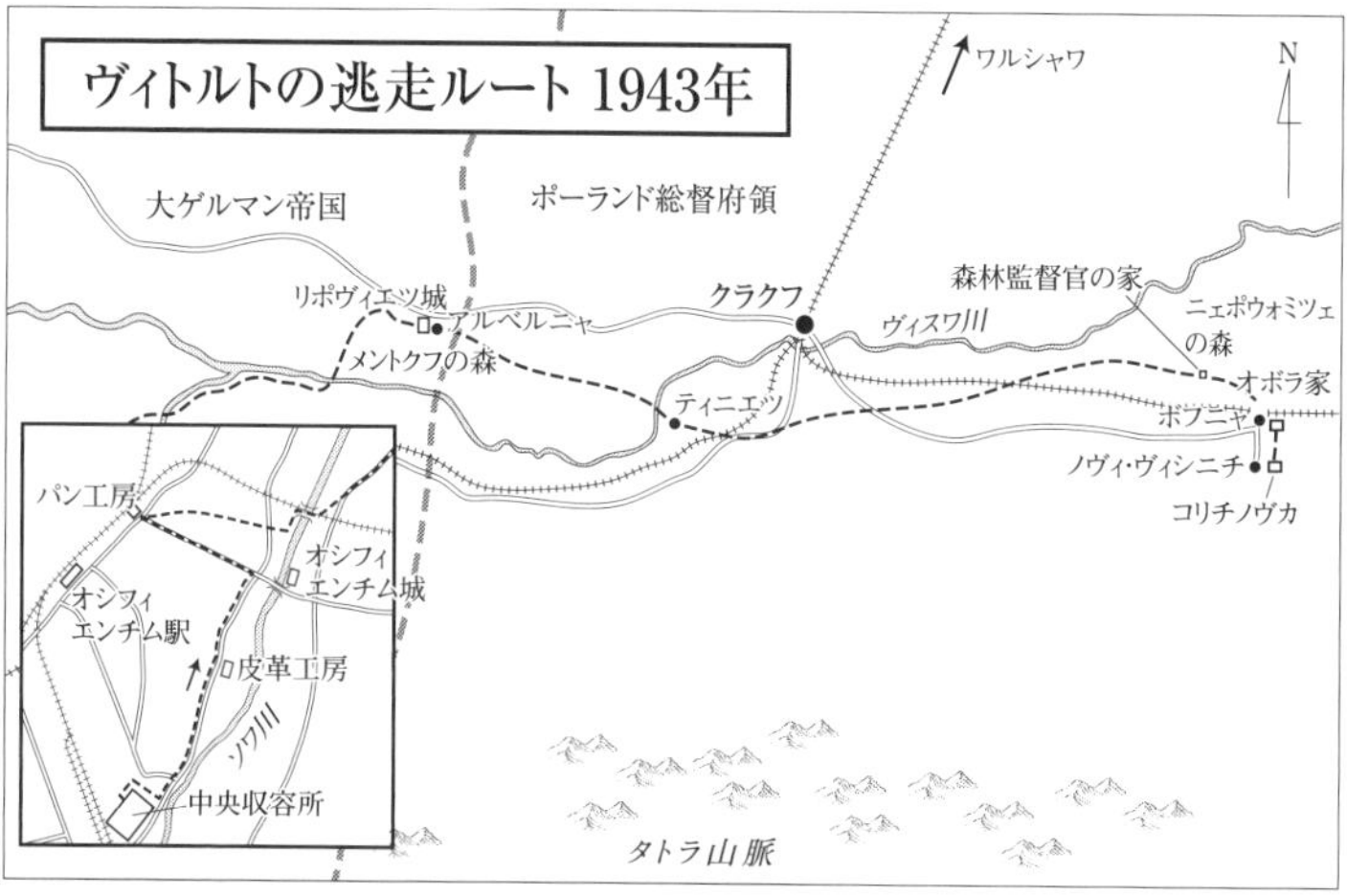

ユーゼフ・オボラ（戦時中）［提供：マルタ・オルウォフスカ］

残って体を休めることにした。燦々と降り注ぐ太陽のもと、森で休憩していたとき、ヴィトルトはふと、これから会う司令官の名前を聞いた。答えは――トマシュ・セラフィンスキ。彼がこの三年、収容所でなりすましていた人物だった。[50]

「どうかしたのか？」と、工作員が聞いた。[51]

「何でもない、ちょっと疲れただけだ。少し急ごう」[52]

丘の背を越えると、向かいの森の中腹にノヴィ・ヴィシニチの古城があり、下に小さな町が広がっていた。トマシュの家は城の反対側にあると、工作員が言った。近くの修道院がゲシュタポの拠点になっており、慎重に動かなければならなかった。ヴィトルトは不思議な運命に導かれてきたのだと確信して丘に急いだ。

並木道から奥に入ったところに家があった。別荘として建てられた木造の簡素な家は杉の屋根板で、ポーチの入り口は花で囲まれていた。片側に馬小屋があり、その奥に畑が広がっていた。司令官の妻ルドゥミワは、家の裏手のベランダで彼らを迎えた。土地は川に向かって傾斜しており、小さな池のそばに果樹園と納屋があった。

「トマシュに名前をお返しに来ました」と、ヴィトルトは声をかけた。[53]

小柄で本好きの夫にヴィトルトがトマシュだと名乗るようすを、ルドゥミワは見守っていた。

「いや、私もトマシュだが」。もう一人のトマシュは困惑していた。ヴィトルトはトマシュの経歴をすらすらとそらんじ、アウシュヴィッツの収容者番号をドイツ語で言った。この三年、何回も繰り返してきた数字だった。[54]

奇妙な儀式を終えて、最後に敬礼をすると、ヴィトルトは自分の素性を明かした。
「この話に誰がどのような反応をするかわからなかった」と、ヴィトルトは振り返っている。トマシュはただ両手を大きく広げ、正直そうな顔に笑みを浮かべてヴィトルトを抱擁した。[55]
果樹園を見下ろす小さなテーブルに座ると、ヴィトルトは気持ちが落ち着いた。トマシュは自分と同じように農業技術に詳しい紳士的な農民で、クラクフで学んだ後、家業の農園の経営に専念していた。家の壁には親族のヤン・マテイコという画家の油絵が飾られていた。トマシュは建物の外で彼をもてなすことに同意し、ライ麦の生地を揚げた家庭の味を食べながら収容所の話を聞いた。大規模な攻撃は必要ないだろうと、ヴィトルトは言った。門のあたりで、ちょっと騒ぎを起こして目をそらすだけでいい。[56]
トマシュは突拍子もない提案だと思いつつ、クラクフの地下組織にヴィトルトの主張を伝えることに同意した。ただし、準備に数週間かかると念押しした。ゲシュタポが組織に潜入して、幹部の半分は刑務所に入っているか逃亡中だったのだ。
数日後にトマシュは町に出かけ、ヴィトルトはワルシャワの地下組織への報告書の作成に取りかかった。これは収容所の概要と、地下組織の構造と組織に関する説明だった。彼の主張は明確だった。この収容所は反乱を起こせる力を持っている。すぐに行動を起こさなければならない。[57]
一週間後、ヤンとエデクが訪ねてきた。ヴィトルトは二人に、自分たちが目撃した犯罪の記録を作って報告書に添付するように勧めた。ドイツ軍がアウシュヴィッツで行っている残虐行為が一般の人々にほとんど知られていないことに、彼らは衝撃を受けていた。収容所で毎日何百人もの人が死んでいるにもかかわらず、世間の関心はカティンで殺されたポーランド人将校に向いていた[58]。

「誰も抗議しない！　誰も調査しない、誰も来ない！　沈黙だ！　ジュネーヴは沈黙している。欧米に変化なし」と、ヤンは報告書に書いている。「カティンの大虐殺に反応した世界が、ドイツ軍の強制収容所で実際に何が起こっているのか、いまだに理解していないというのは信じがたい[59]」

トマシュは六月下旬から七月上旬にかけて、クラクフの地下組織の指導者たちにアウシュヴィッツを攻撃することについて自分の意見を述べた。攻撃は実現不可能だと却下され、ヴィトルトの話を疑問視する声もあった。収容所から脱出した者は数えるほどしかおらず、収容所を解放するために自ら戻るという話など聞いたことがなかった。当時の収容所内の地図にもパン工房は載っていない。クラクフの指導者たちはヴィトルトがドイツのスパイであると判断し、トマシュに彼との接触を断つように命じた。トマシュが拒否すると、彼も追放すると脅された[60]。

それを聞いてヴィトルトは憤慨した。そもそも、この「組織の巨人たち」は何者なのか。アウシュヴィッツの収容者の窮状を常に案じていると言いながら、実際に一部の人を救う機会が訪れても何もしないのか。彼らは偽の書類を用意することも拒否し、ヴィトルトはここを出て最初の検問で逮捕される危険さえあった。これでは「自分で自分の首を絞めるようなものだ[61]」。

ほかにすべもなく、ヴィトルトは自分の密使として収容所を脱走し、今はワルシャワにいるステファン・ビエレツキにメッセージを送り、ロヴェツキに自分の身分を保証してもらえるように

トマシュ・セラフィンスキ（1940年頃）［提供：マリア・セラフィンスカ－ドマンスカ］

頼んだ。数日後、ステファンはヴィトルトの身分証明書を作る偽の書類と青酸カリの錠剤を持ってノヴィ・ヴィシニチを訪ねた。ステファンは、蜂起が差し迫っているわけではないと明言した。さらに、ヴィトルトの家族が無事で、会いたがっていることも伝えた。実はステファンはエレオノラに、ヴィトルトをすぐ家に連れて帰ると約束していた。しかし、本人は帰るつもりはなかった[62]。

数週間後、トマシュはヴィトルトを地元の妨害工作の責任者アンジェイ・モジュジェンに会わせた。モジュジェンは一五〇〇人の兵士を集めてアウシュヴィッツを攻撃することができると言った。収容所を攻撃できるくらい近づいて部隊と武器を配置することになるが、準備に二週間かかるかもしれないという。ヴィトルトはアウシュヴィッツの地下組織が待てるかどうか、確信が持てなかった。彼はSSが自分の逃走の報復をしているのではないかと恐れていた。実際、ゲシュタポのボスのグラブナーはヴィトルトを逮捕するために、アウシュヴィッツからノヴィ・ヴィシニチに部下を差し向けた。幸い、そのときヴィトルトは家にいなかった。トマシュはSS隊員が持っていたヴィトルトの収容所での写真とまったく顔が違ったおかげもあり、人違いだと警官に納得させた[63]。

今回は間一髪で助かったが、なおさら収容所への早急な攻撃が必要だ。ヴィトルトはモジュジェンに、車を三台用意して、十数人と武器を収容所に運び、すぐに攻撃できるようにしたいと相談した。SS隊員の格好をして、監視をだまして収容所に潜り込み、爆破して脱出する。自爆作戦であることはヴィトルトも承知していたが、残してきた人々に対する責任があると思っていた[64]。

ヤンとエデクが滞在していたオボラ家は、収容所のエドムント・ザバフスキと連絡を取り合い、メッセージを忍ばせた小包を定期的に送っていた。ヴィトルトは、エドムントに送るハスク（麦の殻）のパン、ニンニク、タマネギなどを包むナプキンの端に暗号で計画を書き込んだ。「車三台で収容所に侵入できる。連絡をくれ[65]」

数週間後に返事が届いた。「エルズニャの友人たちは車でどこにも行かず、家で仕事をしているべきだ」。別のメモには「秋が近づいている、そちらから来るには寒すぎて、誰かに面倒を見てもらうには早すぎる」という説明が加えられていた[66]。

収容所の地下組織は明らかに機能していたが、車は三台以上、必要だろう。ヴィトルトは自分がワルシャワに行って、地下組織に行動を起こすよう働きかけることにした。六月末にゲシュタポがロヴェツキを逮捕し、七月四日にはポーランド亡命政府を率いるシコルスキがジブラルタルで飛行機事故死するなど、指導部の混乱ぶりはヴィトルトも聞いていた。

八月に入り、ワルシャワに出発する前にステファンから手紙が届いた。破るように封を開けた

上・(左から) ヤン、ヴィトルト、エデク (コリズヌフカ、1943年6月頃) [提供:マリア・セラフィンスカ－ドマンスカ]
下・ノヴィ・ヴィシニチでヴィトルトが滞在した納屋

上・収容所から脱走した後に手配したヴィトルトの身分証［提供：PMA-B］
下・ヴィトルトとトマシュ　ヤン・スタシニェヴィチ（1943年7月）［提供：マリア・セラフィンスカ－ドマンスカ］

が、蜂起の話は何もなかった。代わりに、ヴィトルトの地下活動の功績を称えて勲章を贈ることにワルシャワの地下組織の本部が「非常に乗り気だ」と書かれていた。ヴィトルトはうんざりして手紙を放り投げた。勲章など欲しくない。欲しいのは行動だ。[67]

19章　孤独

ワルシャワ、一九四三年八月

八月二三日月曜日、ヴィトルトはワルシャワに戻った。アウシュヴィッツに志願してから約三年、街は血みどろのゲリラ戦に巻き込まれていた。地下組織はナチスの幹部の暗殺やドイツ系企業の爆破を始めていた。ナチスは、事件が起きるたびに一〇〇人のポーランド人を街頭で射殺するように命じた。最期に「ポーランド万歳」と叫ぶ犠牲者があまりに増えて、一部のドイツ軍部隊は人々の口に詰める石膏を持ち歩いた。ワルシャワがドイツ軍の支配下にあることは疑いようもなかったが、スターリングラードで壊滅的な敗北を喫し、七月に連合軍がイタリアに侵攻した今、それほど長くは続かないだろうと思えた[1]。

ヴィトルトはまず、エレオノラに自分が戻ってきたことを伝え、地下組織の指導部と会談するべく動きだした。ジョリボルシェのエレオノラのアパートに行く途中、ゲットーの跡地のそばを通った。ユダヤ人が蜂起した後、ヒムラーはこの地区に残っていた建物を壊すように命じ、跡地は彼の名前を冠した公園になっていた。ジョリボルシェでは城塞にドイツ軍の高射砲が突き刺さり、ソ連軍の爆弾が落ちた生々しい穴をいくつも目にした[2]。

エレオノラはヴィトルトが来ると聞いて、窓のブラインドを下ろした。夜間外出禁止令が出ており、暗くなると、ドイツ軍の巡回兵が窓越しに見える人間を撃った。ヴィトルトはマリアと子供たちのようすを知りたがった。静かに夕食をとりながら、エレオノラはオストルフ・マゾヴィエツカでのマリアたちの生活について知っていることを話した。最近、家族が暮らしていた家をドイツの役人が占領し、マリアは屋根裏部屋に追いやられ、家政婦をさせられていた。彼らは無事だが、ヴィトルトが訪ねるには危険が多すぎた。エレオノラは自分が住むアパートの階上の空き部屋で会うことを提案した。マリアはオストルフ・マゾヴィエツカで書店を手伝っており、数週間に一回、文房具を買いにワルシャワに来ていた。エレオノラからマリアが買い物をする店の住所を教わり、伝言を残すことにした[3]。

その間もヴィトルトは地下組織の新しいリーダーのタデウシュ・コモロフスキ将軍を説得して、収容所への攻撃の支持を得ようとしていた。警戒が強まり、疑心暗鬼が広がるなか、面会の約束を取りつけるだけでも難しかった。ヴィトルトの密使として収容所を出たステファン・ビエレツキから、ドイツ軍の補給線を狙った殺害や破壊工作を行う地下組織の作戦部隊に加わるように勧められた。アウシュヴィッツに関する作戦はすべて、そのグループが計画することになるという。しかし、作戦部隊の責任者であるカロル・ヤブウォンスキに会うことさえ難しかった。ヴィトルトは身分証明書の確認を繰り返し求められ、メッセージを送るたびに、隠れ家や密使をいくつも経由して届けられた。

返事を待つあいだ、ヴィトルトは処刑する内通者のリストを作成するチームで働いた。地下組織は共謀の容疑者を裁く法廷を設置して、法の適正手続きに準ずるものを導入しようとしていたが、判断ミスを繰り返していた。ヴィトルトの密使としてビルケナウのガス処刑の情報をいち早く伝えたスタニスワフ・ヤステルは、内通者として処刑されていた。ヴィトルトは忸怩たる思いで待ち続けた。アウシュヴィッツの地下組織は危機的状況で、毎日何千という人が死んでいた。しかし、ヴィトルトがワルシャワと交わす議論は、ノヴィ・ヴィシニチで知った現実を裏づけるものだった。アウシュヴィッツに反乱を起こせる地下組織が存在することはほとんど知られていなかった。アウシュヴィッツがユダヤ人の大量殺戮に果たしている役割も、ほとんど話題にのぼらない。地下組織の右派の新聞には反ユダヤ的な辛辣な論説が掲載され、粗暴な脅迫者が通りを歩き回り、二万八〇〇〇人と言われるユダヤ人の潜伏先を探していた。ナチスはどんな情報にも高額の報酬を払い、ユダヤ人を捕まえると、彼らをかくまっていたポーランド人とともに射殺した。[4]

地下組織は脅迫行為を公式に非難し、身を隠しているユダヤ人家族のために大規模な救援活動を行った。ジェゴタの暗号名で知られるこの活動には、一時はワルシャワの住民の約一割、九万人以上のポーランド人が積極的に関わっていた。ただし、地下組織の指導者たちは、レジスタンスのなかの反ユダヤ主義勢力と対立することは避けた。ポーランドの独立を取り戻すために必要になるであろう、脆弱な同盟関係を崩したくなかったのだ。ヴィトルトはヤブウォンスキからの返事を待つしかなく、アウシュヴィッツ作戦の利点を彼に納得させることができるという希望を捨てなかった〔5〕。

家族との再会

一方で、ヴィトルトはついにマリアと再会を果たした。文房具店に伝言を残すのではなく、直接会って驚かせようと考え、ささやかな贈り物を買った。花柄の紺色のドレス、優美な寝間着、香水の小瓶。ヴィトルトは数日間、妻がいつ来るかと何回も通りを確認した。そして、ついに彼女が来た。ヴィトルトは彼女を連れてエレオノラのアパートの上階の部屋に行った。幾度この瞬間を想像し、自分が経験してきたことを聞いてほしいと思ったことだろう。ようやく抱き締めることができた。両手を広げているあいだ、ヴィトルトは収容所のことも戦争のことも口に出さなかった。今は忘れよう〔6〕。

翌朝、ヴィトルトはアンジェイとゾフィアに手紙を書いてマリアにことづけた。子供たちへの手紙は堅苦しく、礼儀作法の必要性を説いた。しかし、マリアが帰る前に、ゾフィアにはもう少し気軽な手紙を書いたようだ。娘に詩を贈りたいと思ったが時間がなかったと、マリアに言った。マリアは彼に、ゾフィアが一人で草花を植えた庭の話をしていた。ヴィトルトは風邪をひいたゾフィアに、「小さなチョウのように飛び回らないで」用心するようにと書いた。[7]

数週間後、マリアはゾフィアの返事と庭の花を持って再びワルシャワに来た。ヴィトルトは返事を書いた。「とても優秀な農場主になってくれてうれしいよ」「毛虫やカブトムシも、エンドウや豆も、生きているものはすべて大好きなんだね」。そういうところが自分に似ていると、彼は付け加えた。アンジェイは返事をくれない、とも書いている。「彼も手紙を書いてくれれば、きっと［アンジェイと］何かしら共通点が見つかるだろう」。マリアとヴィトルトは子供たちをワルシャワに連れて行くかどうか話し合ったが、暴力がますます激化している状況では不可能だと二人ともわかっていた。[8]

一九四三年九月、ドイツの新しい警察署長が任命され、新たな弾圧が始まった。一〇月一日、ゲットーの廃墟で二三人が処刑された。その二日後、ＳＳは三七〇人の男女をジョリボルシェで一斉検挙した。彼らの処刑は街頭の拡声器で発表された。「街のあちこちで銃撃がない日はない」と、日記作家のルドヴィク・ランダウは書いている。「機関銃や自動拳銃の音が鳴り止まない」。地下組織の反撃は、さらなる暗殺と爆弾攻撃を招いた。何日も通りから人の姿が消えることもあった。[9]

新たな報告書

一〇月二九日にようやくヤブウォンスキとの面会が許された。ヴィトルトは自分の主張を論理的に説明しながら、軍事的に健全な計画だと確信していた。アウシュヴィッツの門の前で地下組織の部隊が陽動攻撃を行い、それに続いて収容所全体で反乱を起こせば、かなりの数の収容者を逃がすことができる。収容所を攻撃する差し迫った道徳的必要性も説明したであろう[10]。

ヤブウォンスキは、自分はアウシュヴィッツのことはすべて知っていると豪語した。

「戦争が終わったら、われわれの保管所にあるアウシュヴィッツのファイルがどれだけ分厚いか見せてやろう。きみの報告もすべてそこにある[11]」

ファイルの厚さは収容所の人々に何の救いももたらさないと、ヴィトルトは答えた。

しかし、ヤブウォンスキは断言した——攻撃はしない。彼は、地下組織は全国規模の反乱を起こすことに戦力を集中させるべきだと考えていた。ドイツ軍はソ連から退却を始めており、いずれポーランドからも撤退を余儀なくされるだろう。そのときこそ潜伏していた彼ら地下組織が立ち上がってポーランドの独立を宣言するのだ。さらに、ソ連軍の脅威もあった。カティンの大虐殺のニュースが報じられた後、スターリンがポーランド亡命政府との外交関係を断ったことは、ドイツに代わってソ連が新たな占領軍になるという意図を示唆していた。そして、連合国軍がポーランド軍を支援する気配もない。来る重要な戦闘に備えて、あらゆる武器を保存しておく必要があったのだ。

それでもヤブヴォンスキは、主要な都市を確保した後という条件付きながら、収容所の外で作戦を行う可能性に言及した。「この件が動き出したら、必ず、すぐに連絡しよう」。彼は最後にそう言った[12]。

ヴィトルトに残された唯一の希望は、ヤブヴォンスキの頭越しにコモロフスキと直談判をすることだった。しかし、コモロフスキはヴィトルトに会おうとせず、会うことができた部下もヤブヴォンスキの話を追認するだけだった。ヴィトルトの要請は収容所周辺の地下組織の司令官に伝えられ、最終的な評価を待つことになった。そして、結論は、地下組織が収容所の門を三〇分間、開けておくことができるというものだった。それだけの時間では、収容者のほんの一部しか逃げることはできない。残った者への報復を考えれば、ドイツ軍が退却時に収容所を完全に清算しようとした場合にしか意味のない行動だった[13]。

ヴィトルトは地下組織の決定を受け入れるしかなかった。指導部との会談の直後に、おそらくザバフスキの家族を介して新たな手紙を収容所に送り、蜂起の計画が却下されたことを説明した。同じ頃、収容所の地下組織の指導者の大半が捕まって銃殺されたことを知った。ヴィトルトは自分が地下組織の説得に失敗した結果と受け止め、打ちのめされた。蜂起の計画についてヤブヴォンスキが指摘した現実的な反対意見は彼も理解していたが、一方で、収容所を攻撃する道徳的な論拠を強調するしかないという思いをさらに強くしていた。結局のところ、このような悪に立ち向かわなければならないという使命感が、彼の部下たちを戦わせ、彼の報告書の基盤になっていた。[14]

しかし、人々はヴィトルトの証言になかなか共感できずにいた。ヴィトルトは自分が収容所に着いたときに感じた正義の怒りを、人々にも感じてもらいたかった。しかし、この年の秋、友人に収容所の惨状を話してみても、彼らは口を閉ざし、話題を変えて、同情しようとした。ヴィトルトが求めていたのは同情ではなく理解だった。しかし、今の自分には普通の人々と心を通わせることが難しいと感じていた。彼らの考え方が小さく思えた。「友人やほかの人々と関係を築くことができなくなった」と、ヴィトルトは後に書いている。「変わり者になりたいわけではなかったが、あの地獄の後ではそうなっていた」[15]

ヴィトルトは元収容者――「オシフィエンチムの人々」――を探した。最初に寝台をともにしたスワヴェクは一九四一年に釈放され、エレオノラと同じ建物に住んでいた。彼は収容所で最初の冬に交わした約束を果たし、空想を語り合ったあの料理、サワークリームをのせたジャガイモのパンケーキを作ってくれた。スワヴェクには自分の考えを説明する必要はなく、些細なことも気にならなかった。[16]

アレクサンデル・パリンスキとも再会した。オレクと呼ばれていた彼は、妻のオラと一六歳の娘とともにジョリボルシェに住んでいた。一家はアパートの二階の二部屋で、ささやかな厨房を営んでいた。オラは骨のスープや伝統的なキャベツのスープを作り、フライドポテトを添えた。田舎でチョップや子牛のミンチが手に入ったときはシュニッツェルにした。

ヴィトルトとオレクは何時間も話し込んだ。戦前のオレクは社交的で、子供向けの人形劇場を経営しており、凝ったセットを作って音楽を演奏していた。しかし、一年近く前に釈放されて以来、昔のような活気を取り戻せずにいた。オラとの関係も悪化しており、ヴィトルトと収容所の話をすることに慰められた。[17]

二人は協力して、アウシュヴィッツで死んだ友人たちの家族を探した。しかし、愛する人が死んだことを信じようとしない人も多く、受け入れた人々も、地下組織のために死んだと聞かされたところで慰めにはならなかった。ヴィトルトは自分が生き残った理由を説明しなければならないときもあった。[18]

この頃、ヴィトルトはアウシュヴィッツについて自分の考えの変遷をまとめた新しい報告書に取りかかった。収容所の地下組織の規模と力の評価から始まり、最新のユダヤ人の死者数を含む犠牲者の数を記した。このとき彼は初めて、自分の思いや印象を交えて経験を語っている。ときどき軍人らしい語り口に戻るが、自分が目撃した個人的な勇気の瞬間を振り返っている。彼の願いは、読者と収容所の精神的な世界を結びつけることだった。収容者の家族と話をしたことが、彼の考えをかたちにした。「私が語る話の中に、愛する人の姿を見出す家族がいるかもしれない」と、彼は書いている。「だ か ら 私 は 書 く［ヴィトルトは字間を空けて強調している］」[19]

支援と脅迫

一九四三年の秋から冬にかけてヴィトルトは地下組織のために働き、元収容者とその家族を支援するための資金を本部から引き出した。彼がお金を渡した一人が、オレクの隣人のバーバラ・アブラモウ‐ニューリーだ。彼女は収容所にいる夫のイゴールに小包を送るためにも、自分とイゴールがかくまっていた数組のユダヤ人家族を支援するためにも、お金が必要だった。彼女自身もユダヤ人だが、夫のカトリックの洗礼名を名乗っていた。出自の秘密を固く守り、七歳の息子にも自分が混血であることを話していなかったが、彼女がドム・シエロというユダヤ人孤児院で育ったことは友人たちも知っていた[20]。

この年の秋、ヴィトルトはバーバラの窮状を知った。ヴィトルトを自分のアパートに呼んだ彼女は明らかに取り乱しており、今にも泣きだしそうだった。彼女の話によると、一週間ほど前にアパートのドアをノックする音がした。イゴールが逮捕される前に助けたユダヤ人の友人だと名乗る男が、共通の知人のためにお金を取りに来たと言った。彼女がいくらか渡すと、男は去った。しかし、数日後に再び現れて、イゴールの友人は死んだが、またお金が欲しいと言った。自分はユダヤ人で、現金が必要なのだと言う。そして、お金を渡さなければゲシュタポに通報すると脅した。彼女は手元にあったいくばくかのお金を渡したが、男はもっと欲しい、必ずまた来ると言った。[21]

「バーバラ、落ち着いて」と、ヴィトルトは言った。「私たちが何とかする。とりあえず今はこのカネを受け取るんだ。それから考えよう」[22]

再びやって来た脅迫者はお金を受け取ったが、それきり姿を見せなかった。彼の運命はわからないが、ヴィトルトが処刑を手配した可能性は高いだろう。[23]

バーバラ・アブラモウ－ニューリー［提供：ヤロスワフ・アブラモウ－ニューリー］

家族か国家か

冬が始まると一斉検挙や銃撃戦が小康状態になり、ヴィトルトは家族に会いたいという思いを募らせた。一一月の終わりか一二月の初めに、マリアはアンジェイとゾフィアを連れてワルシャワ行きのバスに乗った。ヴィトルトはエレオノラの家で彼らを待った。この日のためにエレオノラは赤いゼリーを作り、柔らかくならないように冷水を張った浴槽に浸けておいた。ヴィトルトが子供たちと最後に会ってから三年以上、経っていた。アンジェイは一一歳になり、背が高く、気難しいところがあった。一歳年下のゾフィアは明るくて可愛らしい女の子だった。親子は抱き合った。

アンジェイはヴィトルトに見せようと小さな空気銃を持ってきていたが、すぐにエレオノラの息子マレクと外に駆け出し、「ドイツ人とポーランド人」ゲームをした。ゾフィアはついていかなかった。父親は痩せて歳を取ったなと思っていると、沈んだ表情でポケットの中をいじっているのが見えた。それは何かと尋ねると、彼は小さなパンの皮を取り出し、何かあったときのために持ち歩いているのだと説明した[24]。

食卓に集まったときには、外は暗くなっていた。子供たちは台所の床にマットレスを敷いて眠り、ヴィトルトとマリアは上の部屋で休んだ。翌朝、ヴィトルトは早く起きて子供たちを散歩に連れ出し、「ちょっとしたコツを教えよう」と言って、店の窓の反射を利用して尾行されていないかどうかを確認する方法や、靴紐を結ぶふりをして通りのようすをうかがう方法を教えた。父親はゲームのように手本を見せたが、子供たちはその真剣さに気づいていた。アンジェイは父親がこの数年間、何をしていたのかを聞きたかったが、ここで聞くべきではないと感じていた[25]。

クリスマスに親子がエレオノラの家で再会したかどうかは定かではないが、可能性は低いだろう。しばし落ち着いていた首都は、すぐに混沌とした状態に戻った。地下組織は一二月に八七回の攻撃を仕掛け、ドイツ軍はオフィスビルをバリケードで囲み、武装するか集団で行動しないかぎり街中を移動できなくなった。中心部にあるビルの足場にヒトラーの巨大な人形が吊るされ、住民たちの目を楽しませていた。SSの報復は決まって血なまぐさいものだった。「私たちは今もドイツ軍を恐れている」と、ある日記作家は書いている。「しかし、今はドイツ軍が私たちを恐れている」[26]

ヴィトルトは報告書の作成を続けた。一二月に入ると、エデクが収容所の最新情報を持ってノヴィ・ヴィシニチから訪ねて来た。収容所の地下組織はオーストリア人やポーランド人の共産主義者数人を中心に再編成され、ヴィトルトの友人も何人かは収容所内で有力な地位を維持していたが、組織はかなり縮小していた。ヴィトルトがまだ蜂起を支持していたとしても、新しい指導者たちが成し遂げられるかどうか、決意を持ち続けているかどうかはわからなかった。[27]

収容所とのつながりが薄れるにつれて、ヴィトルトのなかで優先順位が変わった。一九四四年の初めに、ワルシャワの地下組織で破壊工作部門を束ねるエミール・フィールドルフに紹介された。ソ連がポーランドを占領する可能性が高くなってきたため、フィールドルフはソ連に対抗するグループの準備をしていた。この時点ではまだ、ポーランドの指導部は連合国が自分たちの独立を支援すると信じていた。しかし、二月にチャーチルが英議会で演説し、ポーランド東部の大半をスターリンに譲ることで事実上、合意したと発表したという知らせが飛び込んできた。連合軍のフランス進攻が遅れ続けていることを理由に、明らかにソ連の指導者の機嫌を取ろうとしたのだ。「私はポーランド人に強く共感している」と、チャーチルは議会で述べた。「何世紀にもわたる不幸もその国民精神の炎を消すことができない英雄的な民族に共感しているが、しかし私はロシアの立場にも共感している」。スターリンがポーランドの残りの領土の独立を尊重すると自

ヴィトルトとマリア（レギオノヴォ、1944 年 5 月頃）［提供：ピレツキ家］

分は確信しており、ポーランド人とロシア人が共通の敵と戦い続けることができるよう願っている。チャーチルはそう付け加えた[28]。

「不名誉で不道徳な裏切りだ」と、ワルシャワの地下新聞は宣言した[29]。

この年の三月頃、フィールドルフはヴィトルトに、反ソ連の細胞《セル》に参加しないかと持ちかけた。ヴィトルトは最初は慎重だった。家族と再会したばかりだった。ドイツ軍の敗北は間近で、ヴィトルトも平和を待ち望んでいた。しかし一方で、立ち上がれという呼びかけに気持ちがたかぶっていた。どんなに望んだところで、かつての暮らしに戻れるはずもない。彼は正式に活動に参加し、神とポーランドの名のもとに必要とあらば命を賭して戦うことを誓った[30]。

その後すぐに、ワルシャワから北に約二五キロのレギオノヴォという小さな町で、ヴィトルトはマリアとエレオノラと会った。レギオノヴォにはマリアの親戚が住んでいた。彼らはピクニックに行った。町から少し歩いたところに森があり、近くにヴィスワ川が見えた。太陽は出ていたが、まだ寒かった。マリアはヴィトルトがワルシャワで買った紺色のドレスを着ていた。ヴィトルトは白いシャツのボタンを首元まで留め、ウールのニッカーズをはいていた。誰かがカメラを持っており、ヴィトルトはマリアと写真を撮った。

ヴィトルトは新しい誓いのことをマリアに話さなかった。しかし、オストルフ・マゾヴィエツカに戻ったマリアは、上着のポケットにピクニックの写真が入っていることに気がついた。[31] 自分がいないあいだのことを思ったのだろう。ヴィトルトはいつのまにかフィルムを現像していた。

20章　蜂起

ワルシャワ、一九四四年七月

一九四四年七月、ヴィトルトは四年間で一〇本目となる収容所の報告書を完成させた。仲間のほとんどが、すでに死んでいるに違いない。その年の春、ハンガリーを占領したドイツ軍は、国内にいた八〇万人のユダヤ人の半分をアウシュヴィッツに強制移送した。一日に最大五〇〇〇人がガス処刑された。収容所の焼却場では間に合わなくなり、火葬用の薪をうずたかく積み上げて遺体を燃やした[1]。

ヴィトルトは自分の任務が失敗したと思っていたが、実際は、欧米諸国はアウシュヴィッツの重大さをようやく認めた。一九四四年四月に収容所を脱走した二人のスロヴァキア系ユダヤ人がスロヴァキアに潜伏中に、ビルケナウのガス室の実態やハンガリー系ユダヤ人の滅亡が迫っていることなどを記した報告書を作成したのだ。この報告書はスイスに持ち込まれ、公表されて連合国の首都に送られた。アウシュヴィッツに欧米の指導者の注目を集めたのは、この報告書の功績とされている。しかし、ヴィトルトがアウシュヴィッツからひそかに持ち出した情報があったからこそ、この報告書が受け入れられたのだ。チャーチルは七月五日にスロヴァキアからの報告書を読み、翌日、外務大臣のイーデンに書状を送っている。「言葉にならない。いったい何ができるのか」。チャーチルは英空軍に収容所の爆撃を要請した。米軍は、ルーズヴェルトが救援活動の調整のために遅まきながら設置した戦争難民局の指示で、独自にアウシュヴィッツ攻撃作戦を検討した。[2]

こうして証拠が積み重ねられ、七月には欧米の人々がこの大量殺人について知り、何かをしなければならないという意識が社会で高まった。しかし、連合国軍は最終的に、収容所の爆撃は困難でコストがかかりすぎるとして却下した。ユダヤ人組織の中には、ポーランドの地下組織に合流して収容所を攻撃しようという動きもあったが――まさにヴィトルトが提唱した戦略だった――米当局は、ポーランドには攻撃を仕掛ける力がないと判断した。六月に連合軍がノルマンディーの海岸に上陸し、七月にはソ連がベラルーシの戦線を突破してポーランドに一気に進軍したことを受けて、チャーチルたちはドイツ軍の崩壊が迫っていると考え、彼らを倒すことに集中するべきだという以前の主張に戻った。[3]

ヴィトルトは七月二五日にようやく地下組織の幹部と会うことができ、エデク、ヤン、そしてワルシャワで捜し出したかつての密使数人の証言を添えて報告書を提出した。ヴィトルトは自分の任務について記録したつもりだったが、実際の報告書は、地下組織が収容所を破壊する義務を放棄したという告発に読めた。多忙のコモロフスキに代わってヴィトルトに対応した部下のヤン・マズルキエヴィチは、間近に迫ったワルシャワの攻防戦でドイツ軍と戦うことになると言った。[4]

ソ連軍はヴィスワ川の東岸に到達しようとしており、すぐにでもワルシャワを包囲する勢いだった。コモロフスキは当初、独立の意思表示として、いくつかの主要都市でドイツ軍に対する反乱を計画していた。しかし、スターリンは、ポーランドの主権に譲歩することにまったく関心を示さなかった。彼に言わせれば、戦争の矢面に立たされているのはソ連であり、したがって戦後の和解の条件を決めるのもソ連で、ポーランドはソ連の従属国家だった。実際、ポーランドの地下組織が蜂起の動きを見せると、ソ連の秘密警察に逮捕された。[5]

ソ連に降伏するか、それとも連合国から支援を得て、スターリンに対する影響力を持つためにワルシャワの奪還を試みるか、コモロフスキは選択を突きつけられていた。タイミングが重要だった。ソ連軍が迫り、ドイツ軍が逃げ出そうとする瞬間を見極めなければならなかった。ソ連軍が到着する前にワルシャワの主導権を奪うには、数時間しか猶予はないかもしれない。攻撃を早まれば一万三〇〇〇人のドイツ軍守備隊を相手に戦うことになるが、物資と弾薬は数日分しかなかった。[6]

七月に入ると、ドイツ軍は少しずつワルシャワに戻ってきた。最初はばらばらだったが、そのうちに負傷した仲間を連れたみすぼらしい兵士が次々に現れた。三八度近い暑さのなか、ポーランド人の群衆はイェロゾリムスキエ通りに集まってドイツ兵を見物した。[7]「忘れがたい光景だった」と、ステファン・コルボンスキは回想している。「悲惨な行列に七月の太陽が降り注ぎ、軍服の穴やベルトの染み、ライフルの錆の跡までひとつひとつ見えた」[8]

数人の少女がハンカチを振りながら、「さよなら、さよなら、もう二度と会えないのね！」と、からかうように悲しんでみせた。警察官は彼女たちを制止しなかった。[9]

ドイツの権威は失墜していた。商店やオフィスは扉を閉ざし、吠え続けていた拡声器は沈黙していた。ＳＳ隊員や非番の兵士が路上で酒を飲み、通行人に「こんな戦争はうんざりだ！」と叫んだ。西に向かう道路は、家具を積み込んだドイツ製のバンやトラックで渋滞していた。降伏も近いという噂が流れた。[10]

ヴィトルトは上官から、戦闘を避けてソ連軍の占領に備えるように命じられた。しかし、彼はドイツ軍と戦う覚悟を決めていた。翌朝、報告書のコピーを密閉容器にしまい、ワルシャワの北のはずれにあるビエラニーで友人の家の庭に埋めて、戦いの準備をした。[11]

決起

七月後半にかけて、ソ連軍の偵察機がワルシャワ上空を通過するようになった。女性と子供は市外へ避難するようにドイツ当局から通達が出され、ドイツ人居住区はパニックに陥った。通りは逃げまどう家族でごった返し、ナチスのワルシャワ地区知事ルートヴィヒ・フィッシャーは自家用機で飛び立った。モコトゥフ刑務所は囚人を解放した。共産主義勢力が支援するラジオ局はポーランド人に蜂起を呼びかけた。[12]

ドイツ軍の退却は、始まったときと同じように突然、止まった。七月二〇日の暗殺未遂を切り抜けたヒトラーは、いかなる代償を払おうともワルシャワを制圧すると宣言し、八〇〇〇人の前線部隊と二〇〇台の戦車を展開した。数日後には新たなドイツ軍部隊がワルシャワ市内を行進し、ヴィスワ川の東岸に集結した。ポーランド総督府の職員が戻って来て、商店も再開した。拡声器は息を吹き返し、労働年齢のポーランド人は全員、中央広場に出頭して対戦車用の溝を築くようにと命令した。コモロフスキは諜報部門の責任者カジミエシュ・イラネク－オスメツキ大佐の助言を受けて、蜂起の延期を決めた。[13]

七月三一日、ドイツ軍が反撃を開始した。遠くから聞こえてくる大砲や迫撃砲の音に、ワルシャワの街は震えた。地下組織の指導部は戦況が読めず、不安に駆られていた。混乱のなかでコモロフスキは、ソ連軍がすでにドイツ勢を撃退しており、砲撃は赤軍の到着を告げるものだという不確かな情報を得た。彼は衝動的に市内各地に使者を送り、地下組織に翌日の決起を呼びかけた。事実調査の任務から戻ったイラネク－オスメツキはこの命令を聞いて、ドイツ軍は逃亡せずに赤軍と戦っていることを急いでコモロフスキに知らせた。[14]

「遅かった」。コモロフスキは椅子にくずおれて愕然とした。[15]

夜間外出禁止まであと一時間しかなく、朝までにはすべての司令官が配置に就くだろう。「もう何もできない」と言って、コモロフスキは立ち上がった。

銃撃戦

八月一日の朝、ヴィトルトが目を覚ましたときには、ヴィスワ川の対岸で戦闘が始まっていた。この日は正午頃に、コモロフスキの司令部の近くでヤンと会う約束をしていた。ヴィトルトは薄手の上着の下に拳銃と予備の弾丸を隠して家を出た。通りは反乱軍に加わろうという人々であふれていた。銃や物資を厚手のコートの下に忍ばせ、リュックサックや旅行用のスーツケースに入れて自分の持ち場に向かっていた。あるグループをドイツ兵が止めると、周囲の通りに響き渡るような銃撃戦が始まり、やがてその音も聞こえなくなった[16]。

午後五時頃、市内で銃声が起こり、蜂起が始まったとき、ヴィトルトとヤンはまだ雨の中を歩いていた。多くの戦闘員は自分の部隊に合流しておらず、手近な標的をやみくもに攻撃した。銃を持っていない人は、ドイツ人の店の窓ガラスを石で割った。ティーンエイジャーたちが一台の車からドイツ人を引きずり出し、車内をくまなく調べた。一四歳の少年が手榴弾を掲げると、興奮した歓声があがった[17]。

近くの警察署からドイツ軍の憲兵が撃ってきたため、ヴィトルトとヤンは解体途中のゲットーを通り抜け、積み上げられたレンガの陰に隠れた。反撃を試みようと戦闘員が何人か集まったが、銃は一丁しかなかった[18]。

ドイツの狙撃兵数人が屋根の上から発砲し、戦闘員は散り散りになった。ヴィトルトとヤンは建物の出入り口に身を隠しながら、近くのトワルダ通りのレストランに向かった。通りに死体が散乱していた。レストランの一階で、司令官のレオン・ノワコフスキ少佐が部下に囲まれていた。ヴィトルトは自分の名前と階級を明かさなかったが、ノワコフスキはあまり質問せず、ヴィトル

レオン・ノワコフスキ（1944年頃）［提供：ワルシャワ蜂起博物館］

トとヤンに小隊を組むように指示した。[19]

日が暮れると戦闘は落ち着いた。ヒトラー軍は奇襲を受け、ワルシャワの中心部や旧市街はほぼ反乱軍が掌握し、南の郊外のチェルニャコフやモコトゥフも確保した。さらに、ポヴィシレの発電所や、ワルシャワ・ゲットーから強制移送するユダヤ人の「集荷場《ウムシュラグプラッツ》」として使われていた鉄道駅周辺の補給所も奪還した。[20]

しかし、ポーランド人の期待とは裏腹に、ドイツ軍は逃走しておらず、警察本部や知事のオフィス、そしてヴィスワ川を挟んだ鉄道や道路の要所を掌握していた。ワルシャワを統括するドイツ軍司令官は、ソ連軍への反撃から部隊を振り分けるまでもないと見て、蜂起の鎮圧をＳＳに任せた。ＳＳの最高指導者ヒムラーは、午後五時半に「騒動」の一報を受けた。彼はまず、逮捕された地下組織の指揮官ステファン・ロヴェツキがいるザクセンハウゼン強制収容所に電話をかけて処刑を命じた。そして、ヒトラーに報告した。

「タイミングは不運だが、歴史的な観点から見れば、ポーランド人がやっていることはありがたい」と、ヒムラーは語っている。「五、六週間後にわれわれはここを去る。しかし、それまでにワルシャワは清算される。一六〇〇万か一七〇〇万人の強大な国家の知的資本であるこの都市は……もはや存在しなくなる」。その夜、ヒムラーはワルシャワを壊滅させると発表した。「ワルシャワの市民は男性、女性、子供も含めて一人残らず殺される」[21]

悲劇の八月

翌八月二日の朝、ヴィトルトとヤンは市街地で少人数のグループに加わり、ドイツ軍の狙撃兵を捜索した。思うようにはかどらない任務だったが、屋根から屋根へ数時間かけてひそかに彼らを追跡し、全員を殺害した。地下ラジオはソ連軍がもうすぐ市内に入るという誤った情報を伝え、人々が歓喜の声を上げながら通りにあふれ出た。窓にポーランド国旗が掲げられ、街角の拡声器から約五年ぶりに国歌が流れた。爆発音や銃声に混じって国歌が鳴り響いた。「人々は喜びで狂わんばかりだ」と、ある男性は振り返る。「興奮して涙を流しながら抱き合い、感極まっている」。地下組織の司令官たちは、まだ危険な状況だと警告した。「ドイツ軍がまだこの街にいることを人々に思い出させるために、熱狂を和らげるプロパガンダが必要かもしれない」と、ある将校が言った。歩道の敷石や、レンガ、タイル、木材、重たい家具、子供のベビーカーなどで急ごしらえのバリケードが築かれた[22]。

蜂起三日目、ノワコフスキはヴィトルトたち十数人に、ジェラズナ通りとイェロゾリムスキエ通りの角にある主要な郵便配送所の攻撃を命じた。イェロゾリムスキエ通りはヴィスワ川にかかる橋の一つにつながる幹線道路だ。この角を確保すれば、包囲されている反乱軍の本部に向かってくるドイツ軍部隊や、ヴィスワ川の対岸でソ連軍と戦っている部隊を砲撃できるだろう。クラクフへの幹線道路も、この通りの近くの駅につながっていた。
ヴィトルトは郵便配送所を守っていたドイツ兵を速やかに追い払い、イェロゾリムスキエ通りを完全に封鎖するために、向かいにあるホテルを占拠する準備を始めた。ジェラズナ通りを渡ろうとしたとき、銃弾がばらばらと降ってきた。彼らが駆け出すより先に、装甲車があたりを押しつぶす音が聞こえ、戦車の隊列が近づいてくるのが見えた。先頭の戦車は、恐怖に怯える市民を集めて人間の盾にしていた。ヴィトルトはドイツ軍は郵便配送所を砲撃したが、誰も撃ち返さなかった。なすすべはなかった。ヴィトルトはドイツ軍が通り過ぎるのを待ち、イェロゾリムスキエ通りを一気に渡ってホテルの正面玄関を突き破った。裏口からドイツ兵が飛び出した。ヴィトルトの部隊の一人が屋上に駆け上がってポーランド国旗を掲げた途端に、通りの先にある建物から砲撃を浴びた。[23]
ヴィトルトは市街の中心に向かった戦車を追いかけるように、イェロゾリムスキエ通りに沿って攻撃を続けた。ホテルから数軒先で、地図を作成する軍事研究所がある建物の入り口にドイツ軍がバリケードを築いていた。ヴィトルトは土嚢の壁に突進しながら大声で叫び続け、敵は逃げていった。建物の奥の中庭に、銃や弾薬を積んだ車が数台止まっていた。[24]
その隣の建物では激しい抵抗に遭った。そこは総督府のワルシャワ地区事務所で、ドイツ軍は三階にバリケードを築いていた。反乱軍は階段の吹き抜けから攻め入ろうとしたが、手榴弾を受けて二人が死亡、三人が負傷し、遺体を抱えて研究所に退避せざるを得なかった。[25]
しばらく休んでいたが、川のほうから戦車の轟音が聞こえてきた。反乱軍が降らせる手製爆弾の雨の中を、戦車は着実に前進した。バリケードを築く時間はなかったが、ヴィトルトはシードルという洗浄剤の樽が山積みにされている部屋を見つけた。この洗浄剤に爆発性はないが、ドイツ軍は知らないかもしれない。彼とヤンが樽を転がして通りに並べると、三台の戦車が安全のために距離を取って止まった。ドイツ軍は樽を撃ったが、すぐにあきらめて走り去った。[26]

ヴィトルトは一区画分の陣地を押さえたが、あまりに簡単な戦果に疑いを抱いた。ドイツ軍は近くの公園の脇にある病院の建物を要塞化しており、ヴィトルトの陣地まで明確な射線を確保していた。さらに、市内の水の供給が遮断されており、通りの反対側に掘った井戸から塩からい水

ヴィトルトが占拠したホテルに掲げられた国旗
[提供：ワルシャワ蜂起博物館]

を汲まなければならなかった。食料はほとんどなく、何よりも心配なことに弾薬が底をつきかけていた。その夜、ヴィトルトたちは喉の渇きと戦いながら研究所の中庭に墓を掘り、二人の仲間の体をカーテンでくるみ手書きのメッセージを添えて埋葬した[27]。

地下組織は別の地域で、多大な犠牲と引き換えに市内の広い範囲を掌握していた。戦力の一割に当たる二〇〇〇人の戦闘員が死亡し、五〇〇〇人を失ったドイツ軍守備隊に大きな打撃を与えることはできなかった。一方で、ソ連軍の姿はまだ見えなかった。それでも急ごしらえのバリケードの内側は意気軒高としていた。市民や、反乱軍の非番の戦闘員のために炊き出しが行われた。ノヴィ・シヴィアト通りのカフェでショパンのリサイタルが開かれ、パラディウム劇場では講演や演奏が行われた。その夜、コモロフスキは旧市街からロンドンに向けて、「士気は目を見張るほどだ」と無線で報告した[28]。

四日目、ドイツ空軍の戦闘機メッサーシュミットが偵察に来た。ソ連のレジスタンスがいないとわかると、シュトゥーカ（急降下爆撃機）の飛行中隊が轟音とともに飛来し、旧市街に数トンの焼夷弾を投下した。大きな黒煙が舞い上がり、イエロゾリムスキエ通りをゆっくりと覆った。

ヴィトルトはこの機に乗じ、近くの役所に立てこもっていたドイツ兵を攻撃した。小競り合いの末、階段に落ちた手榴弾で味方の軍曹一人が死亡、二人が負傷した。彼らを引きずって研究所の拠点に戻った瞬間に、「戦車だ！」という叫び声が聞こえた[29]。

八〇台あまりの装甲車がヴィトルトたちのバリケードに向かってきた。左右に歩兵を従え、無差別に建物を砲撃しながら前進してくる。研究所の正面が直撃され、火の玉が一階を駆け抜けたが、奇跡的に負傷者はいなかった。ヤンが撃ち返しながら炎のなかを進むと、破壊されたバリケードの前をドイツ軍の戦車の車列が通り過ぎた。洗浄剤の樽がまたしても功を奏するとは、ヴィトルトも思っていなかった[30]。

翌日も六人の兵士が役所を攻撃したが、再び撃退された。ヤンは数人を引き連れ、後方から役所の建物に迫った。しばらくして、ヤンが半分引きずられながら研究所に戻ってくるのを見てヴィトルトは愕然とした。狙撃兵に撃たれてひどく出血し、息をするのもやっとだった。ヤンは一時間後に死んだ。大きなその体を二人がかりで中庭の浅い墓に納めた[31]。

午後に、役所に立てこもるドイツ兵を吹き飛ばせるだけのダイナマイトを持って工兵部隊が到着した。それらを一階に仕掛けて建物を爆破すると、瓦礫の中から十数人のドイツ兵が外に出てきた。SS隊員も三人いた。彼らのリーダーは、捕まるくらいならと銃で自殺していた。ヴィトルトの部下たちはリーダーの死体を窓から通りに投げ捨て、残ったSS隊員を撃とうとした。しかし、最終的に彼らドイツ兵を研究所の本陣に連れて行き、井戸や便所を掘らせることにした[32]。

ヴィトルトは粉々になった役所に戻り、拳銃を数丁、機関銃と散弾銃を一丁ずつと、バターやクリーム、ベーコンなどいくらかの食料を回収して仲間と分け合った。工兵部隊が各地の戦況の情報を持ってきた。蜂起した人々が市内の北部にあるゲンシュフカ強制収容所を襲い、三四八人のユダヤ人収容所を解放した。しかし、いたるところでドイツの残忍な報復が始まっていた。その日の朝、エーリッヒ・フォン・デム・バッハ゠ツェレウスキSS上級大将が総指揮を執るSS大隊が、ワルシャワ西郊のヴォラに到達していた。SS隊員はアパートを順番に回って市民を銃撃し、数時間で二〇〇〇人を殺害した。ヴィトルトの部下は報復を主張したが、このときも捕らえたドイツ兵を本陣に連行し、井戸や便所を掘らせた。[33]
その夜、ポーランド兵を乗せた爆撃機四機がイタリアのブリンディジにある連合国の空軍基地を発ち、ワルシャワ上空を飛行した。ドイツ軍の投光器が機体を捉え、高射砲が攻撃態勢に入ったが、照準が高すぎた。狙いが定まった頃には、爆撃機の乗員はパラシュートで降下を始めていた。反乱軍から歓声が上がったが、武器が入った箱の大半は彼らの陣地を通り越してユダヤ人墓地のほうに流された。[34]
翌六日目の朝、ヴィトルトのもとに援軍が来た。大きすぎる消防服を着た八人のティーンエイジャーだった。最年長のイェジ・ザクシェフスキは一八歳で、機関銃を持っていた。ヴィトルトはその朝ようやくひげを剃る時間ができ、到着した一行を階下に降りて出迎えた。
イェジは敬礼をして、かかとを鳴らし、駅に向かって攻撃を続けるように命令を受けていると言った。彼の任務は、ある教会を占拠することだった。
「無理だ」と、ヴィトルトは言った。「われわれ全員が加わらなければならない」[35]
イェジは自分が受けた命令だと主張した。ヴィトルトが折れて、二人の部下を回した。
数時間後に戻って来たイェジは、犠牲者はないが進展もないと報告した。勇ましい若者にヴィトルトは苦笑した。彼が初めて戦闘の主導権争いを経験したのも、ちょうどこのくらいの年齢のときだった。
その午後、ヴィトルトは公園の近くでドイツ軍が占拠していた建物の一つを攻撃したが、反撃

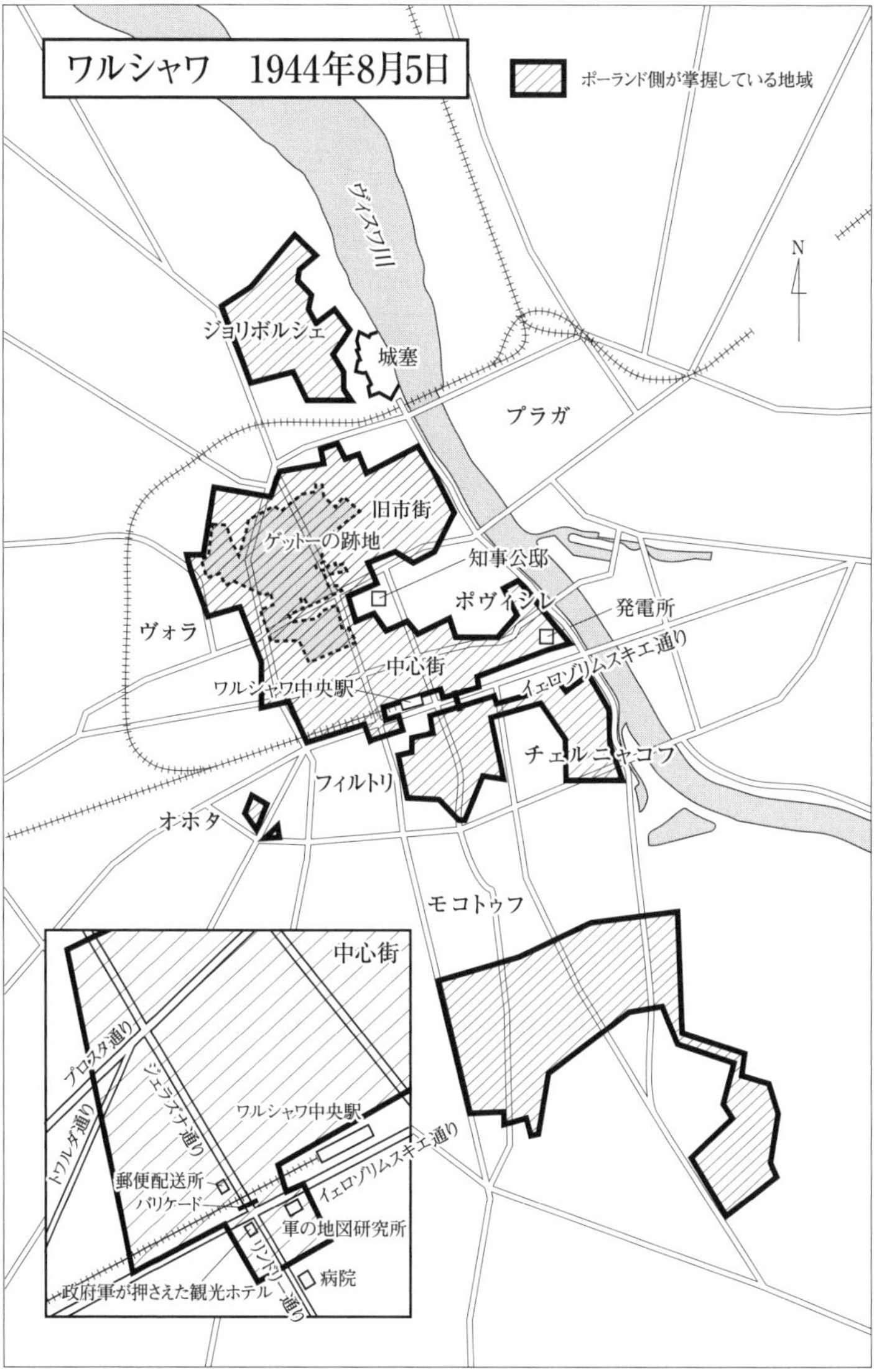

ワルシャワ　1944年8月5日
ポーランド側が掌握している地域
ヴィスワ川
N
ジョリボルシェ
城塞
プラガ
旧市街
ゲットーの跡地
知事公邸
ポヴィシレ
発電所
ヴォラ
中心街
イェロゾリムスキエ通り
ワルシャワ中央駅
チェルニャコフ
フィルトリ
オホタ
モコトゥフ
中心街
プロスタ通り
ジェラズナ通り
トワルダ通り
ワルシャワ中央駅
イェロゾリムスキエ通り
郵便配送所
バリケード
軍の地図研究所
病院
政府軍が押さえた観光ホテル
リンドリー通り

されて二人が死亡、三人が負傷した。武器はあったが、攻撃を続けるには弾薬が足りなかった。その夜も翌朝も、英空軍の爆撃機は現れなかった。ヴォラからはドイツ軍による虐殺の恐ろしい話が伝わってきた。SS隊員は建物からすべての住人を外に出して、その場で撃ち殺し、あるいは集団で処刑場に送り込んだ。三日間で四万人以上が殺された。バッハ＝ツェレウスキSS上級大将は、八月九日に殺戮をやめるように命じた。戦後、彼は人道的な理由からの命令だったと主張した。[36]

ヴィトルトの部隊は数日間、研究所に身を潜め、必要なときだけ応戦した。煙が街を包み込み、灰色のもやで視界は十数メートルしかなかった。暗くて暑い夜が続いた。極限まで喉が渇いた。井戸を掘ろうともしたが、すぐにあきらめてバリケードを築いた。ヴィトルトたちは七人で公園を見下ろすビルに陣取り、攻撃に備えた。戦車があたりを踏みつぶす音がすぐ近くに聞こえ、砲撃の悲鳴や衝撃音が響いていたが、彼らは生き延びた。[37]

八月一二日午後四時頃、煙霧の中から突然、三台の装甲車が姿を現した。先頭の砲台がバリケードに照準を合わせて発砲した。窓際にいたヴィトルトは爆風で屋内に押し込まれた。元の位置に戻ったときには、ソ連人傭兵から成るドイツ軍部隊が建物に迫っていた。ヴィトルトは彼らを撃ったが、それが装甲車の注意を引いて砲台がこちらを向いた。発砲の衝撃にヴィトルトは足をすくわれた。一瞬の静寂の後、入り口のドアが蹴破られる音がした。[38]

ヴィトルトはどうにか立ち上がって階段に駆け寄ったが、ソ連人傭兵がなだれ込み、ヴィトルトたちは応戦しながら部屋から部屋へと後退した。必死に反撃しているうちに、外が暗くなり、ようやく攻撃がやんだ。弾薬は底をつきかけていた。ヴィトルトはイェロゾリムスキエ通りを挟んで向かい側にある本部に伝令を送り、弾薬の補充を要請した。午前二時頃、返事が届いた――本部も余裕がない、陣地は放棄しろ。ヴィトルトたちは二人一組で通りを渡り、バリケードの下の小さな出入り口をくぐり抜けた[39]。

鉄道員用のアパートの地下室で、ヴィトルトは仲間と合流した。ひとまず狙撃される心配はなかった。薄暗い灯りの下に並んでうたた寝をしている反乱軍の大半は、ぶかぶかの軍服や警察官の制服を着た子供だった。ヴィトルトも目を閉じた。遠くから聞こえる爆発音で地面が揺れていた。通りの反対側でヴィトルトたちに合流した四〇人の戦闘員は半分が命を落とした。結局、ほんの数日間、イェロゾリムスキエ通りで戦車を阻止しただけだった。

翌朝、ノワコフスキはヴィトルトを、イェロゾリムスキエ通りに面したバリケードを守る中隊の副隊長に任命した。ヴィトルトは瓦礫の上に立ち、自分が昨日までいた陣地がソ連人傭兵に占拠されるのを見ていた。ホテルに掲げられていたポーランド国旗は取り払われ、窓に拡声器が設置された。午前の半ばになるとスピーカーが鳴り始め、ロシア語混じりのポーランド語で降伏を促した。

「食べ物と水はある。危害は加えない[40]」

一〇時間の見張りを終えたヴィトルトは、バリケードを降りて狙撃手の目が届かない場所に退避した。敵から見えにくい通りの一部に市民がいた。何千という人々が虐殺を逃れて市の中心部に避難していたのだ。数日、数週間と経ち、食料は乏しくなって、間に合わせの井戸に水を汲みに来る人が増えた。蜂起から一カ月が過ぎた九月初旬には反乱軍を激励する声もなくなり、怒りをぶつけられることが多くなった。ある女性は「ならず者、私たちにかまわないで」と言い捨てた。[41]

反乱軍の一部で規律が乱れた。大酒を飲み、窃盗や略奪が横行した。九月一二日、ある武装グループが、ワルシャワ・ゲットーが一掃された後に地下のシェルターに隠れていた十数人のユダヤ人を見つけた。彼らはシェルターに押し入り、うずくまっていた男女から物品を奪い、数人を射殺した。二人のユダヤ人が生き延び、近くの中庭から四人が事件を目撃していた。地下組織は調査を命じたが、何の措置もとられなかった。[42]

降伏

ポーランドの地下組織はさらに三週間、耐えた。ドイツ側の軍事的優位は圧倒的だった。ポーランド人が住んでいた地域は次々と陥落し、降伏はもはや避けられなかった。九月中旬にソ連軍がヴィスワ川東岸からドイツ軍を一掃したときは、つかのまの高揚もあった。ソ連で訓練を受けた約一六〇〇人のポーランド兵が船で川を渡り、反乱軍と合流した。しかし、ソ連からは空軍や大砲の支援はなく、すぐにドイツ軍に撃退された。ソ連軍の動きは、ポーランド軍への支援を要請していたチャーチルからの圧力をかわす素ぶりにすぎなかったのだ。スターリンはドイツ軍が

降伏後に握手するタデウシュ・コモロフスキ（左）とエーリッヒ・フォン・デム・バッハ＝ツェレウスキ（右）［提供：ワルシャワ蜂起博物館］

ポーランド人を叩きつぶすのを待って、自分の軍隊を投入するつもりだった。[43]

ワルシャワで戦闘が始まってから五三日目の九月二二日、コモロフスキは前線を視察して、これ以上は持ちこたえられないと判断した。ドイツ側は停戦と協議を要請した。コモロフスキは一時的な停戦を受け入れた。ポーランドの特使と通訳が白い旗を掲げながら、ヴィトルトが守っていたジェラズナ通りのバリケードを越えた。ポーランドの代表団はリムジンに乗った五人のドイツ軍将校に迎えられ、郊外にあるエーリッヒ・フォン・デム・バッハ＝ツェレウスキの別荘に連れて行かれた。[44]

数時間後、ポーランドの代表団が

戻ってきた。ドイツ軍司令官はコモロフスキの条件を快諾した。戦いに参加したポーランド人は戦闘員としての地位を認められ、捕虜収容所に送られる。市民はプルシュクフの施設でふるい分けられ、労働収容所に送られることになった。しかし、代表団がバリケードの内側に入った直後に、爆撃が再開された。ドイツ軍はコモロフスキが降伏文書に署名するまで圧力をかけ続けるつもりだった。

翌五四日目の明け方、ヴィトルトは将校に起こされた。ヴィトルトは指揮官が足を撃たれた後、中隊の責任者になっていた。[45]

「ヴィトルト、起きろ！　客だ！」[46]

ヴィトルトは汚れたソファの横に置いていた銃を手に取った。そこへ収容所で一緒だったヴィンツェンティ・ガヴロンが駆け寄ってきて、彼を抱き締めた。ヴィンツェンティは涙があふれんばかりだった。旧市街の戦闘から逃れて下水道に隠れていたが、戦況が落ち着き、ようやく外に出てきたのだった。[47]

「降伏のことはもう知っているだろう？」と、ヴィトルトは言った。「私は降伏したくないが、もう食料も弾薬もない。きみに朝食を出すこともできない」

一〇月一日、民間人を避難させるために二四時間の停戦が宣言された。最初は誰も攻撃がやむと信じていなかったが、瓦礫の中から一人、また一人と、薄汚れて髪もぼさぼさの人が姿を現し、まぶしそうに目を細めた。群衆はイェロゾリムスキエ通りを進んだ。数人のポーランド兵がバリケードの上に立って、逃げるのかとあざ笑い、臆病者と罵った。翌日にかけて一万六〇〇〇人の市民が避難したが、中心部にはまだ九万人が閉じ込められていた。[48]

翌一〇月二日、コモロフスキは降伏文書に署名した。一〇月四日未明、ヴィトルトが所属する大隊はジェラズナ通りに召集され、通達が読み上げられた。暗くて互いの顔は見えなかった。

ドイツ軍の侵攻開始後、まだポーランドの士気が高かった時期にヴィトルトが計画を立て、収容所でも長いあいだ思い描いてきた反乱は、ドイツ軍の占領が終わりかけていたこの頃、敗北で幕を下ろした。一連の戦いで一三万人以上が命を落とし、その大半が民間人だった。市内に隠れていた二万八〇〇〇人のユダヤ人のうち、生き延びたのは五〇〇〇人足らず。ワルシャワは廃墟と化した。[49]

「神と和解しなさい、何が自分を待ち受けているのか、誰にもわからないのだから」と、司祭が言った。[50]

ヴィトルトは人々とともに膝をついて祈った。

21章　帰還

ワルシャワ、一九四四年一〇月

ヴィトルトたち捕虜は長い列をなし、砕け散った市街地を抜けて、オジャロフの一時収容所に向かった。元ケーブル工場だった敷地の入り口に集まっていた群衆の中にエレオノラの姿を見つけて、ヴィトルトは驚いた。二人はどうにか言葉を交わすことができた。彼女は蜂起のあいだ市街地に入ることができず、息子を捜しに来ていたのだ[1]。

ヴィトルトは彼女に、逃げるチャンスがあるかもしれないから普段着を届けてほしいと頼んだ。しかし、その夜のうちにシレジア地方のラムスドルフ近郊にある戦争捕虜収容所に移送された。列車を降りて雨の中を収容所まで行進するあいだ、地元のドイツ人の群衆から「無法者！」と怒号を浴び、石を投げられて、数人が殴られた。

ヴィトルトが収容所の門に着いたとき、近くの飛行場を飛び立った二機が衝突して派手な火の玉が浮かんだ。ポーランド人が歓声をあげると、ドイツ軍の番兵が銃撃を始めた。その場で倒れる者もいた。近くのジャガイモ畑の畝のあいだに隠れた者は取り押さえられ、収容所の中庭に一晩、放置された。翌朝、登録を済ませた捕虜は所持品を奪われ、窓もマットレスもシーツもないコンクリート製の小屋に入れられた[2]。

ヴィトルトはこの収容所で一週間、過ごした。その後、彼を含む将校は、バイエルン南部のムルナウにある施設に列車で移送された。ムルナウはスイスに近く、赤十字の職員が頻繁に訪れるため、ドイツ軍はここをモデル収容所とした。約五〇〇〇人の収容者は十分な食事を与えられ、労働の義務はなかった。日中は庭で講演会や講義を開き、サッカーの試合をした。夜は劇を上演し、看守が衣装やかつら、化粧品の準備を手伝った[3]。

捕虜たちは収容所内のラジオで戦争の最後の日々を追った。一〇月初旬にソ連軍はハンガリーとスロヴァキアに侵攻し、東プロイセンではドイツ帝国の国境に迫った。ヒトラーは翌一一月、ラステンブルクの総統大本営からベルリンに逃れた。連合国軍は、クリスマスにかけてドワイト・アイゼンハワー陸軍元帥が率いる米軍がアルデンヌの森でドイツ軍の反撃に一時は劣勢に立たされたが、一九四五年一月に進撃を再開した。

そして、捕虜収容所が恐れていた知らせが届いた。一月一七日にソ連の軍勢がワルシャワを占領すると、スターリンはただちにポーランド人の共産主義者を首都に差し向け、新政権を発足させたのだ。地下組織の指導部は、ソ連の占領に対抗するには組織が弱すぎると判断し、秘密軍の解散を発表した。「ひとりひとりがおのれの司令官になって」自由のために戦え。それが最後の命令だった。

ロンドンのポーランド亡命政府は、党首のスタニスワフ・ミコワイチクが何らかのかたちでポーランドの自治を維持できないかと望みをかけて新政権と協議を始め、混乱に陥った。亡命政府の幹部はスターリンに反対していたが、イギリスとアメリカは彼らを真剣に受け止めなくなった。二月のヤルタ会談でチャーチルとルーズヴェルトは、歴史的な都市のルヴフ〔リヴィウ〕とヴィルノ〔ヴィリニュス〕を含むポーランド東部、全体の三分の一にあたる領土をソヴィエト連邦に編入するというスターリンの計画を容認した。ヴィトルトが家族と暮らしていた家はベロルシア〔白ロシア〕・ソヴィエト社会主義共和国の一部になった。ポーランドは東部の割譲と引き換えにドイツ東部を領土に加え、チャーチルの言葉を借りれば「兵士が二歩、左に進めと命じられたように」、国が西にずれることになった。一連の協定によって、ポーランド人六〇〇万人とドイツ人一一〇〇万人が移住を強いられた。第二次世界大戦中で最大規模の民族浄化が行われたのだ[4]。

イタリアに駐留していたポーランド軍の司令官ヴワディスワフ・アンデルス将軍は、共産主義者による占領に対抗するために結集するようポーランド人に呼びかけた。ムルナウの捕虜収容所では、ポーランドの自由のために戦いを続けるかどうか議論が行われた。大半の収容者は、釈放されたら戦争のことは忘れてすぐにでも家に帰りたいと思っていた。しかしヴィトルトは、祖国への誓いと動揺を抱き締めていた。

三月、米英軍は複数の地点でライン川を渡った。ケルンが陥落し、続いてフランクフルトも落ちた。四月二九日、収容者はすぐ北のミュンヘンのほうからの銃声で目を覚ました。彼らは点呼の広場に集まり、翼を傾けて頭上を旋回する米軍の偵察機を見上げた。午後の早い時間に、警備隊長のオズヴァルト・ポール大尉が庭に武器を積み上げて白旗を立てるよう部下に命じた。そして、収容者たちに、警備隊は降伏するつもりだが、熱狂的なSS部隊が収容所を始末しようと向かっていると警告した[5]。

米軍の戦車が三台、ばりばりと音を立てながら近づいてきた。続いて反対側からSSの車両六台の轟音が聞こえてきた。先に門の前に着いたSSの先頭車両から、ナチスの将校が銃を抜いて撃ち始めた。先頭の戦車が応戦し、ドイツ人将校と運転手に命中した。収容者はフェンスに駆け寄って戦いを見守っていたが、銃弾が飛んできて散り散りになった。SSは逃走し、収容者が歓声を上げて門を開けた。中に入った戦車から砲手が顔を出した。彼はポーランド出身で、ポーランド語で呼びかけた。「きみたちは自由だ[6]」

イタリアへ

九日後の五月八日にドイツが降伏し、収容所は歓喜に包まれた。数日後、ドイツ側の拘束を解かれたワルシャワ蜂起の指導者コモロフスキが収容所を訪れ、ここで次の指示を待つように告げた。連合国は、ドイツ全土で解放される数百万人の強制労働者や収容者の取り扱いに苦慮していた。数日、数週間と経ち、収容所の前をうろうろしている群衆に紛れて去っていく元捕虜もいた。ヴィトルトは待ち続けた[7]。

七月に入ってようやくアンデルスの配下の将校が現れ、ヴィトルトたち数十人にイタリアへ同行するよう命じた。彼らはイタリア東部のアンコーナの港に向かった。アンコーナには、イタリアで連合国軍の作戦に参加してイギリス軍の指揮下で戦った亡命政府第二軍団が駐留していた。イギリス軍は五万人に上る第二軍団の解散を求めた。アンデルスはこれに憤慨し、部下のほとんどがポーランド東部でソ連領に編入された地域から来ており、故郷に帰った人々は新しい共産主義政権に逮捕されたと伝えた[8]。

アンコーナでヴィトルトは、第二軍団の諜報部門の責任者であるマリアン・ドロツィチ＝マレヴィチ大佐と会った。彼らはポーランドで地下の情報網を築こうと話し合った。大佐はアンデルスの承認が必要だと言い、ヴィトルトに、アドリア海沿岸を二時間ほど南下したところにあるポルト・サン・ジョルジョで待つように指示した。ポーランド人の保養地になっていたその町に着くと、すぐに海辺の別荘に案内された。

一息ついたヴィトルトは、海岸を散歩していたポーランド人兵士に合流した。靴を脱ぎ、爪先で水の温かさを感じ、頬で東風の柔らかさを受け止めた。今の瞬間を味わおうとしたが、気がつくと心は収容所に戻っていた。通りですれ違う人の顔、言葉の端々、夜空の星など、ほんの些細なきっかけで、思い出したくない収容所の光景がよみがえる。すべてが収容所を中心に回っているかのようで、何かを思い出すたびに怒りや自責の念、罪悪感などがわき上がり、解放されることはなかった。
ヴィトルトは紙を手に入れ、新しい報告書を書き始めた。これまでと同じように収容所での日々を記録するためだったが、この頃には自分の感情をより自由に表現できるようになっていた。「ここから事実をできるだけ淡々と書いていく。友人たちがそう望んだからだ」と、彼は序文に書いている。「確かに、私もそうしたい。しかし、われわれは木の人形でもなければ、もちろん石の像でもない……それでも私は、何度も石をうらやましく思った。人間たるわれわれはいまだに心臓が高鳴り、ときには心の底からおびえる。そしてまちがいなく、ときには自分でも理解しがたいおかしな考えが頭のなかをかけめぐるのだ……」〔『アウシュヴィッツ潜入記』みすず書房、7頁〕
彼は自分の経験を新しい視点で見るようになった。収容所について世界に警告するという当初の使命を考えると、任務は失敗した。しかし、ソ連がポーランドを占領した今は、収容所での抵抗の物語が国を鼓舞し、戦いへと導くことができるのではないかと感じていた。自分の報告書を読んだ人々が、真実を伝えるために自分の部下たちが払った犠牲を思い、この国に満ちている「虚偽、嘘、私利私欲」を見つめ直してほしいと思った。
八月は任務がほとんどなく、涼しくて明るい朝のうちに執筆した。ワルシャワ時代からの戦友のヤン・ミエルザノフスキが、イモラの兵舎からときどき訪ねて来た。午後になるとヴィトルトが両腕に紙の束を抱えて浜辺に現れ、一枚一枚に曲がりくねった癖字で書き込んでいたと、ヤンは後に振り返っている。二人は数リラでペダロを借りた。ペダロは二つの船体を甲板でつなげた

ポルト・サン・ジョルジョの砂浜

乗り物で、前方にデッキチェアがあり、漕ぎ手のシートは漕ぐたびに前後に動く。ヤンがオールを握り、ヴィトルトはデッキチェアに座って報告書を読み上げた。ヴィトルトは、ワルシャワで知り合ってムルナウで再会した情報部員のマリア・シェラゴフスカに原稿のタイプを依頼した。聡明な女性で、大学で教育を受け、ポーランドの大義のために尽力した。彼らは作業を通じて精神的な結びつきを深め、ヴィトルトはマリアの助けを借りて、収容所での経験を著作で率直に語ることができたようだ。男女の関係があったかもしれない[2]。

　九月上旬、ようやくアンデルスに呼ばれてローマに出向いた。ヴィトルトはマリアを秘書として同行させ、蜂起以来の友人であるボレスワフ・ニヴィアロフスキをアンデルスとの伝令にしたいと申し出た。アンデルスはヴィトルトが提案した情報網の構築を承認し、一〇月末に出発するよう指示した。数日後、ポルト・サン・ジョルジョに戻ったヴィトルトは新たな活力を感じながら報告書にこう記している。「決めたばかりのことだから、取り急ぎ書き留めなければならない」[10]。ヴィトルトはポーランドに向かう準備に時間を取られるようになった。行程を組み、書類を偽造しなければならない。今回は明らかに、これまでの地下活動とは違うアプローチが必要だった。ドイツ軍との戦いはほぼ全世界の人から支持されるだろうが、ポーランド共産主義政権との戦いがどこまで共感を得られるか、確信がなかった。そこで、知り合い同士の小さな単位で動きながら情報を集めることにした。誰かを勧誘することはせず、必ずしも自分の役割を明かす必要はないと考えた。そうすれば、大義に共感した友人たちを直接、巻き込むこともないだろう[11]。

出発の日が近づき、ヴィトルトは一日に数ページ書き進め、同時進行でマリアがタイプした原稿をチェックした。清書を仕上げる時間はなく、最低限の編集をして、ヴィトルトのコメントが残っている余白を切り取ってページを貼り合わせた。一〇月二一日に最後の指示を受けるためローマに行った際は、タイプされた一〇四ページ分の原稿を携え、在ヴァチカン・ポーランド大使カジミエシュ・パペに渡して保管するよう頼んだ[12]。

左・マリア・シェラゴフスカ（手前の女性）（戦前）［提供：ウォイナ－オルレヴィチ家］
右・（左から）マリアン・シシュコ－ボフシェ、マリア・シェラゴフスカ、ヴィトルト（イタリア）［提供：ピレツキ家］

祖国への帰還

数日後、ヴィトルト、マリア、ボレスワフの三人はポーランドを目指して出発した。バスや列車を使い、アルプスを越えてドイツに入った。ドイツ国境でボレスワフが怖じ気づいたように見えたので、ヴィトルトとマリアは彼を残してソ連支配下のチェコ領に入り、プラハに向かった。チェコの民兵はドイツ系住民が多いズデーテンの国境付近で民族浄化を行っており、頭を垂れて歩く人々の列がどこまでも続いていた。チェコ語でドイツ人を象徴するNの字が描かれた腕輪を巻いているドイツ人もいた。棒を持ったソ連兵がウオツカを飲みながら、彼らに悪態をついて家畜のように追い立てていた。女性の腕をつかみ、道端でレイプする兵士もいた[13]。

ヴィトルトとマリアはプラハに数日滞在した後、ポーランド国境に向かった。国境では帰郷を望むポーランド人が列をなしていた。国境を越えた二人はポーランドの新しい秘密警察（UB）に監視されながら、最寄りの送還局で書類にスタンプを押してもらった。そして、ザコパネという山間部のリゾート地に行った。そこにマリアの友人がいて、ヴィトルトたちは頭を整理する時間が取れたのだろう[14]。

ポーランドは大混乱に陥っていた。日中はソ連軍と警察がパトロールしたが、夜になると森から地下組織の過激分子の生き残りが出てきた。彼らは新しい共産主義政権のポーランド人幹部を襲撃し、警察署や車を燃やした。全国で月に五〇〇件以上の暗殺事件が発生し、一部の地域では本格的な反乱に発展していた。シレジアのある地区の数字だけでも、無法状態のすさまじさがわかる。警察の報告によると二週間で殺人二〇件、強盗八六件、住居侵入一〇八四件、政治犯罪四四〇件、放火九二件、性犯罪四五件が起きた。

公衆衛生上の危機も発生し、飢餓が蔓延していた。ソ連軍は農作物の大部分を没収し、国際援助機関の物資の配布を妨害した。絶望した群衆は食料や物々交換のための品物を求めて、店や倉庫を必死にあさっていた。チフスや赤痢が爆発的に流行し、二五万件以上の性病の大半はソ連兵によるレイプが原因だった[15]。

ヴィトルトとマリアは数日後に出発し、ヴィトルトが脱走後に滞在したノヴィ・ヴィシニチに行ったが、セラフィンスキ家の小屋には誰もいなかった。近くのボフニャでヤンとエデクをもてなしてくれたオボラ家の人々と話をしながら、ヴィトルトはこの家族が直面している問題を感じ取った。父親のユーゼフは共産主義者に反発しているが、仕事はほとんどない。友人の多くは新しい政権の仕事に就いている。ユーゼフは戦うことにうんざりしていた。

一二月初旬にワルシャワに到着した。ヴィトルトはこのとき初めて、破壊のすさまじさを目の当たりにした。蜂起の後、ヒトラーはワルシャワを徹底して破壊するように命じ、ドイツ軍の工兵部隊が蜂起後に残っていたわずかな建物を爆破して、市街地の九〇パーセントが瓦礫と化していた。新政権の幹部のなかには戦争の象徴としてワルシャワを廃墟にするという意見もあったが、スターリンはワルシャワを再建するほうが象徴になると判断した[16]。

戦争で一〇〇万人の人口の半分以上を失った街に、生存者が続々と戻ってきていた。壊れた壁と壁のあいだに物干し竿が渡され、屋根のない長屋の上階から細い煙が上がり、瓦礫の洞穴の外におもちゃが転がっているなど、家族の暮らしが始まっている小さな痕跡が見られるようになった。一二月の寒さにもかかわらず、埋葬されていない遺体や、開け放たれた下水道や便所から悪臭が漂っていた。ヴィスワ川で唯一無傷で残った橋の上に、スターリンの巨大な肖像が掲げられていた[17]。

ヴィトルトは蜂起前に加わった反ソ連組織のメンバーを探したが、大半が死んでいるか、逮捕されているか、避難していた。ソ連の秘密警察とそのポーランド人工作員は、戦争終結後に元地下組織のメンバー四万人を拘束し、そのほとんどをシベリアの収容所に移送した。ヴィトルトは昔の仲間のマカリ・シエラジキを見つけ出し、町の中心部のパンスカ通りにありながら驚くほど損傷がない彼のアパートに迎え入れられた[18]。

それから数週間、このアパートがヴィトルトの作戦本部になった。報告書を作成するためにタイプライターを闇市で手に入れ、床に隠し部屋をつくる大工を見つけた。近所でやはり無事だった建物に写真店があり、マイクロフィルムの作成を引き受けてくれた。マリアの協力を得て、さまざまな政府機関に就職した友人や知人に連絡を取り、有用な情報を教えてほしいとやんわり迫った。その間も断続的に、ソ連統治下の生活の不協和音を記した報告書をアンデルスに送った[19]。

祖国に帰れば、そこはソヴィエトの共和国になっているとヴィトルトは思っていた。しかし、新しい秩序の下でもポーランドの大半が耐え忍び、むしろ繁栄していることに驚かされた。教会は家を失った人々に扉を開き、女性のグループが炊き出しを行い、スカウト団の子供たちが瓦礫を撤去する兵士を手伝っていた。ポーランドの元指導者スタニスワフ・ミコワイチクは、復興のために国が一つになろうと呼びかけた。ヴィトルトは自分の中でも新政権に対する反発が和らいでいくのを感じていた[20]。

回想録

そうなると当然ながら、思いはアウシュヴィッツに向いた。回想録の出版を考えるようになり、同じ収容棟にいて三月にトラムで偶然会ったヴィトルト・ロジツキに話を持ちかけた。二人は自分たちの決着をつけるために、アウシュヴィッツを訪れることにした。解放後はドイツ兵の収容所として使われていたが、一九四六年三月にポーランド政権は恒久的な記念施設にすると発表していた。

出発前に、ヴィトルトはオストルフ・マゾヴィエツカの家族を訪ねた。それまで妻のマリアとは数通の手紙をやり取りしただけだった。マリアたち親子は町はずれの小さな木造の家で、彼女の姉とその夫ボレスワフ・ラドワンスキと暮らしていた。マリアの親族の何人かは共産主義政権の仕事に就くか、党に参加していた。ヴィトルトは庭でゾフィアやアンジェイと少し遊んだが、一三歳と一四歳になった彼らはもう子供ではなかった。戦争が父親からも子供からも親子の絆を奪ったのだ。ヴィトルトは最新の任務についてマリアに話さなかったが、彼女は夫が地下組織のために働いていることを知っており、辞めるように説得することもできなかった。彼がここで家族とともに暮らすかどうかという話題は出なかった。[21]

数日後、ヴィトルトとロジツキはアウシュヴィッツに向かった。この一九四六年の春、多くの人がアウシュヴィッツを巡礼した。愛する人を探しに、あるいは死者への弔いのために。自分の思考を破壊した場所をもう一度見たいという元収容者もいれば、収容棟に残って非公式のツアーガイドを務める者もいた。ある棟に敷地内から集められたものが展示されていた。その地下は小さなスペースに区切られて、子供のスリッパの山、人の髪の毛の山、義足の山などがあった。収容所の犠牲者の大半を占めるユダヤ人の遺品であることは隠されていたわけではないが、来場者のほとんどがポーランド人だったため、展示はポーランド人の苦しみを強調し、キリスト教の観点から構成されていた。ユダヤ人の遺品を展示している収容棟の廊下で、十字架がライトアップされていた。懲罰棟も入ることができた。ヴィトルトの多くの友人が射殺された壁の足元に、花束や瓶に入ったろうそくが並んでいた。[22]

ビルケナウで、ヴィトルトは自分が報告書に記したガス室や焼却場の跡を見た。ナチスは自分たちの犯罪を隠そうとして建物を爆破したが、廃墟の構造ははっきり見て取れた。廏舎は大半が解体され、各地で仮設宿泊所の資材に使われた。倉庫に山積みされていたユダヤ人の衣服は貧しい人々に配られた。森の中にある大規模な墓地に金品をあさりに来る人々を、数人の警備員が追い払っていた。[23]

その光景を、ヴィトルトは何も言わずに見つめていた。答えを求めてここに来たが、答えは見つからなかった。

新たな恐怖

ワルシャワに戻ったヴィトルトは、回想録の最初の部分を書き始めた。青年時代をたどる第一部には「アウシュヴィッツで自分を発見するまで」と仮題をつけた。この時期、彼はワルシャワの南のはずれのスクシェトゥスキエゴ通りにある小さなアパートに移っていた。昼間はいつも一人だった。窓際でポータブルタイプライターを叩いているうちに、気がつくとスクルチェの記憶に迷い込んでいた。子供の頃に遊んだ菩提樹の倒木の幹の大きなくぼみや、曾祖母が亡くなった日のまま残されていた寝室が、博物館でほこりをかぶった展示品のように浮かんできた。ときどき街の中心に足を運び、息子のアンジェイの顔を見た。アンジェイが所属しているボーイスカウトは週末になるとオストルフ・マゾヴィエツカからバスでやって来て、瓦礫を撤去していた。ヴィトルトは瓦礫を運ぶ少年たちを遠くからながめた。

マリア・シェラゴフスカとは地下組織の仕事で会っていたが、彼らに追加の指示はなく、ヴィトルトもほとんど報告をあげていなかった。六月のある朝、二人がアパートにいると、玄関にヴィトルトの伝令のタデウシュ・プワジャンスキが現れた。ローマから来たという彼は不安そうな顔をしていた。地下組織の本部は、秘密警察がヴィトルトを監視していることと、ヴィトルトの後任を選ぶためにアンデルスの使者のヤドヴィガ・ミエジェイエフスカがワルシャワに来ているという情報をつかんでいた[24]。

ヴィトルトは呆然としたが、タデウシュと議論しても仕方がなかった。彼は考える時間が必要だと言った。タデウシュはヴィトルトをかばうことに同意し、アンデルスの使者にはヴィトルトが森でパルチザンと会っていると伝えることになった。その後、妻に会ったヴィトルトは、ふとイタリアに行こうと考えた。亡命するのだ。しかし、ポーランドのために戦うという誓いを裏切るような気がすると、彼は妻に打ち明けた。マリアはうなずいた。ここが自分たちの故郷なのだ、一つ屋根の下で暮らすことは、もうかなわないとしても[25]。

ただし、戦いを続けるためには、ヤドヴィガに自分の価値を証明しなければならなかった。その夏、ヴィトルトはいくつか報告書を提出した。一つは南部の町キエルツェで起きた大虐殺に関するもので、暴徒と地元の役人が三七人のユダヤ人を殺害し、三五人以上を負傷させた事件だった。一時は三〇〇万人を超えていたポーランド系ユダヤ人のうち、戦争を生き延びたのは三〇万人。街に残り、あるいは故郷に帰ったユダヤ人は、共産主義者に国を乗っ取られたのはユダヤ人のせいだと非難する一部のポーランド人から虐待や暴力を受けていた。九月に入り、ヴィトルトは写真店の裏でヤドヴィガに会った。彼女はヴィトルトが国外に出るよう強く主張したが、彼は自分の後任が見つかるまで待ってほしいと説得し、共産主義者の厳しい締めつけに関する報告を増やすと約束した[26]。

その年のクリスマス、恐怖は新しい局面を迎えた。スターリンがポーランド共産党に対し、一九四七年一月に予定されている総選挙に備えて反対勢力をつぶすように命じたのだ。数千人が投獄され、対立する政党の幹部が襲撃された。不正な選挙で共産党とその支持者は八〇パーセントの票を獲得し、ポーランドは事実上、一党独裁体制になった[27]。

ヴィトルトは暴力的な手段で共産主義者に対抗しようと真剣に考えたことは一度もなかったが、タデウシュ・プワジャンスキは別の考えを持っていた。彼は秘密警察の工作員の資料を集めていた。その冬、タデウシュは秘密警察のユーゼフ・ロジャンスキ長官の暗殺を提案した。ロジャンスキは戦前は共産主義者で、新政権の安全保障の高官には彼を含めて複数のユダヤ人がおり、一部の反ユダヤ感情を刺激していた。タデウシュはすでにロジャンスキの住所や電話番号、一日のスケジュールを入手し、襲撃の計画も立てていた。ヴィトルトは懐疑的で、実行にはロンドンの許可が必要だと言った。数週間後、ヴィトルトは仕事場のアパートの前に覆面パトカーがいることに気づいた。車は翌日も現れた。この状況を合理的に考えれば、秘密警察が監視を続けるのは逮捕するほどの情報を持っていないからで、警告の意味が込められていた[28]。

ヴィトルトはこの件を頭から追い出し、報告書の作成と回想録の完成に気持ちを切り替えた。その春、彼は短い序文を書き、自分がアウシュヴィッツで目撃したことを世界に理解してもらおうと努力してきたことを振り返った。自分のメッセージに耳を傾けなかった人々を非難した。し

ヴィトルト（1946 年頃）［提供：ピレツキ家］

かし、苦悩するその文章には、収容所の壁の中で苦しんだ自分のような収容者でさえ、収容所の恐怖は理解できないままなのかもしれないという思いがにじみ出ている。それが彼の救いだったのかもしれない。このくだりからは、ヴィトルトの方向性が変わったことが感じられる。理解を寄せつけない悪を理解してもらう必要はない。それよりも、苦しむ人々と分かち合えるものを自分のなかに見つけてほしいと、報告書の読者に訴えている。

「私は多くの友人から死の間際の告白を聞いてきた」と、ヴィトルトはこの時期に書いている。「彼らはみな、思いがけず同じ反応を示した。自分の心や真実を、他人に十分に伝えられなかったことを後悔していたのだ……彼らが死んだ後、この世に唯一残されるものは、前向きで永続的な価値を持つ唯一のものは、彼らが他人にさらけ出した自分自身だ[29]」。彼は家族を思いながら、これらの言葉を綴ったのだろうか。

法廷

地下組織の仲間とは何週間も会わないときもあった。しかし、五月初旬に仕事場のアパートでタデウシュと会い、その二日後に彼は再びアパートに行った。外は暗くなり始め、街灯がついていた。ヴィトルトは階段を上がって玄関をノックした。マカリが返事をしたので、ヴィトルトはドアを開けて中に入った。マカリと妻がいて、その横にダークスーツを着た男たちが立っていた。

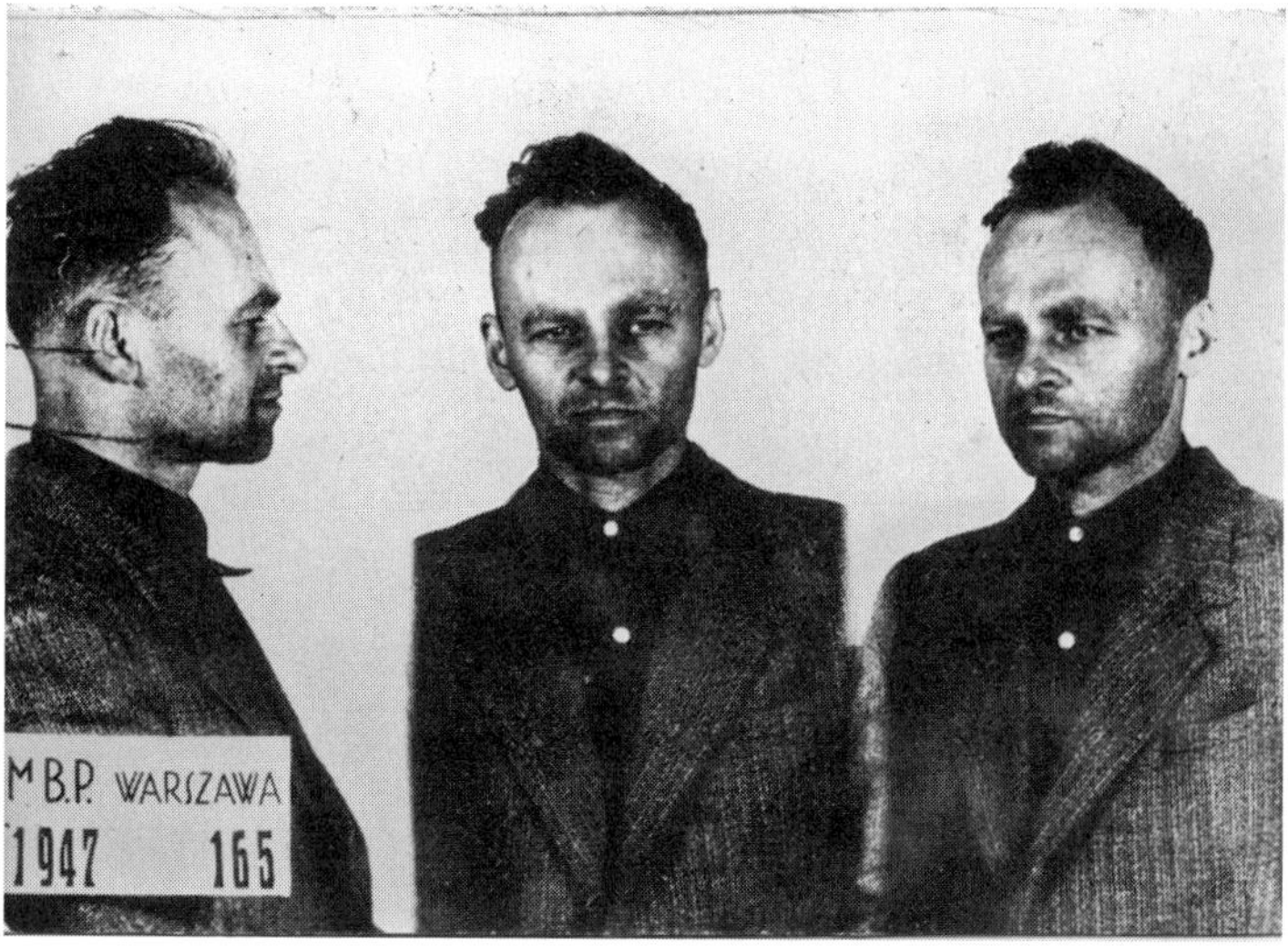

逮捕時のヴィトルトの写真（1947年5月）［提供：ピレツキ家］

二人の男に両腕をつかまれたかと思うと、階段を一気に降りて、待っていた車に乗せられた。市の中心部にある殺風景なオフィスビルに着き、一階の漆喰の壁の小さな部屋に通された。椅子が二脚あり、机の上にペンと紙が置かれていた。彼を連れてきた男たちは丁重な言葉で座るように促すと、ドアに鍵をかけて去った[30]。

その後のことは記録が残されていないが、おそらく秘密警察のロジャンスキ長官が会いに行ったのだろう。ロジャンスキの常套手段は、容疑者の犯罪について はすべて知っている、共犯者はすでに話していると強調することだった。ヴィトルトはそのときに、タデウシュが前日に捕まったことを知ったのかもしれない。ペンと紙は、ヴィトルトの供述書のためだった。

ロジャンスキに続いて、エウゲニウシュ・フミチャクという細身のハンサムな主任尋問官が現れた。これまでヴィトルトを捕らえた人々は、礼儀正しく、礼節を重んじてさえいた。フミチャクの仕事は獲物の精神を崩壊させることだった。お気に入りの道具は金属で覆われた定規で、相手を叩いたり突き刺したりした。ほかにも「ガチョウの羽むしり」は、髪の毛を引き抜き、指の爪をはいで、タバコを口や目の周りに押しつけ、頭に巻いた金属製のバンドを気絶するまでゆっくり締め上げるというものだった。ヴィトルトはすぐにモコトゥフ地区にある別の刑務所に移され、拷問が続いた[31]。

五月一二日、検察はヴィトルトを反逆罪で起訴した。ヴィトルトは情報をちらつかせて取引を試み、家族の安全と引き換えに自分の報告書や記録を渡すと申し出た。絶望のあまり、ロジャンスキに宛てた詩というかたちで懺悔もした。そこでは自分を疫病の運び屋になぞらえ、街を歩き回って出会う人々に病を感染させる、と書かれている。

「私がこの嘆願書を書くのは、／私だけが罰せられるため／すべての罪を背負うためだ／この命を失おうとも／心にこの傷を抱えたまま生きるよりましだから[32]」

淡々と日が過ぎていった。空が明るくなり、暗くなって、痛みに苦しみ、痛みの記憶に苦しんだ。一九四七年五月から一一月にかけて、ヴィトルトは一五〇回以上の尋問を受けた。彼は真実を語り、嘘を語り、彼らが聞きたいと思うことを語った。そして、言われたとおりに署名をし、独房に戻された。

誰の姿も見えなかった。ときどき遠くの独房から悲鳴が聞こえた。クリスマスを過ぎた頃、独房から引きずり出され、地下組織で一緒になった司祭の裁判に証人として出廷した。足を引きずりながら法廷に入ったが、鎖骨が折れていたせいか、頭をまっすぐ上げることができなかった。証言台に立ち、首を傾けたまま両腕をだらりとたらし、二言三言話しただけで独房に戻された。[33]

一九四八年二月、ヴィトルトと、マリア・シェラゴフスカ、タデウシュ・プワジャンスキ、マカリ・シエラジキら七人が正式に起訴された。公判は三月三日と決まった。国は形式だけの弁護士を指名した。善意ある人物で、ヴィトルトの代わりに家族と連絡を取ることを引き受けた。ヴィトルトは面会権を認められていなかったが、公開される審理をマリアも傍聴することができ、開廷前にヴィトルトと言葉を交わせるだろうと弁護士から聞かされた。

ヴィトルトの裁判は、ポーランドで行われる初めてのソ連式の見せしめ裁判の一つになった。総選挙を終えて、共産党政権は自分たちの力を誇示したかった。公判の日が近づくと、政府系の新聞にはヴィトルトが「アンデルス一味」の首謀者で、西側の帝国主義者の手先だと断罪する見出しが躍った。国営ラジオのアナウンサーは、「外国に雇われた裏切り者」と言い捨てた。[34]

ヴィトルトは公判前にひげを剃り、体を洗うことを許された。裁判は録音されてラジオで放送されることになっていた。黒いスーツにネクタイを締めたヴィトルトは、警察官に厳重に警護されて、コシュイコワ通りの軍事裁判所に到着した。法廷は混雑していた。彼はほかの七人の被告と並んで木のベンチに座った。傍聴席に妻とエレオノラの姿が見えた。

検察官のチェスワフ・ワピンスキはしわのないつるりとした顔をしており、地下組織の元将校でもあった。彼はヴィトルトの容疑を読み上げた。国家への反逆、秘密警察幹部の暗殺計画、当局への報告義務の不履行、偽造文書使用、銃器の不法所持。ヴィトルトは無表情で前を見つめていた。これらの容疑は一つでも重い刑罰が科せられる。そして、反逆罪は死刑だった。裁判官がヴィトルトを証言台に立たせ、容疑の認否を問うた。ヴィトルトはかろうじて聞き取れる低い声で、武器を隠したことや偽造書類の使用を認めたが、外国の勢力のために働いたことや、秘密警察の将校の殺害を計画していたことは否定した。

休憩中にマリアとエレオノラは短い時間ながら、ヴィトルトのそばに行くことができた。エレオノラは何かできることはないかと聞いた。[35]「アウシュヴィッツも、これに比べたらただの遊びだった」と、ヴィトルトは言った。「私はとても疲れている。早く結論を出してほしい」。別の日には、トマス・ア・ケンピスの『キリストにならいて』をマリアに渡し、子供たちに読んでやってほしいと頼んだ。独房に持ち込むことを許されたその本はぼろぼろになっていた。「どのページを開いても、そのときの役に立つだろう」と、彼は妻に言った。彼は信仰を捨てていなかった。[36]

公判はさらに一週間続き、その大半は被告が署名した供述書をワピンスキが読み上げた。しかし、最終日にヴィトルトは発言の機会を与えられた。彼は傷だらけの手をマリアとエレオノラに見えないように隠し、ゆっくり立ち上がった。弁護士はいつもの裁判と同じように、依頼人に法廷で許しを乞うことをすすめた。しかし、ヴィトルトは拒否した。「最期の時に恐れるのではなく幸せだと思いたい、そういう生き方をしてきたつもりだ」と、彼は法廷で語った。「闘いに価値があったと思えることに、私は幸せを感じる」。そして、自分は命令に従うポーランド人将校

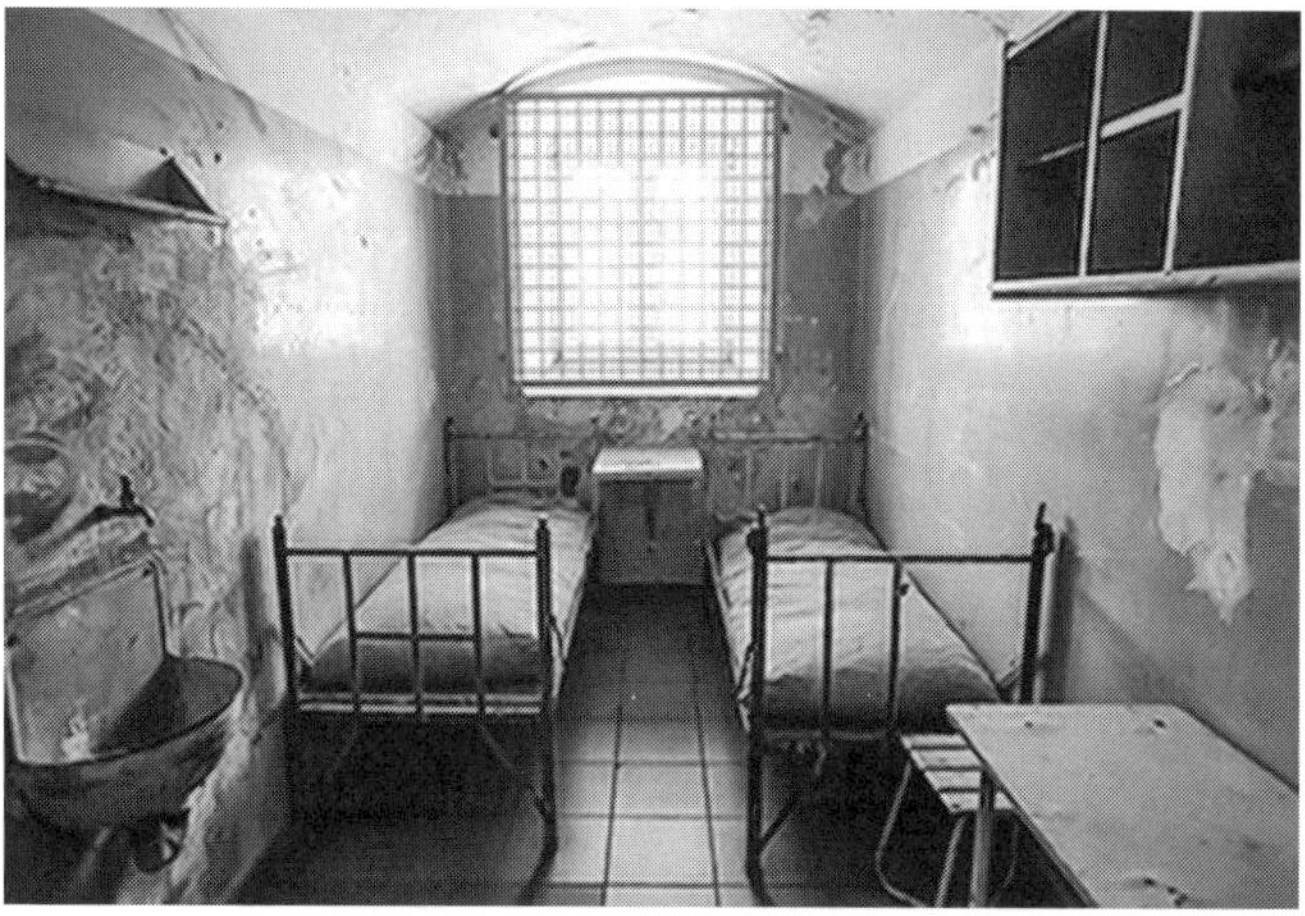

上・モコトゥフ刑務所のヴィトルトの房
下・被告席のヴィトルト（1948年3月）［提供：ポーランド国立公文書館］

であると、改めて強調した[37]。

四日後、ヴィトルトは死刑を宣告された。弁護士は控訴し、国の指導部を動かすことができれば終身刑に減刑できるかもしれないとマリアに助言した。一〇日後に控訴は棄却された。アウシュヴィッツ時代の友人が集まり、ポーランド首相で元収容者でもあるユーゼフ・ツィランキエヴィチへの嘆願書に署名した。彼らはヴィトルトの並はずれた働きと愛国心を強調した。しかし、ツィランキエヴィチは態度を変えず、嘆願書を取りまとめたヴィクトル・シュニエグツキは仕事を解雇された[38]。

マリアもボレスワフ・ビィエルト大統領に直接手紙を書き、子供たちのためにヴィトルトの命を助けてほしいと懇願した。

「私たちはずっと、彼と一緒に平和な生活を送れる日を待ちわびて暮らしてきました。私たちは彼を愛しているだけでなく、崇拝しています。彼はポーランドを愛しています。その愛はほかのすべてを凌駕していました[39]」

ビィエルトも判決を支持した。五月二五日、日没から一時間後、ヴィトルトの独房に迎えが来た。看守が判決文を読み上げ、白いスカーフでヴィトルトの口をふさぎ、両腕をつかんで引きずり出した。朝から雨が降っていたが、雲が取れて、西の空はまだ明るかった。ヴィトルトは刑務所の敷地内にある小さな平屋に連行された。薄暗い灯りがついた建物に近づくと、彼は一人で歩けると言い張った。

建物の中では死刑執行人のピョートル・シミエタンスキが待っていた。教誨師と医療用スモックを着た医師が片側に立っていた。ヴィトルトは壁に向かって立つように命じられた。シミエタンスキが銃を構え、彼の後頭部を撃った。[40]

終章

その後の四年間で八万人の地下組織のメンバーが逮捕された。ポーランドの共産主義政権はヴィトルトの家族を国家の敵と見なし、マリアは教会の孤児院の清掃員としてひっそりと暮らした。ヴィトルトの報告書や記録は国の公文書館に封印され、ユーゼフ・ツィランキエヴィチ首相は、自分のような共産主義者の収容者こそが、世界がファシズムと帝国主義に立ち向かった闘争の英雄だとするアウシュヴィッツの公式歴史を作り上げた。その物語でホロコーストはほとんど言及されず、ヴィトルトのグループは原始的なファシストの端役として描かれた[1]。

地下組織の元リーダーのタデウシュ・ペルチンスキが、ヴィトルトがイタリアで書いた報告書をロンドンに持ち込み、亡命者たちは出版を模索した。しかし、ほとんど興味を得られなかった。一九四五年に連合軍が強制収容所を解放したときに世間に広がった衝撃は薄れ、政治的な議論は冷戦一色になった。ヴィトルトは歴史から事実上、抹消された。

ヴィトルトの物語は一九六〇年代まで隠蔽されていたが、ペルチンスキが彼の報告書をポーランドの歴史学者で亡命政府時代にともに戦ったユーゼフ・ガルリンスキに託し、一九七五年にガルリンスキが『アウシュヴィッツと闘う *Fighting Auschwitz*』を出版。収容所の地下組織の創設にヴィトルトが果たした役割が証明された。しかし、一九八九年にソ連が崩壊し、ワルシャワの国立公文書館が一般に開放されてようやく、歴史学者のアダム・ツィラと六〇歳になったヴィトルトの息子アンジェイは、ヴィトルトの記録が入った大きな革製のブリーフケースを手に取ることができた。そこには一九四三年から四四年の報告書、青年時代を綴った手記、追加のメモ、尋問に関するファイル、そしてヴィトルトの暗号を解読する重要な鍵が入っていた。ヴィトルトの家族は初めて、ヴィトルトの任務を本人の言葉で読むことができた[2]。

ツィラは二〇〇〇年に、エレオノラ、ヴィンツェンティ、コンの資料と新しい証言をもとにポーランド語でヴィトルトの伝記を出版した。この本にも後押しされて、ヴィトルトはポーランドの国民的英雄としての地位を確立した。ただし、ヴィトルトの著作はすべてが英語などに翻訳されたわけではなく、アウシュヴィッツがホロコーストの代名詞となり、人類の最も邪悪な行為の一つの舞台として記憶されている欧米では、彼の物語はほとんど知られないままだった[3]。

しかし、ヴィトルトの物語は、アウシュヴィッツがどのようにして生まれたのかを理解するうえで不可欠だ。彼はアウシュヴィッツがどんな場所になるのかをドイツ人が理解する前に、収容所に潜入した。つまり、収容所が死の工場に変わっていくのを目の当たりにしながら、ホロコーストを受け入れなければならなかった。起きている出来事の意味を理解しようと苦しみ、異常な

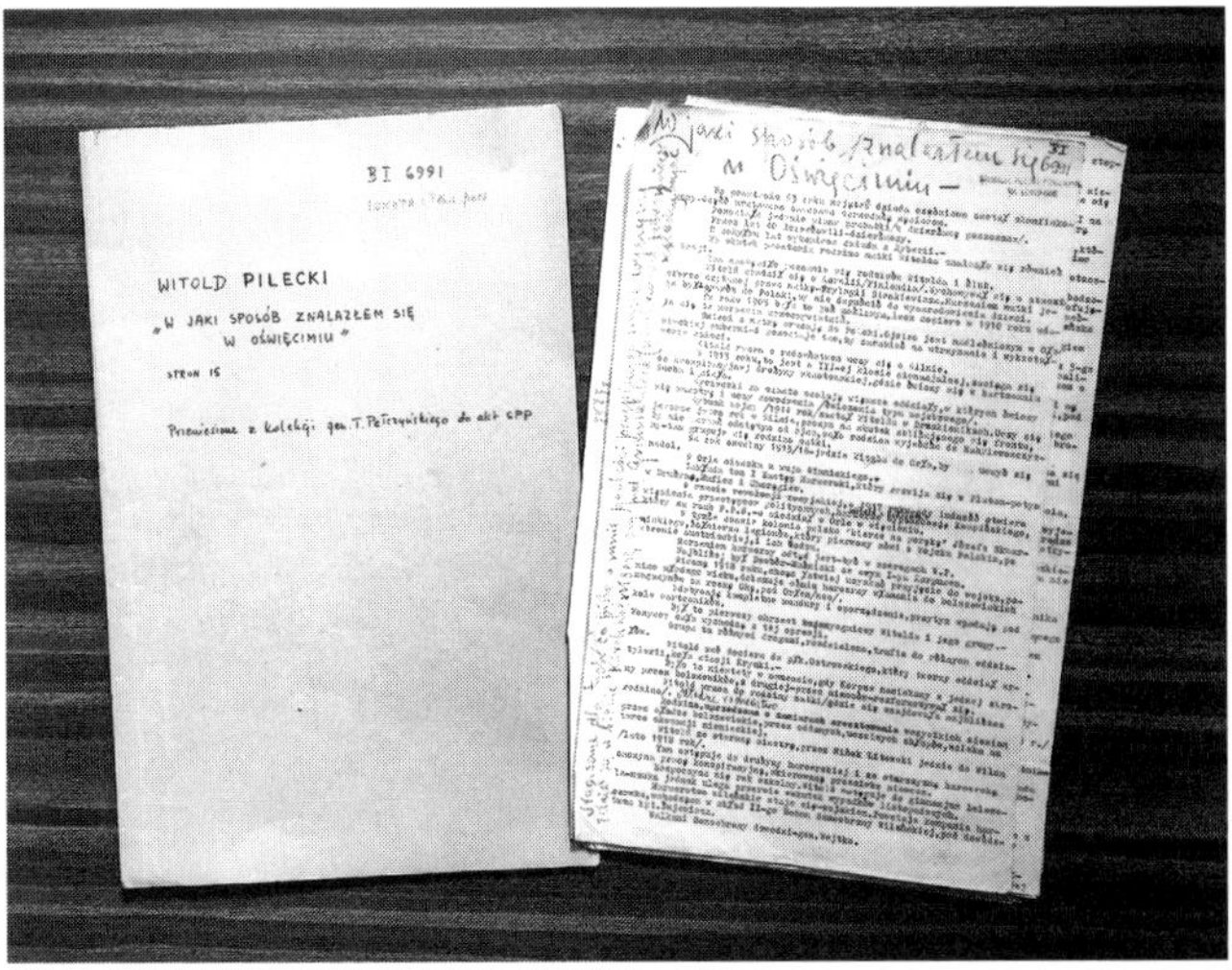

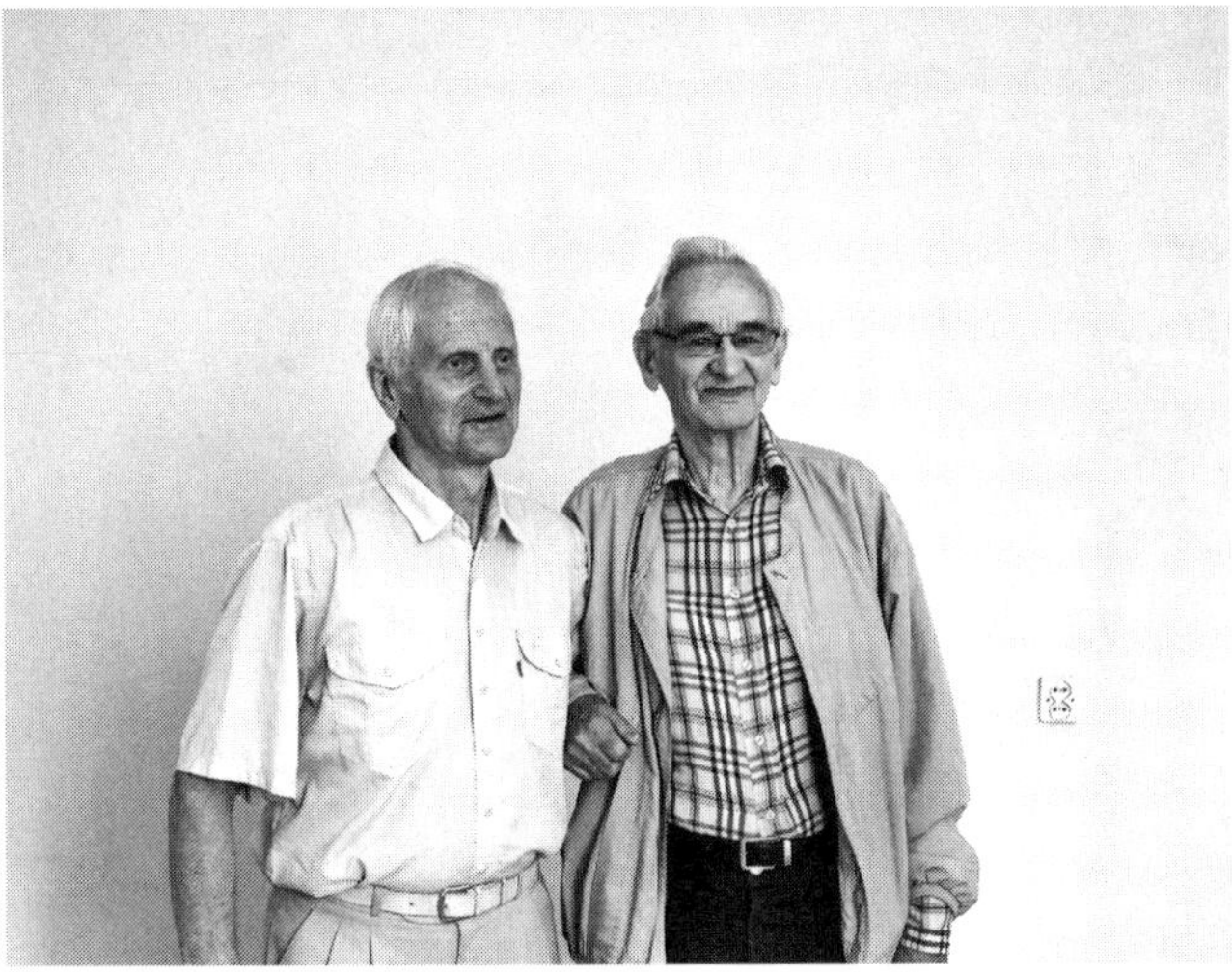

上・ヴィトルトがイタリアで書いた報告書（1945 年）
下・マレク・オストロフスキ（左）とアンジェイ・ピレツキ（右）。ヴィトルトが最後に逮捕されたアパートで（2017 年）

残虐行為を身近な文脈に置き換えようとすることもあった。それでも彼は、大半の収容者や、ワルシャワとロンドンのあいだで彼の報告書が手から手に渡った多くの人々と違って、自分が理解できないことから目をそらそうとしなかった。彼は自ら向き合い、自分の人生を懸けて行動しなければならないと突き動かされたのだ。

ヴィトルトの物語は、新しい悪と古い悪を区別し、不正を暴き、他人の窮状に自ら飛び込むために必要な勇気を示している。しかし、ヴィトルトの共感に限界があったことを、現実として見つめることも重要だろう。ヴィトルトはホロコーストを第二次世界大戦を特徴づける行為と見なすことも、ユダヤ人の苦しみを人類の象徴と考えることもなかった。[4] 彼は自分の部下と祖国が生き延びることだけを考えた。これほどまでに強い愛国心は、現代では時代遅れに思えたり、極右の領分だと懸念されるかもしれない。しかし、彼は祖国への愛と、ナショナリストのレトリックを区別していた。後者はナチスの術中にはまるだけだ。それに対し愛国心は、収容所での任務を支える使命感と倫理観を彼に与えたのだ。結局のところ、彼は仲間もユダヤ人も救えなかった。その事実について彼は謝罪していない。むしろ最後のいくつかの著作では、自分の限界を理解しなければならないが、限界の先を見るべきだとも力説している。

そして何よりも、互いに信頼しようと、彼は私たちに呼びかける。ヴィトルトの特徴的な資質は、人を信じることができることだ。SSが収容者の精神を破壊して価値観を奪おうとしていた収容所で、信頼は革命的な可能性を秘めていた。より大きな大義を信じていられるかぎり、収容者は敗北しなかった。ヴィトルトの部下たちはさまざまなおぞましい、耐え難い方法で死んだが、ナチズムが最後まで破壊できなかった尊厳をもって死んだのだ。

ヴィトルトは、自分は使命を果たせなかったと思って死んだ。そうではなかったと、私は証明したい。彼はあらゆる困難を乗り越えて、アウシュヴィッツからメッセージを届けることに成功した。連合国がそれを聞こうとしなかっただけだ。

この集団的な失敗には多くの理由がある。その根底には、こんにちの私たちにはわかる基本的な人間のジレンマがある——ほとんどの人は、自分が危険にさらされているときは特に、本能的に他人を助けようと思わないのだ。ナチスは、世界が自分たちの犯罪を無視するだろうと考えていた。ナチスの戦争犯罪を追及し続けたサイモン（ジモン）・ヴィーゼンタールは、一九四四年にSSの看守にこう言われた。「この戦争がどのようなかたちで終わろうと、われわれはおまえたちとの戦争に勝利した。おまえたちのなかで生きて証言できるものはいないだろうし、たとえ誰かが生き残ったとしても、世界はその言葉を信じない」〔ヴィーゼンタールはホロコーストの生還者で、一九四五年五月に米軍がマウントハウゼン強制収容所を解放するまで生き延びた〕。

どれだけ陰惨な問題でも、自分がどれだけ困難な状況に置かれても、他人の窮状を理解しようとする気持ちを失わずにいようと、ヴィトルトは私たちに教えてくれる。この本が彼の声に耳を傾けるきっかけになることを願っている。

謝辞

カスタムハウスの編集者ジェフ・シャンドラーがいなければ、この本は実現しなかった。彼のサポートと鋭いアドバイスと忍耐がヴィトルトの物語に命を吹き込んだ。出版者のライアテ・シュテーリクはこの三年間、ヴィトルトの物語に注いだ情熱を共有してくれた。彼女とハーパーコリンズのチームが提供してくれたプラットフォームに感謝している。原稿を一冊の本にまとめあげた編集アシスタントのヴェディカ・カンナと、プロダクション責任者のニャメケ・ワリヤヤとデイヴィッド・パルマーにたくさんの感謝を。私のイギリスの担当編集者であるエブリーのジェイミー・ジョセフには明敏な編集と励ましをもらった。私の素晴らしいエージェント、ラリー・ワイズマンとサッシャ・アルパーの助けを借りて、この本の構想が生まれた。イギリスのエージェントであるクレア・アレクサンダーは私のキャリアをずっとサポートしてくれている。ジェイコブ・レヴェンソンは草稿が上がるたびに編集して（さらに編集して）、私の散文の添削をあきらめることなく、ヴィトルトの人間性を発見する手助けをしてくれた。

マルタ・ゴルジャンは私の調査チームを率いて、私と共にクルパから収容所、さらにその先へとヴィトルトの足跡をたどった。彼女とカタジーナ・ヒズィンスカはオシフィエンチムに二年間、滞在し、収容者の証言や回想録を数百件見つけ出して翻訳した。さらに、ワルシャワのルイザ・ヴァルチュクとともに数十人の収容所の生存者とその家族を探し出してインタビューをする手はずを整え、その過程で私にポーランド文化の楽しさを教えてくれた。本を取りまとめる最終段階で素晴らしい仕事をしてくれたカタジーナに、特に感謝している。イングリッド・プファールはワシントンDCの聡明で優秀なリサーチャーで、私の数多くの不明瞭な要求にも必ず答えを見つけた。チームのほかのメンバーにも感謝している。ハンナ・ワドル、イリーナ・ラドゥ、アレクサンドラ・ハリントン、カリアンヌ・ハンセン、アウシュヴィッツ研究会のイガ・ブナルスカ、ピレツキ研究所のアンナ・ウォジンスカ、パウリーナ・ウィシュニエフスカ、そしてスタッフ。

優れた洞察力のフィリップ・ヴォイチェチョフスキはワルシャワを幾度となく走り回った。

国立アウシュヴィッツ・ビルケナウ博物館で調査できるように扉を開いてくれたのはピョートル・チウィンスキとアンジェイ・カコルジクだ。調査部のピョートル・セトキェヴィチは私の尽きない質問にユーモアを交えて答え、原稿の各段階で洞察を与えてくれた。アダム・ツィラは私をヴィトルトの物語に導き、自分の調査と発見を惜しみなく教えてくれた。ヴォイチェフ・プウォサとシモン・コワルスキのおかげで、書庫で迷わずに済んだ。イェジ・デンプスキ、ヤツェク・ラチェンドロ、アグニエシュカ・シエラズカ、アンナ・ヴァルチク、アグニエシュカ・キタ、シルヴィア・ヴィシンスカ、ハリナ・ズブジェブコ、ロマン・ズブレスキにも感謝している。ミロスラフ・オブスタルチクは、ヴィトルトの目を通して収容所を見る手助けをしてくれた。ロンドンのポーランド地下運動研究トラストのクリスティナ・ザティルナは多くのリクエストを見事にさばき、ヤレク・ガルリンスキは最初にこの本の執筆を勧めてくれた。私の調査チームを代表して、ロンドンのポーランド研究所およびシコルスキ博物館のクラウディア・キペルカ、米ホロコースト記念博物館のロン・コールマンとミーガン・ルイスとレベッカ・エルベルディング、ヤド・ヴァシェム文書館のアラ・クチェレンコ、クラインマン・ホロコースト教育センターのドヴィド・ライデル、フライブルクの小麦文書館のヤツェク・シンガルスキ、ジュネーヴの赤十字国際委員会のファブリツィオ・ベンシ、ドイツ連邦外務省政治公文書館のゲアハルト・カイパー、ヘッセン州立公文書館のカリナ・シュミットとペーター・ハベルコン、フランクフルトのフリッツ・バウアー研究所のヨハネス・ベーアマンに感謝を伝えたい。

調査の過程で、ヴィトルトの家族と知り合うことができたのは大変光栄だった。アンジェイ・ピレツキとゾフィア・ピレツカ゠オプトゥウォヴィチの温かさと寛容と気さくさのおかげで、彼らの父親の性格をじっくり見つめることができた。アンジェイはいくつかの調査に同行してくれた。特に印象深いのは、アルベルニャで脱走後のヴィトルトとヤンとエデクが食事を振る舞われた一七世紀のベルナルディン修道院に一泊したことだ。アンジェイは自分が同行できないときも私たちのことを十二分に配慮してくれた。マレク・オストロフスキは親愛なる友人であり、メンターでもある。ドロタ・オプトゥウォヴィチ゠マクウェイド、たくさんの美味しいケーキを提供してくれたベアタ・ピレカ＝ロジャツカ、エルジュビエタ・オストロフスカ、トマシュ・オストロフスキ、エドヴァルト・ラドワンスキ、リディア・パルワ、スタニスワフ・トゥミエレヴィチ、クリシュトフ・コシオルにもあらためて感謝している。デイヴィッド・マクウェイドはヴィトルトの物語の空白をつなぎ合わせ、彼と私たちの時代とのつながりを理解する手助けをしてくれた。

ヴィトルトを知る人や苦闘を共にした人たちにインタビューすることができたのも光栄だった。カジミエシュ・ピエホフスキ、ボフダン・ワラセク、イェジ・ザクシェフスキ、イェジ・ボグシュ、ヤヌシュ・ワレンジク、ミエチスワフ・ガワシュカ、ゾフィア・ズジャウェク、ヤツェクとリシャルト・ストゥプカ、ユゼファ・ハンズリク、アンナ・チェルニツカ、シュテファン・ハーン、ミエチスワフ・マスタレルツ、カジミエシュ・アルビン、ゾフィア・ポスミシュ。ヴィトルトの物語に関わった人々の家族には、時間と記憶と私的な文書を共有させてもらった。マリアとシモン・シュヴィエントルゼツキ、マレクとバーバラ・ポピエル、ヤニンカ・サルスキ、ヤロスワフ・アブラモウ＝ニューリー、ダニエル・ピエホフスキ、ヤン・テレシュチェンコ、ピョートル・ウォイナ＝オルレヴィチ、エヴァ・ビアラ、アダム・ウォジタシアク、ゾフィア・ヴィシニエフスカ、マリア・セラフィンスカ＝ドマンスカ、スワニスワフ・ドマンスキ、ヤン・デンビンスキ、ヤン・イェキエウェク、クリスティナ・クレチャル、ヴィエスワフ・クレチャル、カジミエシュ・クレチャル、アンジェイ・モリン、ストゥプカ家、コズスニク家、クリスティナ・リュバク、ロベルト・プォトニク、ヤツェク・デュボア、ジャック・デュボア、ボジェナ・スワヴィンスカ、ヘンリク・ブレイヤ、ハラト家、ベアタ・チエジエルスカ＝ムロジェヴィチ、フェリシアン・シフィエルチナ、ピョートル・ヴィエロポルスキ、ミクス家、クシシュトフ・ナリク、ヤン・チチュク-チェルト、ステファン・プウォフスキ、タデウシュ・M・プワジャンスキ、マルタ・オルウォフスカ、ワンダ・ヤンタ、リシャルト・スタゲナルスキ、スタニスワフ・ムロ。

原稿のさまざまな段階で多くの人が目を通してくれた。アンソニー・ポロンスキ、ロバート・ヤン・ファン・ペルト、ニコラウス・ワックスマン、ダリウシュ・ストラ、デイヴィッド・エンゲル、ベルナルト・ヴァッサーシュタイン、イェフダ・バウアー、ヴォイチェフ・コズラウスキ、ハンナ・ラジエイェフスカ、ラファウ・ブロダキ、ジェフリー・バインズ、ステファン・ソーセル、ヴォイチェフ・マルカート、ケイト・ブラウン、マグダレナ・ガウィン、アンナ・ビコント、フランシス・ハリス、ルファスとチェリー・フェアウェザー、アダム・フェアウェザー、スザンナ・リップスコーム。ほかにも多くの人たちの洞察と協力があった。ミコワジ・クニチ、クルジストフ・シュワグルズィク、アンジェイ・クナート、ヴォイチェフ・フラズィク、ヴィエスロフ・ヤン・ワイソキ、ジグムント・スタンリク、ミエスチワフ・ヴォイチク、アンナ・ポチャテク、ヤドウィガ・コペチ、オルガ・イワノワ、アリアクサンドル・パスキエヴィチ、レオン・ローレッシュ、フランソワ・ゲスネ、ヴォイチェフ・ハウカ、マウゴジャータ・ザレフスカ、エルジビエタ・プシブィシュ、マレク・クシェザルツィク、ピョートル・キュベール、ミロスワフ・ガノビス、アウシュヴィッツ・ユダヤ人センターのアーサー・シンドラー、ボレスワフ・オパリンスキ、クシシュトフ・クレデンス、アルフレート・ヴォルフシュタイナー、ソルブゴ文化アーカイブ（バウツェン）のアネット・ブレサン、マラニー・モイサン、マーティン・ローマン、ボブ・ボディ、ハイジ・ロスカンプ、ロルフ・ウォーカー、ジョンとトム・フィッツギボン、マイケル・タイタル。

ヴィトルトの逃走ルートの再現には、任意団体アウシュヴィッツ・メメントのボグダン・ワシュタイル、ミロスワフ・クルジスコフスキ、ズビグニエフ・クリマ、マルチン・ジウベク、ソワ川のほとりではピョートル・グジェゴジェク、アルベルニャではボレスワフ・オパリンスキ、ニエポウォミツェの森ではズビグニエフ・クマラ、ボフニャではスタニスワフ・コビエラの協力があった。クルパのヴィトルトの家を案内してくれたアレス・ヒトゥルンとピョートル・クーベル、ヴォルブシュで戦闘の場所を案内してくれたウカシュ・ポリタンスキ、レギオノヴォでヴィトルトが家族と休暇を過ごした家を案内してくれたヤツェク・シュテパンスキとヤツェク・イヴァシュキエヴィチ、ポルト・サン・ジョルジョの美しい海岸を案内してくれたゲオルグ・デルノフスキとマリア・ラドジカ・パオレッティ。兄弟のアダムと私にタトラの密使のルートを紹介してくれたヤツェク・ジエバ－ヤシンスキにも感謝を伝えたい。

妻のクリッシーがいなければ、このプロジェクトは何ひとつ実現しなかった。私が長く家を空けてもじっと耐え、史料に関する私の話に熱心に耳を傾け、彼女の編集がヴィトルトへの理解を深めてくれた。彼女と私の素晴らしい娘たち、アメリー、マリアンナ、テスは、ヴィトルトが何のために戦っていたのかをいつも思い出させてくれる。

訳者あとがき

一九四〇年、ナチス占領下のポーランドで、地下組織の士官ヴィトルト・ピレツキはアウシュヴィッツ収容所に潜入した。残酷な収容所生活に耐えながら工作活動を続け、約三年後に脱走。一九四四年のワルシャワ蜂起で戦った。しかし、祖国のために戦い続けたはずが、ソヴィエト連邦の傀儡《かいらい》となったポーランドの「国家の敵」として処刑され、共産主義政権下で数十年間、歴史から抹消されていた。ヴィトルトの存在と功績が広く知られて、名誉回復がかなったのは、一九八九年にポーランドが民主主義国家になった後のことだ。

本書の原題は、*The Volunteer: the true story of the resistance hero who infiltrated Auschwitz*（志願した男：アウシュヴィッツに潜入したレジスタンスの英雄の真の物語）。ヴィトルトがアウシュヴィッツについてまとめた報告書を軸に、ポーランド亡命政府とヴィトルトを取り巻く戦時の国際情勢、収容所の内外の人間関係、脱走後のヴィトルトを待ち受けていた厳しい現実を描いている。

アウシュヴィッツに「志願」したレジスタンス。言葉は悪いが、ドラマチックな人生だ。ただし、ヴィトルトは歴史を劇的に変えた英雄ではなく、まして聖人君子でもない。ナチスとの戦いに身を投じた多くのポーランド人の一人であり、アウシュヴィッツに潜入するという想像を絶する行動も、人道的にユダヤ人を救うためではなく祖国を守るミッションとして始まった。

本書は、ヴィトルトが直接経験したアウシュヴィッツの凄惨さに引きずられすぎない、一歩引いたような視点が際立つ。人類史上最悪の戦争犯罪に圧倒されず、ヴィトルトにとっての正義をむやみに肯定するのでもなく、事実を整理してストーリーを紡いでいく。あまりに過酷なミッションにヴィトルトはなぜ覚悟を決めることができたのか。そのヴィトルトの報告とアウシュヴィッツの残虐さから、連合国とポーランドはなぜ目を背けたのか。静かに歴史を突きつけられたとき、純粋な疑問と怒りさえわいてくる。

言うまでもなく、ヴィトルトによる記録がなければ、このような歴史的考察もあり得なかった。ヴィトルトは収容所内からアウシュヴィッツの現状について外部に繰り返し報告を送り、脱走後に三つの詳細な文書をまとめている。そのうち、一九四〇年九月に収容所に入り、四三年四月に脱走して八月にワルシャワに戻るまでを記した「一九四五年アウシュヴィッツ報告書」は、二〇一〇年代にポーランド語からイタリア語や英語に翻訳され、日本語訳も刊行されている（ヴィトルト・ピレツキ著『アウシュヴィッツ潜入記』みすず書房）。本書が引いているヴィトルト自身の記述は、主にこの報告書に基づいている。

ヴィトルトの物語は、アウシュヴィッツがどのようにして生まれたのかを理解するうえで不可欠だと、著者は指摘している。収容所が死の工場に変わっていく過程を目の当たりにしながら、ヴィトルトは次々に繰り広げられる残忍な出来事の意味を理解しようと苦しんだ。それを言葉にして報告する際は、「ナチスから祖国を守るために」国際社会に訴えるという明らかな意図が働いていたことは否めない。それでも自らアウシュヴィッツに潜入したという特異な立場は、冷静に現実を記す貴重な史料を生んだ。戦争やホロコーストを歴史として学ぶ私たちは、まず事実を知らなければならない。


二〇二二年二月に始まったロシアによるウクライナ侵攻に、ナチスドイツとソ連に蹂躙され続けたポーランドの歴史を重ねずにいられなかった。しかし、不条理な侵略や戦争犯罪が許されないことは言うまでもないが、一方で国と国の関係にはさまざまな歴史があり、それぞれの正義や大義がある。それはナチス占領下のポーランドも同じだったかもしれない。そんなことを考えていたとき、ウクライナ人の映画監督が「歴史を正視すること」について語る言葉に出合った。

一九四一年六月、ソ連に侵攻したナチスドイツ軍はウクライナに進軍。九月末にキーウ（キエフ）郊外のバビ・ヤール渓谷で、移動虐殺部隊が二日間で三万人以上のユダヤ人を虐殺した。この悲劇を当時の記録映像で綴るドキュメンタリー映画『バビ・ヤール』（二〇二一年、オランダ・ウクライナ合作）は、ナチスに協力して虐殺に加担したウクライナ人の存在もありのままに描いている。監督のセルゲイ・ロズニツァは、負の歴史も含めて過去を正視して、理解し、検証するプロセスがなければ、未来に何もつながらないと語っている。
「何らかの問題に直面したとき、まずはそれを描写する必要があります。それができなければ、その後、間違った道を行くことになります。語ろうとしなければ問題はどんどん深刻化し消えることはないのです」（二〇二二年九月二二日放送、ＮＨＫ「ニュースウオッチ９」より）

翻訳に際し主な参考文献として、前述の『アウシュヴィッツ潜入記』（杉浦茂樹訳、みすず書房、二〇二〇年）、この報告書を中心にヴィトルトの生涯や一九四〇年代のポーランドの情勢も詳しく記されている小林公二著『アウシュヴィッツを志願した男』（講談社、二〇一五年）、ポーランド史の概説として渡辺克義著『物語　ポーランドの歴史』（中公新書、二〇一七年）に助けられた。

ポーランド語の発音はとびきり難解だが、城西国際大学の柴理子教授に助言をいただいた。そして、なかなか進まない翻訳のあいだも的確な助言とともに支えていただいた河出書房新社の渡辺史絵さんに、あらためて感謝を伝えたい。

二〇二二年一二月

矢羽野　薫

登場人物

アブラモウ＝ニューリー、バーバラ（一九〇八～七三年）
　ワルシャワの音楽教師。ユダヤ人の血を引くことを理由に彼女を脅迫していた男からヴィトルトが助けた。アウシュヴィッツに収容されている夫で作家のイゴール・アブラモウ＝ニューリーへの仕送りの資金もヴィトルトが援助した。

アントレ、フリードリヒ（一九一四～四七年）
　SSの医師。一九四一年一二月から収容所の病院で働き、フェノール注射を受ける患者の選別に関して重要な役割を果たした。一九四五年に米軍に逮捕され、戦争犯罪で有罪判決を受けた。一九四七年に処刑。

イェキェウェク、ヴォイチェフ（一九〇五～二〇〇一年）
　ポーランド人社会運動家。収容所近くの小さな町オシェクで、収容者に食料や医薬品、メッセージを密輸するための地下ネットワークを築いた。収容所内のナチスの犯罪に関する情報を収集し、ナポレオン・セギエダに資料を渡した。

イーデン、アンソニー（一八九七～一九七七年）
　英外務大臣。連合国の代表としてホロコーストの存在を発表したが、その後は戦争遂行への影響を懸念して、ヨーロッパのユダヤ人救済策を支持することに消極的だった。

オストロフスカ、エレオノラ（一九〇九～九五年）
　ヴィトルトの義理の姉。アウシュヴィッツにいるヴィトルトとワルシャワで連絡を取った。彼女の自宅アパートで開かれた会合で「ターニャ・アルミア・ポルスカ（ポーランド秘密軍）」が結成された。戦時中は地下組織のメンバーとして活動。

オボイスキ、エウジニウシュ　「ギエネク」（一九二〇～四三年）
　戦前はワルシャワでコック見習いをしていた。一九四〇年六月に最初の輸送列車でアウシュヴィッツに到着し、病院の遺体置き場の責任者になった。ヴィトルトが最初に勧誘した一人で、医薬品や物資の密輸を担当した。地下組織が短期間、使った無線送信機の部品の調達にも関わった。

オボラ、ユーゼフ（一八八八～一九七四？年）
ボフニャ出身のポーランド人実業家。収容所から脱走したヴィトルトとエデクとヤンをかくまった。

ガウリキエヴィチ、ミエチスワフ（一八九八頃～一九四四年）
ドイツ軍のポーランド侵攻時にヴィトルトの指揮官だった。

ガヴロン、ヴィンツェンティ（一九〇八～九一年）
ポーランド人の芸術家・木彫刻家。収容所でヴィトルトに勧誘され、アウシュヴィッツでホロコーストが始まったという警告を外部に伝えた。ワルシャワ蜂起で戦った後、アメリカに移住。シカゴで大工や彫刻家として活動した。

カルスキ、ヤン（一九一四～二〇〇〇年）
ポーランド人の密使。ワルシャワ・ゲットーの粛清と「死の収容所」ベウジェツへの移送中継地に関する目撃証言をロンドンに届けた。一九四三年にワシントンを訪れ、ルーズヴェルト大統領に証言した。

カルチ、ヤン（一八九二～一九四三年）
騎兵隊将校。ビルケナウに地下組織の細胞《セル》をつくり、ユダヤ人の大量殺戮について報告した。

キューゼル、オットー（一九〇九～八四年）
アウシュヴィッツで作業割り当てを担当したドイツ人カポ。ヴィトルトにストーブ修理の仕事を与えて命を救った。地下組織が作業班を変更する手助けをして、病気の収容者に最もきつい仕事がいかないように配慮した。一九四二年、ホロコーストの資料を収容所から持ち出す脱走者のグループに加わった。もとはベルリンからの流れ者で、盗みを働いたとしてドイツ警察に逮捕され、強制収容所に送られた。一九四〇年五月にアウシュヴィッツに来た最初のカポの一人。

キュール、ユリウシュ（一九一三～八五年）
ポーランド系ユダヤ人。スイスのベルンの公使館でユダヤ人問題を担当しており、ナポレオン・セギエダがアレクサンデル・ワドシ臨時公使に会う際に付き添ったと思われる。

キーラー、ヴィエスワフ（一九一九～九〇年）
一九四〇年六月に最初の輸送列車でアウシュヴィッツに到着したポーランド人学生。病院で看護師として働くようになり、一九四一年九月に患者とソ連兵捕虜のガス処刑を目撃した。

クウォジンスキ、スタニスワフ（一九一八〜九〇年）
医学生、活動家。一九四一年四月に収容所に入り、地下組織に参加した。病院の看護師として働き、チフスにかかったヴィトルトを看病した。一九四二年に収容所に届いたナポレオン・セギエダとヴォイチェフ・イェキェウェクからのメッセージを解読した。

グラブナー、マクシミリアン（一九〇五〜四八年）
収容所のゲシュタポの責任者で、地下組織のメンバーの排除にあたった。アウシュヴィッツでユダヤ人家族のガス処刑が始まった頃に指揮を執った。一九四三年に収容所内の汚職に関するSSの捜査で逮捕され、懲罰棟における超法規的処刑の罪で禁固一二年に処された（収容所で行われていたユダヤ人の大量殺戮を考えると奇妙な罪状だ）。戦後は米軍に逮捕され、裁判のため一九四七年にポーランド当局に引き渡された。一九四八年に処刑。

クランケマン、エルンスト（一八九五〜一九四一年）
一九三五年に配偶者虐待の容疑で無期限拘留の判決を受けたドイツ人理容師。アウシュヴィッツに最初に来たカポの一人で、ユダヤ人と聖職者の懲罰棟を管理していた。ガス処刑のためドレスデン郊外の施設に移送中だった収容者に殺害されたと思われる。

クレーア、ヨーゼフ（一九〇四〜八八年）

オーストリア人家具職人。収容所の病院で働いていたSS下士官。患者をフェノール注射で殺害し始めた一人。ビルケナウのガス室で働く「殺菌部隊」にも加わった。戦後すぐは訴追を免れたが、一九六三年にフランクフルトで起訴。四七五件の殺人と少なくとも二七三〇件の共同殺人幇助について有罪となり、無期懲役と一五年の追加刑を言い渡された。

ゲッベルス、ヨーゼフ（一八九八〜一九四五年）

ドイツの国民啓蒙・宣伝相。自殺。

コシュトヴニ、ヴィトルト（一九一三年〜？）

ポーランド人生物学者。一九四〇年六月に収容所に入り、病院で働いた。SSの要請でワクチンを生成するために、チフスに感染したシラミを繁殖させる実験室を設置。シラミをカポやSS隊員を攻撃する武器にすることを思いついた。

コズスニコワ、ヴワディスワフ（一九〇五〜七六年）

収容所近くのプシェチェシン村の主婦。ヘレナ・プウォトニッカとともに収容者に物資を配達していた。一九四二年七月、ナチスの犯罪に関する証言を集めていたナポレオン・セギエダの呼びかけに応じた。

コモロフスキ、タデウシュ（一八九五〜一九六六年）
一九四三年にステファン・ロヴェツキが逮捕された後、地下組織の軍事面を統括したポーランド人将校。ワルシャワ蜂起を決行した。

コルボンスキ、ステファン（一九〇一〜八九年）
ポーランドの地下組織の指導者。回顧録を執筆した。

ザバフスキ、エドムント（一九一〇年〜？）
ポーランド南部ボフニャの郊外で教師をしていた。収容所でヴィトルトにヤン・レジェイを紹介。自分の家族と連絡を取り、脱走したヴィトルトたちをかくまう段取りをした。後にヴィトルトの収容所襲撃計画を地下組織の指導部に伝えた。

シェラゴフスカ、マリア（一九〇五〜八九年）
ポーランド人化学者、地下組織のメンバー。ヴィトルトの一九四五年の報告書のタイプと編集を手伝った。その後もワルシャワで彼と情報収集にあたり、亡命指導者のヴワディスワフ・アンデルスに送る報告書を作成した。一九四八年にヴィトルトとともに裁判にかけられ死刑を宣告されたが、無期懲役に減刑された。一九五五年に釈放。

シエラジキ、マカリ（一九〇〇～九二年）
ポーランド人公務員。一九四五年にポーランドに戻ったヴィトルトをかくまった地下組織のメンバー。後にヴィトルトとともに裁判にかけられ、禁固一五年を言い渡された。

ジーグルト、ヨハン（一九〇三～四一年）
アウシュヴィッツ近くの倉庫にいた片腕のドイツ人カポ。収容者に殺されたと思われる。

シコルスキ、ヴワディスワフ（一八八一～一九四三年）
ポーランドの将軍、元首相。一九四〇年にポーランド亡命政府の指導者になった。

シュパコフスキ、スワヴォミル「スワヴェク」（一九〇八年～？）
キェルツェ出身の絵葉書画家。ヴィトルトと同じ一斉検挙で逮捕された。収容所に着いて最初の数週間は同じマットレスで眠り、ともに解体作業に就いた。一九四一年に釈放。

シュヴィエントジェツキ、カロル（一九〇八～九一年）
ヴィトルトが収容所で初期に勧誘した。彼らは同じ輸送列車で到着し、同じブロックの部屋長になった。ヴィトルトはカロルを通じて、地下組織がラジオからひそかに収集した情報を収容所内に広めた。一九四一年五月に釈放された際はヴィトルトから口述で報告書を託された。

シュヴェラ、ジークフリート（一九〇五～四二年）
一九四一年から収容所の病院に勤務していたSS医師。フェノール注射を始めた一人で、初期のガス実験にも携わった。チフスに感染したシラミを使って収容者に殺されたと見られる。

シュルテ、エドゥアルト（一八九一～一九六六年）
ドイツ人実業家。占領下のヨーロッパにおけるユダヤ人の組織的絶滅について、連合国に最初に報告した一人。

シュタラー、アロイス（一九〇五年～？）
アウシュヴィッツのドイツ人カポ。ヴィトルトが最初に入ったブロックを監督しており、彼を部屋長に選んだ。ラインラント出身の元建設作業員で共産主義者。一九三四年に反ナチスのポスターを掲示して逮捕され、一年後に無期限でザクセンハウゼン強制収容所に送られた。一九六三年に戦争犯罪者として告発されたが、証拠不十分で不起訴。

シュトッセル、アルフレート「フレット」（一九一五～四三年）
収容所の病院で看護師として働いていたドイツ系ポーランド人。ヴィトルトは彼を信頼し、地下組織の無線送信機の警備を任せた。後に、患者のフェノール注射に関与していることを地下組織から糾弾され、SSに「密告」され処刑された。

ストゥプカ、ヘレナ（一八九八〜一九七五年）
オシフィエンチムの住人。収容者と外部とのやり取りを担った。

スルマツキ、ヴワディスワフ（一八八八〜一九四二年）
ポーランド人将校・技師。ワルシャワの地下組織で活動していたが逮捕され、一九四〇年八月にアウシュヴィッツに送られた。彼の移送がヴィトルトの潜入任務につながった。収容所では建設事務所の測量技師として働き、ヘレナ・ストゥプカを通じて収容所の地下組織と外部との最初のつながりを確立した。

セイヴァリー、フランク（一八八三〜一九六五年）
一九三〇年代に領事としてワルシャワに駐在したイギリスの外交官。戦時中はポーランドに関する情報を統括する外務省の責任者代理として、ワルシャワからロンドンに届く情報を管理した。ホロコーストにおけるアウシュヴィッツの中心的役割を把握した最初の西側政府関係者だったと思われる。

セギエダ、ナポレオン（一九〇八〜八八年）
戦前はポーランド軍の兵士だった。一九四一年にイギリスに渡り、ＳＯＥ（英特殊作戦局）で工作員の訓練を受けた後、一九四一年にパラシュートでポーランドに降下。アウシュヴィッツにおけるナチスの残虐行為に関する報告の調査を行い、一九四三年二月にロンドンに戻った。戦後はイギリスの市民権を得て情報機関で働いたと思われる。

セラフィンスキ、トマシュ（一九〇二～六六年）
ポーランド人弁護士で農業技術に詳しい紳士的な農民。ヴィトルトは収容所で登録する際にトマシュの身分証を使い、脱走後はノヴィ・ヴィシニチの彼の家に滞在した。トマシュはヴィトルトの収容所襲撃計画をクラクフの地下組織に提案したが、拒否された。その後もヴィトルトを支持したため、組織から追放された。一九四三年一二月にＳＳに逮捕されヴィトルトの脱走に関して尋問を受けたが、口を割らなかった。

ダルトン、ヒュー（一八八七～一九六二年）
一九四〇年に戦時経済相としてチャーチル内閣に入閣した英労働党の政治家。同年七月、大陸で破壊活動や妨害工作を行う秘密組織のＳＯＥ（英特殊作戦局）を設立した。ＳＯＥはポーランド亡命政府の窓口となり、装備やナポレオン・セギエダら工作員をポーランドに空輸する作戦を調整した。

チェシェルスキ、エドヴァルト「エデク」（一九二二～六二年）
高校生のときに逮捕され、一九四一年四月一日にアウシュヴィッツに移送された。一九四一年夏にヴィトルトに勧誘されて地下組織に加わり、ともに脱走した。ワルシャワ蜂起で重傷を負ったが一命を取り留めた。地下組織の最初の記録となる文書をまとめて一九六八年に出版されたが、刊行を見届けることなく脳卒中で死亡した。

ディエム、ルドルフ（一八九六〜一九八六年）

一九四一年二月に収容所に入ったポーランド人医師。病院の看護師として、ポーランド人看護師を殺人行為に従事させようとするSSの試みに抵抗した。

ディポン、マリアン（一九一三〜七六年）

一九四〇年八月に収容所に入ったポーランド人医師。病院の看護師として働いた。一九四一年九月に釈放され、SSがソ連兵捕虜と患者をガス処刑で殺害していることをワルシャワに伝えたと思われる。

デリング、ヴワディスワフ（一九〇三〜六五年）

ポーランド人婦人科医。ワルシャワで地下活動に従事していたため逮捕され、一九四〇年八月にアウシュヴィッツに送られた。彼の存在がヴィトルトの任務を前進させた。収容所でヴィトルトが初めて勧誘した仲間でもあり、病院での立場を利用して収容者を救った。一九四三年五月、X線と化学物質の注射を使ったナチスの不妊手術の実験に外科医として参加。一一五件の去勢手術と子宮摘出手術にも携わり、犠牲者の大半はユダヤ人だった。一九四四年に、おそらくドイツ系の血筋を証明する「フォルクスリスト（民族リスト）」の登録に同意して釈放されたが、収容所で実験的手術を担当していたSS医師カール・クラウベルクのもと、シレジア地方ケーニヒスヒュッテの彼の個人クリニックで収容者同然に助手を続けた。一九四七年にポーランド政府が戦犯容疑でクラウベルクの捜査を始めたため、デリングはロンドンに逃亡。一九四八年に行われた戦争犯罪裁判では否認し、嫌疑は晴れた。一九六四年、収容所で一万六〇〇〇件以上の「性的手術」を行った「デリング医師」に言及した本をめぐり、著者のレオン・ユリスと出版人のウィリアム・キンバーを訴えて再び訴訟の渦中に。公判では、戦前からデリングを知っており、収容所で看護師として働いていたユダヤ人医師アリーナ・ブリューダが、自分も手術に参加するよう命じられたが拒否したと述べた。判決では出版社がデリングに二分の一ペニー（最小単位の硬貨）の賠償金を、デリングが被告側の弁護費用二万五〇〇〇ポンドを支払うよう命じられた。

ドゥボイス、スタニスワフ「スタシェク」（一九〇一〜四二年）
ポーランド人政治家、作家。一九四〇年九月に収容所に入り、ヴィトルトとともにナチスの犯罪の証拠を集めた。一九四二年六月と七月の収容者の死者数をまとめた報告書は、アウシュヴィッツにおけるホロコーストの最初のデータとしてワルシャワとロンドンに届けられた。

トロイニツキ、フェルディナント（一八九五年〜？）
戦前はポーランド軍将校で「ターニャ・アルミア・ポルスカ（ポーランド秘密軍）」の一員だった。収容所でヴィトルトが初期に勧誘し、ヴィトルトが木工作業所で働けるように手配した。一九四一年一一月に釈放され、ソ連兵を対象とするガス室実験とビルケナウ収容所の設立についてワルシャワに知らせたと思われる。

ノルマン、スヴェン（一八九一〜一九七九年）
ポーランドの地下組織のスウェーデン人密使。ＳＳがアウシュヴィッツでソ連兵捕虜と病院の患者に行った最初のガス実験に関する報告をワルシャワからストックホルムまで運んだ。戦前はエンジニアリング会社ＡＳＥＡのワルシャワ代表を務めていた。一九四二年五月、欧州東部のドイツ占領地におけるユダヤ人大量殺戮について最初の主要な報告書を運んだ。

ノワコフスキ、レオン（一九〇八〜四四年）
ワルシャワ蜂起でヴィトルトの部隊を指揮したポーランド人将校。

バッハ＝ツェレウスキ、エーリッヒ・フォン・デム（一八九九〜一九七二年）
アウシュヴィッツ強制収容所の創設を支持したＳＳ将校。占領下のベラルーシで警察署長としてアインザッツグルッペン（移動虐殺部隊）Ｂを監督。同部隊は一九四一年にユダヤ人数万人の大量殺戮を行い、ベラルーシでの反パルチザン作戦では推定二三万五〇〇〇人を殺害した。バッハ＝ツェレウスキは一九四四年のワルシャワ蜂起の鎮圧を指揮し、推定一八万五〇〇〇人の命が犠牲になった。ニュルンベルク裁判では同僚に不利な証言をして処罰を免れた。一九五一年、一九三〇年代初めに政敵を殺害した罪で強制労働収容所に一〇年間投獄された。ポーランドおよびソ連での犯罪の責任を問われないままミュンヘンの刑務所で死亡。

パーリチュ、ゲアハルト（一九一三〜四四年）
　SS士官。収容所の死刑執行人。一九四二年に妻が発疹チフスで死亡した。パーリチュは少なくとも一人のユダヤ人女性収容者と性的関係を持ち、一九四三年に収容所から配置換えとなった。一九四四年にブダペスト郊外で死亡したと考えられている。

パリンスキ、アレクサンデル「オレク」（一八九四〜一九四四年）
　ワルシャワ出身のポーランド人事務官・音楽家。一九四一年一月に収容所に入った。ヴィトルトに勧誘され、一九四二年に脱走した際は伝令として任務を果たした。ヴィトルトは脱走後にパリンスキ家に滞在し、収容所に支援の物資を送った。

ヴィエチョレク、レオ（一八九九〜一九四二年）
　収容者の懲罰隊に教練を行ったドイツ人カポ。収容所で一〇代の少年を強姦して殺害したことで知られていた。チフスに感染したシラミを使って収容者に殺されたと思われる。

ヴィエロポルスキ、アレクサンデル（一九一〇〜八〇年）

ポーランド人技師。地下組織では「銃士隊」と呼ばれるグループに属していた。ヴィトルトと同じ一斉検挙で逮捕され収容所に送られた。一九四〇年一〇月、収容所に関するヴィトルトの最初の報告書を携えて釈放された。

ピエカルスキ、コンスタンティ「コン」（一九一三〜九〇年）

ポーランド軍士官、工学部学生。ヴィトルトと同じ輸送列車でアウシュヴィッツに到着し、一九四〇年に地下組織に加わった。SSの建設事務所から無線送信機の部品を盗むのを手伝った。

ピエトジコフスキ、タデウシュ「テディ」（一九一七〜九一年）

ポーランド人プロボクサー。収容所でヴィトルトがいち早く勧誘した。ボクシングの試合でドイツ人カポのヴァルター・ダニングを倒した。アウシュヴィッツで最初のユダヤ人ガス処刑の一つを目撃。チフスに感染したシラミを使ってSSの士官やカポを攻撃した。

ピエホフスキ、カジミエシュ「カジク」（一九一九〜二〇一七年）

ポーランド人学生。一九四〇年六月に最初の収容者の一人としてアウシュヴィッツに入った。

一九四二年六月、エウゲニウシュ・ベンデラ、ユーゼフ・レンパルト、ビルケナウでのユダヤ人大量虐殺に関する報告書を携えたスタニスワフ・ヤステルとともに、SS隊員に扮して収容所長の車で脱走した。

ビショフ、カール（一八九七〜一九五〇年）
SS将校。収容所の主任建築技師。ビルケナウとガス室の建設を担当。戦後は処罰を免れた。

ヒムラー、ハインリヒ（一九〇〇〜四五年）
ドイツ警察長官。強制収容所のシステムを統括したSSの最高指導者。一九四一年三月にアウシュヴィッツを訪れ、ソ連侵攻を見据えて至急の拡張を許可。一九四二年七月にはオランダ系ユダヤ人を移送してガス処刑するための選別を観察した。自殺。

ピレツカ、ゾフィア（一九三三年〜）
ヴィトルトの娘。

ピレツカ、マリア（一九〇六〜二〇〇二年）
ヴィトルトの妻。

ピレツキ、アンジェイ（一九三二年～）
ヴィトルトの息子。
プウォトニツカ、ヘレナ（一九〇二～四四年）
収容所近くのプシェチェシン村の主婦。ヴワディスワフ・コズスニコワとともに収容者に物資を配達していた。一九四二年七月、ナチスの犯罪に関する証言を集めていたナポレオン・セギエダの呼びかけに応じた。その後、逮捕されてアウシュヴィッツに移送され、発疹チフスで死亡。
ヴウォダルキエヴィチ、ヤン（一九〇〇年頃～四二年）
ポーランド人将校。ドイツ軍侵攻後の数週間、パルチザンとしてヴィトルトとともに戦った。一九三九年一一月、ヴィトルトらとワルシャワで「タージニャ・アルミア・ポルスカ（ポーランド秘密軍）」を結成。アウシュヴィッツ潜入の任務について、地下組織の指導者にヴィトルトを推薦した。一九四二年に死亡したが詳細は不明。ポーランド東部を拠点とする妨害工作と諜報活動の部隊を率いていた。
フミチャク、エウゲニウシュ（一九一二～二〇一二年）
戦後、ポーランド共産主義政権の秘密警察で尋問官を務めた。一九四七年に逮捕されたヴィトルトの捜査と拷問を担当。一九九六年に禁固刑七年六カ月を言い渡されたが、健康上の理由で服役を免れた。

フランク、ハンス（一九〇〇～四六年）

ドイツ占領下のポーランド総督。ニュルンベルク裁判で戦争犯罪人として裁かれ処刑された。

フリッチュ、カール（一九〇三～四五年）

アウシュヴィッツ副収容所長。収容者のガス処刑に殺虫剤のチクロンBを使うことを思いついた。ベルリンで死亡したと考えられている。

プワジャンスキ、タデウシュ（一九二〇～二〇〇二年）

ポーランド人の密使。戦後のポーランドで共産主義勢力が権力を握ったことに関するヴィトルトの報告書を、亡命指導者のヴワディスワフ・アンデルス将軍に届けた。タデウシュがポーランド秘密警察のメンバーを襲撃する計画を立てたことが、ヴィトルトの逮捕につながったと思われる。一九四八年にヴィトルトとともに裁判にかけられ死刑を宣告されたが、無期懲役に減刑された。一九五五年に釈放。

ヴェストリヒ、ヴィルヘルム（一八九四～一九四三年）

ポーランド出身の民族ドイツ人。アウシュヴィッツの木工作業所のカポ。ヴィトルトに作業所の仕事を回し、ほかのカポから守った。

ヘス、ルドルフ（一九〇〇〜四七年）

ヴィトルトがアウシュヴィッツにいた時期の収容所長。一九四七年にポーランド当局によって裁判にかけられ、同年四月にアウシュヴィッツで絞首刑。

ベルナルディーニ、フィリッポ（一八四四〜一九五四年）

スイスのベルン駐在のローマ教皇使節。ホロコーストの証拠をヴァチカンに伝える橋渡しをした。そこにはナポレオン・セギエダがロンドンに向かう途中で預けた資料も含まれていたと思われる。

ベンデラ、エウゲニウシュ（一九〇六〜八八年）

ポーランド人機械工。一九四一年一月に収容所に入り、SSのガレージで働いた。自分の名前が銃殺リストに載っていることを知ってカジミエシュ・ピエホフスキらと計画を練り、収容所長の車を盗んで脱走した。

ポータル、チャールズ（一八九三〜一九七一年）

英空軍参謀総長。一九四一年にヴィトルトが初めて収容所爆撃を要請した際と、その後にポーランド政府が地下組織のために航空支援の拡大を要請した際に、いずれも検討したが拒否した。

ボック、ハンス（一九〇一～四四年頃）
収容者の入院許可を監視するドイツ人カポ。ビルケナウでモルヒネの過剰摂取と思われる症状で死亡。

ポレブスキ、ヘンリク（一九一一年～？）
ポーランド人電気技師。一九四〇年一〇月に収容所に入った。中央収容所の地下組織とビルケナウのガス室で働くユダヤ人収容者の部隊を最初に結びつけた。

ヤステル、スタニスワフ（一九二一～四三年）
一九四〇年一一月に収容所に入った。高卒。一九四二年六月に収容所長の車で脱走し、ビルケナウにおけるユダヤ人大量殺害に関するヴィトルトの報告書をワルシャワに届けた。その後、内通者の疑いをかけられて地下組織に処刑された。彼が内通者だったことを示す証拠はない。

ヤブウォンスキ、カロル（一九〇三～五三年）
ポーランド人将校。ワルシャワの作戦部隊の責任者。ヴィトルトは脱走後、彼にアウシュヴィッツを攻撃する作戦を売り込んだ。

ラヴィチ、カジミエシュ（一八九六～一九六九年）
　ポーランド人将校。一九四一年一月に収容所に着き、ヴィトルトの求めに応じて地下組織の派閥を束ねた。一九四二年には収容所を破壊して集団脱走を可能にするために蜂起を行う計画を立てた。

ルシュチンスキ、ズビグニエフ（一九一四～四三年）
　ポーランド人工学部生。一九四一年に収容所に移送された。ＳＳの建設事務所から無線送信機の部品を盗む計画を練った。

レジェイ、ヤン（一九〇四～四四年）
　ポーランド人小学校教師。ヴィトルトと同じ輸送列車で収容所に着き、収容所の外にあるパン工房からの脱走を思いついた。ワルシャワ蜂起でヴィトルトとともに戦い戦死。

ロジツキ、ヴィトルト（一九〇六年～？）
　ヴィトルトと同じ輸送列車で収容所に着いたポーランド人将校。終戦後、ヴィトルトに同行してアウシュヴィッツを訪ねた。

ロヴェツキ、ステファン（一八九五〜一九四四年）
ポーランド人将校。一九四三年に逮捕されるまでワルシャワの地下組織のリーダーだった。アウシュヴィッツに工作員を潜入させることを提案し、ヴィトルトがその任務を引き受けることになった。後に、ナポレオン・セギエダに収容所周辺でヴィトルトの報告について調査させた。

ロマノヴィチ、ミハイ（?〜一九四〇年）
ポーランド人騎兵隊将校。収容所でヴィトルトがいち早く勧誘した。作業班の変更を手助けし、ヴィトルトがまとめた最初の報告を、釈放されるアレクサンデル・ヴィエロポルスキに託すように手配した。

ワイズ、スティーブン（一八七四〜一九四九年）
アメリカのユダヤ人ラビ。一九四二年八月にはヒトラーがヨーロッパのユダヤ人絶滅を命令したことについて警告を受けていたが、米国務省の調査で詳細が確認されるまで情報を公表しないことに同意した。一九四二年一一月に記者会見を行い、ドイツ軍が二〇〇万人のユダヤ人を殺害したと発表。

ワドシ、アレクサンデル（一八九一〜一九六三年）
戦時中のポーランド外交官。スイスのベルンで臨時公使を務めた。ワルシャワ・ゲットーの粛清についてナポレオン・セギエダから説明を受けたと思われる。ユダヤ人が逃げるためにラテンアメリカ諸国の偽装パスポートの発行に協力した。

Pro-tokół rozprawy głównej, Materiały, vol. 223b, APMA–B, p. 691.

38. セラフィンスキの家族もツィランキエヴィチに、ヴィトルトの収容所での働きに裁判所が注目するように力添えしてほしいと懇願した。ツィランキエヴィチは、この件はビィエルトの手に委ねられていると答えた。

39. Pilecka, [List do Bolesława Bieruta], date unknown, ASS MON, vol. 5, p. 194, in Cyra, *Rotmistrz*, pp. 190–91.

40. Stępień, Wspomnienia, vol. 179, APMA–B, pp. 176–77; Płużański, *Obława*, p. 181.

エピローグ

1. Poleszak, Wnuk, *Zarys*, in Wnuk et al., *Atlas*, p. 22. エレオノラ・オストロフスカは後の証言でツィランキエヴィチについて、ヴィトルトが殺されるように仕向けたと非難している。エレオノラによると、ヴィトルトは 1947 年にツィランキエヴィチに手紙を書き、彼が収容所のレジスタンスの物語を我が物のように語っていることに不満を伝えた。この手紙の記録は見つかっていないが、ヴィトルトは、ツィランキエヴィチが地下組織について行う予定の講演に 2 回、言及している（Pilecki, Akta sprawy, [List Aliny Bieleckiej], Materiały, vol. 223b, APMA–B, p. 831; Ostrowska, [Wspomnienia 1], p. 12 を参照）。新たな公式記録は、冷戦初期のソ連のイデオロギーに基本的に沿っていた。「大量虐殺の源流」と題された最初の項は、ナチスの大量虐殺政策とイギリスやアメリカの帝国主義を比較していた。Heuener, *Auschwitz*, p. 102.

2. 信じられないことに、ヴィトルトに死刑を求刑した検察官のチェスワフ・ワピンスキはその後も軍の弁護士として働いており、資料へのアクセスを阻止しようとした。

3. エドヴァルト・チェシェルスキがヴィトルトと初期の収容所の地下活動について記した最初の回顧録は 1966 年に出版された（残念ながらエデクは 1962 年に 40 歳で他界）。彼は調査の過程でカジミエシュ・ラヴィチと連絡を取り、興味深い手紙のやり取りをしている。彼らはともにアウシュヴィッツを訪れ、ヴィトルトの W report を入手したようだ。Ciesielski, [List], July 6, 1958. チェシェルスキの手紙はマレク・ポピエルのおかげで読むことができた。ツィラはヴィトルトの Report W を解読して 1991 年にヴィトルトの伝記と併せて出版した（*Biuletyn TOnO*, 1991/12）。

4. Levi, *Drowned*, p. 11.

sprawy, Protokół rozprawy głównej, Materiały, vol. 223b, APMA-B, p. 676.

12. Pilecki, Akta sprawy, [Meldunek nr 5], Materiały, vol. 223b, APMA-B, p. 556.
13. Lowe, *Savage,* pp. 233-47.
14. Pilecki, Akta sprawy, Protokół przesłuchania Witolda Pileckiego, Materiały, vol. 223, APMA-B, p. 131.
15. Zaremba, *Wielka,* p. 340; Ostrowska, Zaremba, "Kobieca," pp. 64-69.
16. Orłowska, Interview, November 13, 2018.
17. Applebaum, *Iron* アプルボーム『鉄のカーテン』p. 248.
18. Pilecki, Akta sprawy, Protokół przesłuchania Witolda Pileckiego, Materiały, vol. 223, APMA-B, pp. 14-18; Pilecki, Akta sprawy, Protokół przesłuchania Makarego Sieradzkiego, Materiały, vol. 223a, APMA-B, p. 363, p. 372.
19. Pilecki, Akta sprawy, Protokół przesłuchania Marii Szelągowskiej, Materiały, vol. 223, APMA-B, p. 190; Pilecki, Akta sprawy, Protokół przesłuchania Makarego Sieradzkiego, Materiały, vol. 223a, APMA-B, p. 363, p. 372.
20. Pilecki, Akta sprawy, [Meldunek nr 2], Materiały, vol. 223a, APMA-B, p. 555.
21. Pilecki, Interviews, February 5, 2016, and March 11, 2016.
22. Pilecki, Akta sprawy, Protokół przesłuchania Witolda Pileckiego, Materiały, vol. 223, APMA-B, p. 78; Heuener, *Auschwitz,* p. 69.
23. Heuener, *Auschwitz,* pp. 66-69.
24. Pilecki, Akta sprawy, Protokół rozprawy głównej, Materiały, vol. 223b, APMA-B, p. 651.
25. Cyra, *Rotmistrz,* p. 158.
26. Pilecki, Akta sprawy, [Tragedia kielecka], Materiały, vol. 223a, APMA-B, pp. 542-43. 報告書は、キエルツェのユダヤ人に対する攻撃は共産主義者の意図的な挑発だとしているが、これは不正確な憶測である。
27. Cyra, *Ochotnik,* p. 157; Pilecki, Akta sprawy, [Tragedia kielecka], ASS MON, vol. 4, pp. 62-63; Applebaum, *Iron* アプルボーム『鉄のカーテン』p. 217. Pilecki, Witold, Akta sprawy przeciwko Witoldowi Pileckiemu/innym Tragedia Kielecka, Materiały, vol. 223a, APMA-B, pp. 542-43.
28. Pilecki, Akta sprawy, Protokół przesłuchania Wacława Alchimowicza, Materiały, vol. 223a, APMA-B, pp. 403-7; Pilecki, Akta sprawy, Protokół przesłuchania Witolda Pileckiego, Materiały, vol. 223a, APMA-B, p. 117.
29. Pilecki, [Zamiast], Materiały, vol. 223c, APMA-B, p. 5.
30. Pawlicki (dir.), *Witold*; Baliszewski, Uzięblo (dir.), *Rewizja.*
31. Leśniewski, "Czy przygotowano," p. 2.
32. Pilecki, [Wiersz], May 14, 1947, UOP, 1768/III/9, p. 267.
33. Szejnert, *Śród żywych,* p. 132; Pilecki, Akta procesowe, ASS MON, vol. 5, p. 33.
34. Ostrowska, [Wspomnienia 1], p. 12.
35. Pilecki, Akta sprawy, Protokół rozprawy głównej, vol. 5, ASS MON, pp. 25-26.
36. Ostrowska, Wspomnienia, vol. 179, APMA-B, pp. 155-56; Pilecki, Interview, July 20, 2018. Pilecka-Optułowicz, Interview March 27, 2020, courtesy of Krzysztof Kosior.
37. この発言は裁判資料にないが、ゾフィア・ピレツカ - オプトゥウォヴィチが母親から聞いた。トマス・ア・ケンピスの『キリストにならいて』の一節と重なる。Interview March 27, 2020, courtesy of Krzysztof Kosior. Pilecki, Akta sprawy, vol. 5, ASS MON, pp. 107-17; Pilecki, Akta sprawy,

42. Richie, *Warsaw,* p. 572. For a list of victims of the shelter attack, see Cichy, "Po-lacy," p. 15. ヘンリク・ブルシュティンと1人のティーンエイジャーが生き延びた。エイブラム・ブルシュティン、ヘンリク・ヘルシュバイン、ヨゼク・テネンバウムはシェルターの外で起きた出来事を目撃した。彼らの証言の一部は、その後の地下組織の調査で記録されている（AAN, 203/X-32, pp. 64-65）。戦後のインタビューは Willenberg, *Revolt,* p. 186 にも掲載されている。司令官のワクワフ・シュティコフスキは、この殺人を行ったのはドイツ軍の潜入者だと主張した（AAN, 203/X-32, pp. 62-63）。シュティコフスキとともにこの事件に対応したワクワフ・ザゴルスキも、最初の説明では同様の主張をしていた（AAN, 203/X-32, pp. 58-59）。ザゴルスキはその後、シュティコフスキの部下が殺人に関与したとほのめかしたが、シュティコフスキは否定している（WIH, III/43/4, p. 76; Stykowski, Kapitan, p. 322; Stykowski, Interview, September 12, 2018. Walasek, Interview, May 20, 2016）。
43. Davies, *Powstanie* '44, pp. 515-17.
44. Zagórski, *Seventy,* p. 205.
45. Walasek, Interview, May 20, 2016.
46. Gawron, [Opowiadania], p. 1.
47. Gawron, [Opowiadania], p. 1.
48. Richie, *Warsaw,* p. 578.
49. 死者の正確な数は不明だが、13万〜15万人の市民および蜂起に参加した1万7000人と見られる。Heydecker, *Mója,* pp. 230-38.
50. Zagórski, *Seventy,* p. 205.

21章　帰還

1. Ostrowska, [Wspomnienia 1], p. 9.
2. Ostrowska, [Wspomnienia 1], p. 9; Ostrowska, [Wspomnienia 2], pp. 5-6; Za-lewski, Interview, October 17, 2016; Bednorz, *Lamsdorf,* p. 24.
3. Kisielewicz, *Oflag,* p. 57, p. 111, p. 109; Wołosiuk, "Znałem," p. 1.
4. Applebaum, *Iron* アプルボーム『鉄のカーテン』p. 104.
5. Kisielewicz, *Oflag,* p. 54, p. 170; Ollier, email, August 16, 2001.
6. Kisielewicz, *Oflag,* p. 54, p. 170; Ollier, email, August 16, 2001.
7. Pilecki, Akta sprawy, Protokół rozprawy głównej, Spis adresów, Materiały, vol. 223b, APMA-B, p. 659, p. 642.
8. Pilecki, Akta sprawy, Protokół rozprawy głównej, Spis adresów, Materiały, vol. 223b, APMA-B, p. 659, p. 642.
9. Pilecki, *The Auschwitz* ピレツキ『アウシュヴィッツ潜入記』loc. 535; Pilecki, [List do Generała Pełczyńskiego], October 19, 1945, PUMST, BI 6991, p.1; Mierzanowski, Wspomnienia, vol. 203, APMA-B, p. 85; Pilecki, Akta sprawy, Protokół rozprawy głównej, Spis adresów, Materiały, vol. 223b, APMA-B, p. 642; Mierzanowski, Wspomnienia, vol. 203, APMA-B, p. 85; Radomska et al., *Nasza,* p. 153.
10. Pilecki, *The Auschwitz* ピレツキ『アウシュヴィッツ潜入記』loc. 2468; Pilecki, [Raport 1945], PUMST, BI 874, p. 47; Pilecki, Akta sprawy, [Meldunek nr 2], Materiały, vol. 223b, APMA-B, p. 555; Pilecki, Akta sprawy, Protokół rozprawy głównej, Materiały, vol. 223b, APMA-B, p. 676.
11. Pilecki, Akta sprawy, [Meldunek nr 2], Materiały, vol. 223b, APMA-B, p. 555; Pilecki, Akta

10. Richie, *Warsaw,* p. 133 ; Davies, *Rising '44,* loc. 2598.
11. Pilecki, Akta sprawy, Protokół przesłuchania Witolda Pileckiego, Materiały, vol. 223, APMA-B, p. 73.
12. Richie, *Warsaw,* p. 136.
13. Davies, *Rising '44,* loc. 2598 ; Richie, *Warsaw,* p. 136.
14. Richie, *Warsaw,* p. 179.
15. Iranek-Osmecki, *Powołanie,* p. 427.
16. Nowak, *Courier,* p. 240 ; Walasek, Interview, May 19, 2016.
17. Forczyk, *Warsaw* 1944, p. 38, cited in Richie, *Warsaw,* p. 193 ; Nowak, *Courier,* p. 240 ; Walasek, Interview, May 19, 2016.
18. Walasek, Interview, May 19, 2016 ; Hałko, *Kotwica,* p. 22.
19. Walasek, Interview, May 19, 2016 ; Sierchuła, Utracka, "Historia," pp. 216-17.
20. Nowak, *Courier,* p. 240 ; Davies, *Powstanie '44,* p. 329.
21. Richie, *Warsaw,* p. 244.
22. Zimmerman, *The Polish,* p. 385 ; Richie, *Warsaw,* p. 216.
23. Sierchuła, Utracka, "Historia," pp. 216-17 ; Richie, *Warsaw,* p. 242.
24. Remlein, [Wspomnienia].
25. Sierchuła, Utracka, "Historia," pp. 216-17.
26. Sierchuła, Utracka, "Historia," pp. 216-17.
27. Sierchuła, Utracka, "Historia," pp. 216-17 ; Zalewski, Interview, October 17, 2016 ; Richie, *Warsaw,* p. 425.
28. Sierchuła, Utracka, "Historia," p. 6 ; Richie, *Warsaw,* p. 222.
29. Sierchuła, Utracka, "Historia," p. 218.
30. Sierchuła, Utracka, "Historia," p. 218.
31. Sierchuła, Utracka, "Historia," p. 7 ; Pilecki, [Raport 1945], PUMST, BI 874, p. 104.
32. Sierchuła, Utracka, "Historia," pp. 216-17 ; Remlein, [Wspomnienia] ; Korboński, *Fighting,* p. 370.
33. Richie, *Warsaw,* p. 269.
34. Nowak, *Courier,* p. 358. コモロフスキは蜂起が始まって以来、無線で空からの援助を懇願していたが、ほとんど実現していなかった。アルプスの山々を越え、敵の哨戒機をかいくぐって物資を空中投下するのはかなり困難だった。英米軍はソ連軍に、近くのウクライナの空軍基地を利用して給油したいと要請したが、回答はなかった。これは、スターリンがすでにポーランドをソ連の勢力圏とみなしているという明確なメッセージだった。
35. Zakrzewski, Interview, October 17, 2016.
36. Richie, *Warsaw,* p. 269.
37. Walasek, Interview, May 19, 2016.
38. Sierchuła, Utracka, "Historia," p. 218 ; Walasek, Interview, May 19, 2016. ドイツ軍は、共産主義に反対するロシアの民族主義者を集めたロシア国民解放軍（Russkaya Osvoboditelnaya Narodnaya Armiya／RONA）も配備していた。
39. Sierchuła, Utracka, "Historia," p. 222 ; Walasek, Interview, May 19, 2016.
40. Walendzik, Interview, October 12, 2016.
41. Bartoszewski, *1859,* p. 772, p. 787 ; Osęka, "Zabawa," p. 64.

15. Pilecki, [Zamiast], Materiały, vol. 223c, APMA–B, p. 1.
16. Szpakowski, Interview, January 31, 2017; Pilecki, Akta sprawy, Protokół przesłuchania Tadeusza Sztrum de Sztrema, Materiały, vol. 223a, APMA–B, p. 398.
17. Abramow-Newerly, Interview, October 2, 2017.
18. Pilecki, [Zamiast], Materiały, vol. 223c, APMA–B, pp. 3–4.
19. Pilecki, [Zamiast], Materiały, vol. 223c, APMA–B, p. 1.
20. Pilecki, [Raport 1945], PUMST, BI 874, p. 103.
21. Abramow-Newerly, Interview, October 2, 2017.
22. Abramow-Newerly, *Lwy,* pp. 153–56.
23. Marrus, *The Nazi,* Part 5: "Public Opinion and Relations to Jews"; Abramow-Newerly, Interview, October 2, 2017.
24. Pilecki, Interview, July 11, 2016.
25. Pilecki, Interview, July 11, 2016.
26. Klukowski, *Diary,* p. 257. Bartoszewski, 1859, p.621.
27. Pilecki, [Raport 1945], PUMST, BI 874, p. 102.
28. Bartoszewski, *1859,* p. 645; "War and Internationa [*sic*] Situation," February 22, 1944, Hansard, U.K. Parliament.
29. Bartoszewski, *1859,* p. 656.
30. Fieldorf, Zachuta, *General,* p. 277; Kuciński, *August,* p. 77.
31. Pilecka-Optułowicz, Interview, May 17, 2016.

20章　蜂起

1. 10本の報告書には、本書でも言及しているヴィトルトの口述および書面の証言が含まれている。ほかにも彼の指示を受けて収容所を出た地下組織のメンバーがいることから、もっと多い数字になるかもしれない。
2. Gilbert, *Allies*; Breitman, *Official* ブライトマン『封印されたホロコースト』p. 211.
3. 1944年6月12日、エマニュエル・シーラーとアンゼルム・ライスはポーランドの内務大臣を訪ね、地下組織がアウシュヴィッツなどの収容所を攻撃することを要請した。7月に戦争難民局のジョン・ペーレは、ポーランド人の「明らかに根深い反ユダヤ主義」が「信実の」攻撃を妨げるとして、陸上攻撃を否定した。ペーレが連合国の政府の議論に応えたのか、あるいは自分なりの結論を出したのかは定かでない。Fleming, *Auschwitz,* p. 255. コモロフスキは地上作戦の提案を完全に否定したわけではなかった。ナチスが収容所を清算して全員殺害するという最悪のシナリオに備えて部隊を準備することは理にかなっていたが、部隊を適切に展開できるかどうかについて懐疑的だった。
4. Pilecki, [Raport W], AAN, p. 79. 7月末にコモロフスキはアウシュヴィッツに密使を送り、収容所のレジスタンスの残党と接触して、ビルケナウの焼却場とガス室の爆破を含む計画を立てるように指示した。この密使は9月に撃たれて捕まり、アウシュヴィッツに収容された。
5. Richie, *Warsaw,* p. 164.
6. Davies, *Rising '44,* loc. 8673.
7. Bartoszewski, *1859,* p. 696; Korboński, *Fighting,* p. 345.
8. Korboński, *Fighting,* p. 345.
9. Richie, *Warsaw,* p. 133.

52. Pilecki, *The Auschwitz* ピレツキ『アウシュヴィッツ潜入記』loc. 4622 ; Pilecki, [Raport 1945], PUMST, BI 874, p. 101.
53. Serafiński, [Ucieczka], p. 2.
54. Pilecki, *The Auschwitz* ピレツキ『アウシュヴィッツ潜入記』loc. 4630 ; Pilecki, [Raport 1945], PUMST, BI 874, p. 102.
55. Pilecki, *The Auschwitz* ピレツキ『アウシュヴィッツ潜入記』loc. 4637 ; Pilecki, [Raport 1945], PUMST, BI 874, p. 102.
56. Serafiński, [Ucieczka], p. 3.
57. Pilecki, [Raport—Nowy Wiśnicz], Wspomnienia, vol. 130, APMA-B, pp. 110-13.
58. Pilecki, [Raport 1945], PUMST, BI 874, p. 102.
59. Redzej, Wspomnienia, vol. 178, APMA-B, p. 110.
60. Serafiński, [Ucieczka], p. 3.
61. Pilecki, [Raport W], AAN, 202/XVIII/1, p. 84.
62. Pilecki, [Raport 1945], PUMST, BI 874, p. 102.
63. Fejkiel, *Medycyna,* in Bidakowski, Wójcik, *Pamiętniki,* pp. 507-9 ; Pilecki, [Raport 1945], PUMST, BI 874, p. 102.
64. Możdżeń, Oświadczenia, vol. 3, APMA-B, p. 101.
65. Zabawski, Wspomnienia, vol. 98, APMA-B, p. 95.
66. Zabawski, Wspomnienia, vol. 98, APMA-B, p. 95.
67. Pilecki, [Raport 1945], PUMST, BI 874, p. 102.

19章　孤独

1. Gistedt, *Od operetki,* p. 108.
2. Ostrowski, Interview, March 9, 2016, p. 247 ; Bartoszewski, *1859,* p. 564.
3. Ostrowski, Interview, March 9, 2016 ; Pilecki, Akta sprawy, Protokół przesłuchania Witolda Pileckiego, Materiały, vol. 223, APMA-B, p. 85.
4. Czarnecka, *Największa,* pp. 109-201 ; Pawłowski, Walczak (dir.), *Jaster*; Paulsson, Secret, p. 5 ; 21.
5. Paulsson, *Secret,* p. 21 ; 202/II-35, p. 84, in Marczewska, Ważniewski et al., *Zeszyty* (1968), pp. 79-80. Zimmerman, *Polish,* pp.290-93.
6. Pilecka-Optułowicz, Interview, May 17, 2016 ; Ostrowski, Interview, March 9, 2016 ; Pilecki, Akta sprawy, Protokół przesłuchania Witolda Pileckiego, Materiały, vol. 223, APMA-B, p. 85.
7. Pilecki, [List], [no date], IPN.
8. Pilecki, [List], October 18, 1943, IPN.
9. Bartoszewski, *1859,* p. 565.
10. Pilecki, [Raport 1945], PUMST, BI 874, p. 103.
11. Pilecki, *The Auschwitz* ピレツキ『アウシュヴィッツ潜入記』loc. 4698 ; Pilecki, [Raport 1945], PUMST, BI 874, p. 103 ; Pilecki, [Raport W], AAN, 202/XVIII/1, p. 23.
12. Pilecki, *Report W,* p. 79 ; Pilecki, [Raport W], AAN, 202/XVIII/1, p. 33.
13. Walter-Janke, *W Armii,* p. 260.
14. Pilecki, [Raport 1945], PUMST, BI 874, p. 103 ; Albin, List, p. 198 ; Machnowski, "Sprawa," p. 127. エドヴァルト・チェシェルスキ（エデク）は 1943 年 12 月にワルシャワに到着し、収容所と交わした最新のやり取りについて知らせたと思われる。

21. Ciesielski, *Wspomnienia,* pp. 115–16.
22. Ciesielski, *Wspomnienia,* p. 118.
23. Ciesielski, *Wspomnienia,* pp. 121–22.
24. Pilecki, [Raport 1945], PUMST, BI 874, p. 94.
25. Pilecki, *The Auschwitz* ピレツキ『アウシュヴィッツ潜入記』loc. 4344; Pilecki, [Raport 1945], PUMST, BI 874, p. 94.
26. Pilecki, *The Auschwitz* ピレツキ『アウシュヴィッツ潜入記』loc. 4364; Pilecki, [Raport 1945], PUMST, BI 874, p. 94.
27. Pilecki, *The Auschwitz* ピレツキ『アウシュヴィッツ潜入記』loc. 4364; Pilecki, [Raport 1945], PUMST, BI 874, p. 94.
28. Pilecki, [Raport 1945], PUMST, BI 874, p. 95.
29. Pilecki, [Raport 1945], PUMST, BI 874, p. 95.
30. Ciesielski, *Wspomnienia,* p. 128; Pilecki, [Raport 1945], PUMST, BI 874, p. 95.
31. Ciesielski, *Wspomnienia,* p. 128; Pilecki, [Raport 1945], PUMST, BI 874, p. 95.
32. Pilecki, [Raport 1945], PUMST, BI 874, p. 96.
33. Ciesielski, *Wspomnienia,* p. 128.
34. Pilecki, *The Auschwitz* ピレツキ『アウシュヴィッツ潜入記』loc. 4420; Pilecki, [Raport 1945], PUMST, BI 874, p. 96.
35. Pilecki, [Raport 1945], PUMST, BI 874, p. 96.
36. Pilecki, [Raport 1945], PUMST, BI 874, p. 96.
37. Pilecki, *The Auschwitz* ピレツキ『アウシュヴィッツ潜入記』loc. 4461; Pilecki, [Raport 1945], PUMST BI 874, p. 97.
38. Pilecki, *The Auschwitz* ピレツキ『アウシュヴィッツ潜入記』loc. 4461; Pilecki, [Raport 1945], PUMST, BI 874, p. 97.
39. Pilecki, *The Auschwitz* ピレツキ『アウシュヴィッツ潜入記』loc. 4482; Pilecki, [Raport 1945], PUMST, BI 874, p. 97.
40. Ciesielski, *Wspomnienia,* p. 128.
41. Pilecki, [Raport 1945], PUMST, BI 874, p. 98.
42. Pilecki, [Raport 1945], PUMST, BI 874, p. 99.
43. Ciesielski, *Wspomnienia,* pp. 139–43.
44. Ciesielski, *Wspomnienia,* pp. 139–43.
45. Pilecki, *The Auschwitz* ピレツキ『アウシュヴィッツ潜入記』loc. 4565; Pilecki, [Raport 1945], PUMST, BI 874, p. 100.
46. Pilecki, *The Auschwitz* ピレツキ『アウシュヴィッツ潜入記』loc. 4565; Pilecki, [Raport 1945], PUMST, BI 874, p. 100.
47. Pilecki, *The Auschwitz* ピレツキ『アウシュヴィッツ潜入記』loc. 4575; Pilecki, [Raport 1945], PUMST, BI 874, p. 100.
48. Pilecki, [Raport 1945], PUMST, BI 874, p. 100.
49. Pilecki, [Raport 1945], PUMST, BI 874, p. 100.
50. Pilecki, [Raport 1945], PUMST, BI 874, p. 101.
51. Pilecki, *The Auschwitz* ピレツキ『アウシュヴィッツ潜入記』loc. 4622; Pilecki, [Raport 1945], PUMST, BI 874, p. 101.

人会議イギリス支部のロンドンとニューヨークの事務所、パレスチナのユダヤ機関に送った。アメリカに渡ったことから、英米の検閲官も手にしたことになる。こうして関係者のあいだに広く配られたが、それ以上の議論は起こらなかった。ポーランド政府は 1943 年 8 月にアウシュヴィッツ爆撃を再び考えたが、実現はしなかった。 Schwarzbart, [Archives], IPN, BU_2835_15, p. 37.

16. Laqueur, *The Terrible,* p. 96.
17. Zimmerman, *The Polish,* p. 218.
18. Sehn, *Obóz,* p. 135.
19. Siudak, [List], June 22, 1943, HIA, box 52, folder 15.

18章　逃亡

1. Pilecki, [Raport 1945], PUMST, BI 874, p. 91.
2. Pilecki, [Raport 1945], PUMST, BI 874, p. 88.
3. Pilecki, *The Auschwitz* ピレツキ『アウシュヴィッツ潜入記』loc. 3969 ; Pilecki, [Raport 1945], PUMST, BI 874, p. 84.
4. Pilecki, *The Auschwitz* ピレツキ『アウシュヴィッツ潜入記』loc. 3969 ; Pilecki, [Raport 1945], PUMST, BI 874, p. 84.
5. Pilecki, [Raport 1945], PUMST, BI 874, p. 88 ; Langbein, *People,* p. 75 ; Dering, [Wspomnienia], p. 23 ; Szarbel, [Zeznanie], IPN, BU_2188_14, pp. 110–13 ; Garliński, *Fighting,* p. 175.
6. Langbein, *People,* p. 75 ; Pilecki, [Raport 1945], PUMST, BI 874, p. 88.
7. Pilecki, *The Auschwitz* ピレツキ『アウシュヴィッツ潜入記』loc. 4140 ; Pilecki, [Raport 1945], PUMST, BI 874, p. 89.
8. Pilecki, *Report W,* p. 61 ; Pilecki, [Raport 1945], PUMST, BI 874, p. 89 ; Pilecki, [Raport W], AAN, 202/XVIII/1, p. 81.
9. Pilecki, *The Auschwitz* ピレツキ『アウシュヴィッツ潜入記』loc. 4146 ; Pilecki, [Raport 1945], PUMST, BI 874, p. 89.
10. Pilecki, *The Auschwitz* ピレツキ『アウシュヴィッツ潜入記』loc. 4152 ; Pilecki, [Raport 1945], PUMST, BI 874, p. 89 ; Fejkiel, *Więźniarski,* pp. 108–9.
11. Fejkiel, *Medycyna,* in Bidakowski, Wójcik, *Pamiętniki,* p. 507 ; Pilecki, [Raport 1945], PUMST, BI 874, p. 89, p. 90.
12. Diem, Wspomnienia, vol. 172, APMA-B, p. 151 ; Pilecki, *The Auschwitz* ピレツキ『アウシュヴィッツ潜入記』loc. 4241 ; Pilecki, [Raport 1945], PUMST, BI 874, p. 90.
13. Pilecki, *The Auschwitz* ピレツキ『アウシュヴィッツ潜入記』loc. 4200 ; Pilecki, [Raport 1945], PUMST, BI 874, p. 90.
14. Pilecki, [Raport 1945], PUMST, BI 874, p. 91.
15. Czech, *Auschwitz,* p. 33.
16. Pilecki, *The Auschwitz* ピレツキ『アウシュヴィッツ潜入記』loc. 4241 ; Pilecki, [Raport 1945], PUMST, BI 874, p. 92.
17. Pilecki, *The Auschwitz* ピレツキ『アウシュヴィッツ潜入記』loc. 4241 ; Pilecki, [Raport 1945], PUMST, BI 874, p. 92.
18. Pilecki, [Raport 1945], PUMST, BI 874, p. 92.
19. Pilecki, [Raport 1945], PUMST, BI 874, p. 93. Ciesielski, Wspomnienia, pp. 115–16.
20. Ciesielski, *Wspomnienia,* pp. 115–16.

32. Pilecki, [Raport 1945], PUMST, BI 874, p. 85.
33. Pilecki, [Raport 1945], PUMST, BI 874, p. 85.
34. Pilecki, [Raport 1945], PUMST, BI 874, p. 85.
35. Pilecki, *The Auschwitz* ピレツキ『アウシュヴィッツ潜入記』loc. 4049; Pilecki, [Raport 1945], PUMST, BI 874, p. 86.
36. Zabawski, Wspomnienia, vol. 98, APMA-B, p. 90; Ostrowska, [Wspomnienia 1], p. 5.
37. Pilecki, [Raport 1945], PUMST, BI 874, p. 85.

第４部

17 章　衝撃

1. Segieda, [Raport], PISM, A.9.III.2a t.3.
2. Segieda, [Raport], PISM, A.9.III.2a t.3.
3. Segieda, [Raport], PISM, A.9.III.2a t.3; Frazik, “Wojenne,” p. 413; Avni, *Spain,* p. 106.
4. Siudak, [List], February 9, 1943, PUMST, A.9.E. t.107.
5. Segieda, [Raport], PISM, A.9.III.2a t.3.
6. Wood, *Karski,* loc. 2780; Fleming, *Auschwitz,* p. 129.
7. O’Reilly, [Memo], February 26, 1943, NA, HS 9/1337/7.
8. ナポレオンはアウシュヴィッツにおけるナチスの蛮行の調査について、報告書の冒頭ではなく終わり近くに、ポーランドの各政党の関係について論じた後に記載している。これは彼がポーランド内務省で話をした人々の懸念を反映していたのだろう。Fleming, *Auschwitz,* pp. 168–73. ナポレオンがアウシュヴィッツに初めて言及しているのは、ロシアタンポポの種を盗んだことに関する部分である。この種はすぐに検査に回され、ゴムの含有量が少ない植物であることが判明した。Orkan, [Depesza], November 15, 1943, London, HIA, box 52, folder 18.
9. Zimmerman, *The Polish,* p. 191. ナチスの集計では 30 万人だった。Wachsmann, *KL,* p. 293.
10. Zimmerman, *The Polish,* p. 191.
11. Gilbert, *Allies,* p. 119, pp. 126–27; Breitman, *Official,* ブライトマン『封印されたホロコースト』pp. 178–79; Zimmerman, *The Polish,* p. 191.
12. Fleming, *Auschwitz,* pp. 173–75. セイヴァリーが収容所の死者が 50 万 2000 人にのぼることを知らされたかどうかはわからないが、米国務省の調査から 200 万人のユダヤ人が殺害されたことはすでに知っていた。アウシュヴィッツからの数字は、ヨーロッパ全体の絶滅計画から推測される数字と合致していた。放送によるニュース配信が制限されていたために国民の反応も制限されるであろうことは、ポーランド政府も十分に承知していた。Fleming, *Auschwitz,* p. 123.
13. Olson, *Last,* loc. 2085.
14. Fleming, *Auschwitz,* p. 174.
15. ナポレオンは 1943 年 4 月 18 日より前に、ポーランドのユダヤ人政治家イグナシー・シュヴァルツバルトに概要を説明していた。シュヴァルツバルトはその後にまとめた記録で、ナポレオンは自分の意志で訪ねて来たと書いているが、何を話すかについてはポーランド内務省から入念な指導を受けていたようだ。シュヴァルツバルトはナポレオンの対話のメモをその日のうちに書き上げ、ロンドンのユダヤ機関のベル・ロッカー会長と、ロンドンを訪れていたアメリカの有力シオニストでラビのアーヴィング・ミラーに渡すように手配した。その際、2 人への添え状に「どのように出版するかは一緒に考えよう」と書いている（YVA M2.261）。4 月末には、写しを世界ユダヤ

(1968), pp. 79–80. ヴィトルトたち地下組織のメンバーは、遺体は電気焼却炉で処理されると考えていたようだ（コークス炉は実際に使われていなかった）。

14. Frączek, Wspomnienia, vol. 66, APMA-B, pp. 163–64; Pilecki, *Report W,* p. 27; Piekarski, *Escaping,* pp. 144–45; Komski, Oświadczenia, vol. 71, APMA-B, p. 64; Ławski, Wspomnienia, vol. 154/154a, APMA-B, p. 147, p. 148; Harat, [Działalność], no pages given; Kajtoch, Wspomnienia, vol. 27, APMA-B, pp. 1–149; Kuczbara, [Grypsy], Materiały Ruchu Oporu, vol. X, APMA-B, p. 6, p. 9, p. 11; Dwork, van Pelt, *Auschwitz,* pp. 324–25. 脱走を思いついたのは収容所の歯科医ボレスワフ・クチュバラだった。
15. Pilecki, *Report W,* p. 27; Piekarski, *Escaping,* pp. 144–45; Komski, Oświadczenia, vol. 71, APMA-B, p. 64; Ławski, Wspomnienia, vol. 154/154a, APMA-B, p. 147, p. 148; Harat, [Działalność], no pages given; Kajtoch, Wspomnienia, vol. 27, APMA-B, pp. 1–149. ハラト家はリビョンシュの自宅に彼らをかくまった。その後、ミエチスワフ、ヤン、オットーは逮捕され、ミエチスワフはアウシュヴィッツに戻る移送列車内で首を吊った。ボレスワフはワルシャワで逮捕され、拘留中に死んだとみられる。ヤンとオットーは戦後まで生き延びた。
16. Pilecki, [Raport 1945], PUMST, BI 874, p. 74; Ostańkowicz, *Ziemia,* p. 266; Czech, Auschwitz, p. 313.
17. Pilecki, [Raport 1945], PUMST, BI 874, p. 75.
18. Pilecki, [Raport 1945], PUMST, BI 874, p. 75; Pilecki, *Report W,* p. 35; Pilecki, [Raport W], AAN, 202/XVIII/1, p. 72.
19. Pilecki, [Raport W], AAN, 202/XVIII/1, p. 72. 1943 年には収容者の 3 分の 1 が収容所の運営の仕事にあたっていた。Iwaszko et al., *Auschwitz,* vol. II, p. 89. 病院での選別も縮小され、1942 年 12 月まではポーランド人収容者がガス処分に送られることもあったが、この時期にはなくなっていた。Wachsmann, *KL,* p. 347.
20. Pilecki, [Raport 1945], PUMST, BI 874, pp. 79–80.
21. Pilecki, [Raport 1945], PUMST, BI 874, p. 69.
22. Pilecki, [Raport 1945], PUMST, BI 874, p. 69; Ciesielski, [Raport 1943], AAN, 202/XVIII/1, p. 12; Redzej, [Raport 1943], AAN, 202/XVIII/1, p. 45a; Głowa, Wspomnienia, vol. 94, APMA-B, pp. 138–39.
23. Głowa, Oświadczenia, vol. 36, APMA-B, p. 6; Dering, [Wspomnienia], p. 50; Głowa, Oświadczenia, vol. 94, APMA-B, p. 140.
24. Pilecki, *Report W,* p. 115. ヴィトルトは 200 人の子供が殺されたと述べているが、合計で 100 人以下だった。
25. Iwaszko et al., *Auschwitz,* vol. II, p. 156; Pilecki, *Report W,* p. 44; Pilecki, [Raport W], AAN, 202/XVIII/1, pp. 75–76; Ciesielski, [Raport 1943], AAN, 202/XVIII/1, p. 7.
26. Czech, *Auschwitz,* p. 367; Pilecki, *Report W,* p. 44; Piekarski, *Escaping,* p. 157.
27. Pilecki, *Report W,* p. 116; Ciesielski, *Wspomnienia,* pp. 101–2.
28. Pilecki, [Raport 1945], PUMST, BI 874, p. 83; Piekarski, *Escaping,* p. 157.
29. Czech, *Auschwitz*; Pilecki, *Report W,* p. 117; Redzej, [Raport 1943], AAN, 202/XVIII/1, p. 43.
30. Czech, *Kalendarz,* p. 362, p. 370; Iwaszko et al., *Auschwitz,* vol. II, pp. 349–58; Wachsmann, *KL,* p. 316; Diem, Wspomnienia, vol. 172, APMA-B, pp. 134–35; Dering, [Wspomnienia], pp. 116–17; Ławski, Wspomnienia, vol. 154/154a, APMA-B, p. 94.
31. Zabawski, Wspomnienia, vol. 98, APMA-B, p. 83.

Gilbert, *Auschwitz,* p. 109.

17. Rowecki, [Depesza nr 803], October 3, 1942, in Iranek-Osmecki et al., *Armia,* vol. VI, p. 261; Rowecki, [Depesza], December 23, 1942, in Iranek-Osmecki et al., *Armia,* vol. II, pp. 393–94; Rowecki, [Planowanie powstania powszechnego 1940–1944], December 23, 1942, PUMST, A.379, p. 43; Piper, *Voices,* vol. 8, p. 37.
18. Westermann, "The Royal," p. 204; Biddle, *Allied,* in Neufeld, Berenbaum, *The Bombing,* pp. 38–39. アウシュヴィッツ爆撃の議論は、一般に 1944 年夏の連合国内の協議が注目されてきた。しかし、ヴィトルトが収容所から送った最初の報告の衝撃が示すように、収容所を爆撃するという提案は、1941 年 1 月にはすでに英空軍内で検討されていた。連合国による爆撃の試みがどこまで効果があったかについては、研究者のあいだでも意見が分かれている。Rowecki, [Depesza nr 803], October 3, 1942, in Iranek-Osmecki et al., *Armia,* vol. VI, p. 261; Gilbert, *Auschwitz,* p. 107; Breitman, *Official* ブライトマン『封印されたホロコースト』p. 169.
19. Breitman, *Official* ブライトマン『封印されたホロコースト』p. 169; Gilbert, *Auschwitz,* p. 107.
20. Gilbert, *Auschwitz,* p. 119; Breitman, *Official* ブライトマン『封印されたホロコースト』p. 175. スイスの弁護士リヒャルト・リヒトハイムとゲアハルト・リークナーは、数カ月前からベルンのアメリカ公使館を通じて報告書を送っていた。1943 年 2 月 10 日、米国務省の職員は大使宛ての電報で、公使館の送信機へのアクセスをこれ以上、許可しないように釘を刺した。電報は不穏な疑惑を避けるために、一般的な言葉が使われていた。しかし、アメリカの公使はその意味を理解した。その後、リークナーが公使館を訪ね、ナチスがドイツ国民のユダヤ人配偶者 1 万 5000 人をアウシュヴィッツに強制移送しようとしているというニュースを伝えようとしたときは、一般の電報局を使うように指示された。

16章　崩壊

1. Pilecki, *Report W,* p. 19.
2. Iwaszko et al., *Auschwitz,* vol. II, p. 409; Pilecki, *Report W,* p. 19.
3. Pilecki, [Raport 1945], PUMST, BI 874, p. 3; Pilecki, [Raport W], AAN, 202/XVIII/1, p. 69.
4. Pilecki, [Raport 1945], PUMST, BI 874, p. 3; Pilecki, [Raport W], AAN, 202/XVIII/1, p. 69.
5. Piekarski, *Escaping,* p. 23.
6. Piekarski, *Escaping,* p. 23.
7. Piekarski, *Escaping,* p. 23.
8. Pilecki, [Klucz], Wspomnienia, vol. 183, APMA-B, p. 79; Sowul, Oświadcze-nia, vol. 72, APMA-B, p. 16.
9. Pilecki, [Raport 1945], PUMST, BI 874, p. 73; Sowul, Oświadczenia, vol. 72, APMA-B, p. 19; Iwaszko et al., *Auschwitz,* vol. II, p. 390.
10. Piekarski, *Escaping,* p. 148. フレットは回復した直後の 1943 年 3 月 3 日に射殺された。Czech, *Auschwitz,* p. 342.
11. Wierusz, Oświadczenia, vol. 77, APMA-B, p. 21; Langbein, *People,* pp. 221–22; Dering, [Wspomnienia], p. 7; Diem Wspomnienia, vol. 172, AMPA-B, p. 9; Iwaszko et al., *Auschwitz,* vol. II, p. 367; Wachsmann, *KL,* p. 341; Iwaszko et al., *Auschwitz,* vol. II, pp. 361–65.
12. Piekarski, *Escaping,* p. 77; Pilecki, [Raport teren S], AAN, 202/XVIII/1, p. 88.
13. Piper, *Auschwitz,* vol. III, p. 159; Dwork, van Pelt, *Auschwitz,* pp. 324–25; Pilecki, [Raport 1945], PUMST, BI 874, p. 74; 202/II-35, p. 84, in Marczewska, Ważniewski et al., *Zeszyty*

2. Gilbert, *Auschwitz,* pp. 67–68. イギリスの情報機関は傍受した無線通信から、アウシュヴィッツがユダヤ人の集積所になっていることを把握していたが、彼らのデータは収容所に労働者として登録された収容者にしか言及しておらず、ガス処刑された収容者は含まれていなかった。Schulte, *London,* p. 211, cited in Hackmann, Süß, *Hitler's,* p. 211; Breitman, Laqueur, *Breaking,* p. 125; Breitman, *Official,* ブライトマン『封印されたホロコースト』p. 143. ドイツによるユダヤ人迫害について英当局はアメリカよりはるかに多くのことを知っていたが、無線通信を解読して得た情報をアメリカと共有していなかった。
3. Breitman, Laqueur, *Breaking,* p. 124; Laqueur, *The Terrible,* p. 100; Breitman, Lichtman, *FDR,* loc. 3440; Lipstadt, *Beyond,* p. 321.
4. Rowecki, [Depesza nr 803], October 3, 1942, in Iranek-Osmecki et al., *Armia,* vol. VI, p. 261; Pilecki, [Raport 1945], PUMST, BI 874, p. 59; 202/I–31, pp. 214–29, in Marczewska, Ważniewski et al., *Zeszyty* (1968), p. 70. アウシュヴィッツに関する資料を地下組織が改竄していた証拠はほかにもある。ヤステルの報告にはビルケナウのゾンダーコマンドの行動が明確に記されているが、彼らがユダヤ人で、その任務がユダヤ人の殺戮だったという事実は抜けている。一方、地下組織のジャーナリストのナタリア・ザレンビナは一般向けにアウシュヴィッツの本を執筆しており、スタシェクの報告を引用しているが、ポーランド人だけの強制収容所として描いている。Fleming, *Auschwitz,* p. 360.
5. Rowecki, [Depesza no 803], October 3, 1942, in Iranek-Osmecki et al., *Armia,* vol. VI, p. 261; Zimmerman, *Polish,* p. 103; Engel, *In the Shadow,* p. 202. ロヴェツキは 9 月に、アウシュヴィッツでユダヤ人がガス処刑されていることを短く伝える報告書を送っている。これはスタシェクの最初の報告にもとづくものだった。しかし、ナチスとソ連の占領政策をめぐる長い議論のなかで簡単に言及しただけで、ほとんど注目されなかったようだ。この報告書は翻訳されて、11 月末にニューヨークのポーランド公使館に送られた長い要約に含まれていたが、それ以上の進展はなかった。Fleming, *Auschwitz,* pp. 135–45.
6. Gilbert, *Auschwitz,* pp. 88–92; Fleming, *Auschwitz,* pp. 157–62.
7. Gilbert, *Auschwitz,* p. 86; Wyman, *The Abandonment,* pp. 73–74; Breitman, Lichtman, *FDR,* loc. 3993. ポーランド政府はユダヤ機関の報告書と同じ日に独自の報告書を発表し、死の収容所としてベウジェツ、ソビボル、トレブリンカの名前を挙げているが、アウシュヴィッツにはまったく触れなかった。米国務省は独自の調査結果の公表を控えた。
8. Leff, *Buried,* pp. 155–56; Wyman, *The Abandonment,* pp. 73–74.
9. Breitman, Lichtman, *FDR,* loc. 4012.
10. Raczyński, *In Allied,* p. 126; Breitman, *Official* ブライトマン『封印されたホロコースト』p. 151.
11. Wasserstein, *Britain,* p. 34; Fleming, *Auschwitz,* p. 96; Breitman, *Official* ブライトマン『封印されたホロコースト』p. 145. 1942 年 11 月に密使のヤン・カルスキがロンドンに到着すると、ポーランド亡命政府の動きに活気が出てきた。
12. Republic of Poland, *The Mass,* December 1942, NA, FCO 371/30924, C12313; Breitman, *Official* ブライトマン『封印されたホロコースト』pp. 228–29; Manchester, Reid, *The Last,* loc. 3676.
13. Breitman, *Official* ブライトマン『封印されたホロコースト』p. 153; Czech, *Auschwitz,* p. 276; Bruland, *Holocaust,* pp. 668–71.
14. Gilbert, *Auschwitz,* pp. 96–98.
15. Breitman, *Official* ブライトマン『封印されたホロコースト』p. 157; Gilbert, *Auschwitz,* p. 99.
16. Cohen, *Eleanor,* p. 181; Breitman, *Official* ブライトマン『封印されたホロコースト』p. 170;

17. Taubenschlag, *To Be*, p. 76.
18. Dering, [Wspomnienia], p. 105.
19. Dering, [Wspomnienia], p. 105.
20. Dering, [Wspomnienia], p. 105.
21. Dering, [Wspomnienia], p. 105.
22. Kielar, *Anus Mundi*, p. 105.
23. Kielar, *Anus Mundi*, p. 105.
24. Kielar, *Anus Mundi*, p. 108.
25. Kielar, *Anus Mundi*, p. 108.
26. Czech, *Auschwitz*, p. 229; Pilecki, *Report W*, p. 22. ヴィトルトによると、デリングは20人の患者に通常の囚人服を渡して命を救った。
27. 202/I-31, pp. 214–29, in Marczewska, Ważniewski et al., *Zeszyty* (1968), p. 70. エドヴァルト・ビエルナツキが収容所からヴォイチェフ・イェキェウェクに送った手紙より（Jekiełek, *W pobliżu*, pp. 116–17）。
28. Pilecki, [Raport 1945], PUMST, BI 874, pp. 63–64; Strzelecka, *Voices*, vol. 3, p. 18.
29. Pilecki, [Raport 1945], PUMST, BI 874, pp. 63–64.
30. Pilecki, [Raport 1945], PUMST, BI 874, p. 64.
31. Pilecki, [Raport 1945], PUMST, BI 874, p. 66. ヴィトルトはチフスの症状が出て入院した夜に空襲があったと説明している。該当する空襲が行われた証拠はなく、病床で熱にうかされていたヴィトルトが見た夢だったのかもしれない。
32. Pilecki, [Raport 1945], PUMST, BI 874, p. 66.
33. Pilecki, *The Auschwitz* ピレツキ『アウシュヴィッツ潜入記』loc. 3275; Pilecki, [Raport 1945], PUMST, BI 874, p. 66.
34. Pilecki, [Raport 1945], PUMST, BI 874, p. 67.
35. Setkiewicz, *Zaopatrzenie*, p. 60; Redzej, [Raport 1943], AAN, 202/XVIII/1, p. 46.
36. Czech, *Auschwitz*, p. 164; Pogozhev, *Escape*, loc. 1950.
37. スタインバーグのファーストネームは確認できていない。Rees, *Auschwitz*, loc. 2122; Pogozhev, *Escape*, loc. 1950.
38. Rees, *Auschwitz*, p. 2122; Pilecki, *Report W*, p. 34; Pogozhev, *Escape*, loc. 2052.
39. Ostańkowicz, *Ziemia*, p. 232.
40. Ostańkowicz, *Ziemia*, p. 232.
41. Ostańkowicz, *Ziemia*, p. 233.
42. スタインバーグの部隊が実際に脱走を試みることはなかった。ゾンダーコマンド第2部隊のカポ、アドルフ・ワイスも脱走を計画していたようで、スタインバーグが成功する見込みは薄れた。SSはスタインバーグからワイスの計画を知らされていたかもしれない。2つの部隊は1942年12月にガス処刑された。Wetzler, Oświadczenia, vol. 40, APMA-B, p. 29; Langbein, *People*, p. 199; Setkiewicz, "Zaopatrzenie", p. 63.
43. Pilecki, *Report W*, pp. 22–24; Ciesielski, [Raport 1943], AAN, 202/XVIII/1, p. 10; Langbein, *People*, p. 88; Iwaszko, Kłodziński, "Bunt," pp. 119–22.

15章　宣言

1. Gilbert, *Churchill*, loc. 3076.

き合うことになっただろう。

20. Segieda, [Raport], PISM, A.9.III.2a t.3; Fleming, *Auschwitz,* p. 111, p. 207.
21. Gilbert, *Auschwitz,* p. 54, p. 61.
22. [Depesza nr 38], PISM, A.9.III.4; [Depesza nr 40], PISM, A.9.III.4.
23. [Depesza nr 38], PISM, A.9.III.4.

14章　熱病

1. Czech, *Auschwitz,* pp. 208–11; Wachsmann, *KL,* p. 304.
2. Pilecki, [Raport 1945], PUMST, BI 874, p. 68; Pilecki, [Raport 1943], AAN, 202/XVIII/1, p. 73; Iwaszko et al., *Auschwitz,* vol. II, p. 164.
3. Pilecki, [Raport 1945], PUMST, BI 874, p. 58, p. 68; Piekarski, *Escaping,* p. 148.
4. Langbein, *People,* p. 298; Pilecki, *The Auschwitz* ピレツキ『アウシュヴィッツ潜入記』loc. 4098; Pilecki, [Raport 1945], PUMST, BI 874, pp. 87–88.
5. Kielar, *Anus Mundi,* p. 147; Langbein, *People,* p. 140; Setkiewicz, *The Private,* p. 121.
6. Pilecki, *The Auschwitz* ピレツキ『アウシュヴィッツ潜入記』loc. 3346, loc. 3748; Pilecki, [Raport 1945], PUMST, BI 874, p. 68, p. 79.
7. Pilecki, [Raport—Nowy Wiśnicz], Wspomnienia, vol. 130, APMA-B, p. 111.
8. Kobrzyński, Wspomnienia, vol. 129, APMA-B, p. 45; Smoczyński, "Ostatnie," no pages given.
9. Olszowski, "Więźniarska," p. 186.
10. Smoczyński, "Ostatnie," no pages given; Kobrzyński, Wspomnienia, vol. 129, APMA-B, p. 46. スタシェクはワルシャワで尋問を受けており、SSは彼の素性に気がついていたようだ。グラブナーがおそらく小包を見てスタシェクの存在を思い出したとき、ちょうどSSはレジスタンスに関する記録がある収容者を処刑していた。
11. Pilecki, [Raport 1945], PUMST, BI 874, p. 51; Piekarski, *Escaping,* p. 117; Ciesielski, *Wspomnienia,* p. 68. 収容所ラジオの存在は、ヴィトルト、エデク、コンの証言にもとづいている。それとは別に、17号棟の屋根裏で一部破壊されたラジオ機材を見つけたという証言もある（Taul, Oś-wiadczenia, vol. 9, APMA-B, pp. 1264–71）。戦後、カジミエシュ・ラヴィチはラジオ局の構想を否定している。「すべて正しく、すべて問題ないが、残念ながらあのラジオ局の説明だけは重大な誤りである。どうして彼があんな空想をして、詳細まで書き加えたのか、私にはわからない」（Rawicz, [List do L. Serafińskiej], August 4, 1958; Materiały, vol. 220, APMA-B, p. 25）。ただし、ラヴィチはラジオが送信できるようになる前に収容所を出ている。
12. Biernacki, [List], Materiały Ruchu Oporu, vols. 1–2, APMA-B, p. 10; Kłodziński, [List do W. Jekiełka i T. Lasockiej], November 24, 1942, cited in Paczyńska, *Grypsy,* p. 676:「Krankenbau［病院］にいるのは約2000人。1日に約30人、1年前は約80人が死んでいる計算になる。フェノール注射で毎日36人（うちポーランド人は4～6人）が死んでいる」。Pilecki, [Raport 1945], PUMST, BI 874, p. 63.
13. Dering, [Wspomnienia], p. 29, p. 103, pp. 139–42.
14. Dering, [Wspomnienia], p. 139; Wierusz, Oświadczenia, vol. 77, APMA-B, p. 21.
15. Diem, Wspomnienia, vol. 172, APMA-B, p. 141; Kielar, *Anus Mundi,* p. 128; Dering, [Wspomnienia], p. 104; Wierusz, Oświadczenia, vol. 77, APMA-B, p. 21; Radlicki, *Kapo,* pp. 104–6.
16. Pietrzykowski, Oświadczenia, vol. 88, APMA-B, p. 22.

3. ナポレオンは、収容所近くのライスコ村でナチスがひそかに運営していた植物育種センターから盗んだロシアタンポポ（ゴムタンポポ）の種を小さな袋に入れて持っていた。ソ連侵攻後にヒムラーはこの種を入手し、ドイツの慢性的なゴム不足を解消できるのではないかと考えて、ゴムを多く含有するこのタンポポの開発を植物育種センターの最優先事項とした。植物の種を盗むことは産業スパイの巧妙な手法だった。Segieda, [Raport], PISM, A.9.III.2a t.3; Zimmerman, *The Polish,* p. 151.
4. Jekiełek, [Konspiracja], AZHRL, R-VI-2/547, p. 130; Molin, Interview, September 23, 2017.
5. Urynowicz, *Czerniaków,* pp. 322-33.
6. Zimmerman, *The Polish,* p. 152; Stola, "Early," p. 9.
7. Engel, *In the Shadow,* p. 300; Segieda, [Raport], PISM, A.9.III.2a t.3. 第一次世界大戦中にもドイツの残虐行為について同様の噂が広まったが、英当局は正式に否定した。
8. Wood, *Karski,* loc. 2687; Rohleder, [Bundesanschaftschaftsakten], BA, E 4320 (B) 1990/133, Bd. 67, C.12.4440, cited in database to Kamber, *Geheime.*
9. Segieda, [Raport], PISM, A.9.III.2a t.3; 202/I-32, p. 71, in Marczewska, Ważniewski et al., *Zeszyty* (1968), p. 54.
10. Segieda, [Raport], PISM, A.9.III.2a t.3; Jekiełek, [Konspiracja], AZHRL, R-VI-2/547, p. 130; Nowak, *Courier,* p. 77.
11. Wanner, "Flüchtlinge," pp. 227-71; Bergier et al., *Final Report,* pp. 22-23. スイスは戦時中に 2 万 4398 人を国外に追放し、そのうち 1 万 9495 人がユダヤ人だった。さらに多くの人々が国境で追い返されたと思われる。ユリウシュ・キュールは国内に約 7000 人のポーランド系ユダヤ人の避難民がいたと示唆している。Kühl, [Memoir], USHMM, RG-27.001*08, p. 31.
12. Hastings, *The Secret,* loc. 6446.
13. Breitman, *Official,* ブライトマン『封印されたホロコースト』pp. 138-41. シュルテの情報は、ジュネーヴの世界ユダヤ人会議に勤務していたゲアハルト・リークナーを経由して電報で送られたものである。リチャード・ブライトマンとヴァルター・ラカーの先駆的な研究で明らかになるまでシュルテ自身についてはほとんど知られておらず、彼が情報を提供したことにより、リークナーが情報を伝えた行為が注目されていた。本書では「シュルテの情報」としている。
14. Kühl, [Memoir], USHMM, RG-27.001*08, p. 32.
15. ナポレオンはこの対面の記録を残しておらず、唯一の記述はキュールによるもので、彼は同行した密使の身元を慎重に隠している。しかし、その後のワルシャワ・ゲットーの粛清に関するやり取りを見ると、ナポレオンであった可能性が高い。Kühl, [Report], USHMM, RG-27.001*05, microfiche 1, p. 1.
16. Rambert, *Bex,* pp. 62-81; Nahlik, *Przesiane,* p. 240; Kühl, [Memoir], USHMM, RG-27.001*08, p. 31; Haska, "Proszę," pp. 299-309; Kranzler, *Brother's,* pp. 200-02.
17. Kühl, [Memoir], USHMM, RG-27.001*05, microfiche 1, p. 1; Zieliński, "List," p. 159.
18. Kühl, [Memoir], USHMM, RG-27.001*05, microfiche 1; Segieda, [Raport], PISM, A.9.III.2a t.3.
19. Kamber, *Geheime,* p. 577. キュールの報告はさまざまな影響をもたらした。報告はポーランド公使館の秘密無線でニューヨークに送られ、その情報はホワイトハウスのフランクリン・ルーズヴェルト大統領に送られて（ただし、大統領自身は読んでいないだろう）、英米の高官のあいだで話し合われた。このことから、ナポレオンがワドシと会ったときに自分がアウシュヴィッツについて知っていることを明らかにしていれば、欧米は実際より 2 年早く、アウシュヴィッツの大量殺戮の事実と向

PUMST, BI 874, p.62.

21. Rawicz, [List], August 31, 1957.
22. Szmaglewska, *Dymy,* p.14.
23. Kowalczyk, *Barbed,* vol.II, p.155. アウグストは決起の判断をする立場ではなかったが、機に乗じて脱走するようにという命令を覚えていた。
24. Chrościcki, Oświadczenia, vol.11, APMA-B, pp.4-5.
25. Kowalczyk, *Barbed,* vol.I, pp.159-64.
26. Ostańkowicz, *Ziemia,* p.187; Czech, *Auschwitz,* p.178; Dering, [Wspomnienia], p.77.
27. Czech, *Auschwitz,* pp.180-81; Sobolewicz, *But I,* p.131; Chrościcki, Oświadczenia, vol.11, APMA-B, pp.5-6; Langbein, *People,* p.67.
28. Sobański, *Ucieczki,* pp.47-48; Piechowski, Interview, October 14, 2016.
29. [Raport], no.6/42, PISM, A.9.III.2a.55.2a.55. ロンドンに届いたヴィトルトの報告はホロコーストに関する言及が削除されていた。後掲の註を参照。
30. Piechowski, *Byłem,* p.70
31. Piechowski, *Byłem,* pp.74-75.
32. Piechowski, *Byłem,* p.79.
33. Piechowski, *Byłem,* p.79; Sobański, *Ucieczki,* pp.44-50; Pilecki, [Raport 1945], PUMST, BI 874, p.59; Pawłowski, Walczek (dir.), *Jaster.*
34. Pilecki, *The Auschwitz* ピレツキ『アウシュヴィッツ潜入記』loc.2890; Pilecki, [Raport 1945], PUMST BI 874, p.59.
35. Pilecki, [Raport—Nowy Wiśnicz], Wspomnienia, vol.130, APMA-B, p.111.
36. Dwork, van Pelt, *Auschwitz,* pp.300-302; Wachsmann, *KL,* pp.302-3.
37. Wachsmann, *KL,* p.304; Dwork, van Pelt, *Auschwitz,* pp.302-5; Redzej, [Raport 1943], AAN, 202/XVIII/1, p.43.
38. Dwork, van Pelt, *Auschwitz,* pp.302-5; Czech, *Auschwitz,* p.179; Sobolewicz, *But I,* pp.134-38; 202/I-31, pp.95-97, in Marczewska, Ważniewski et al., *Zeszyty* (1968), p.47.
39. Pilecki, *The Auschwitz* ピレツキ『アウシュヴィッツ潜入記』loc.2890; Pilecki, [Raport 1945], PUMST, BI 874, p.57.
40. Pilecki, *The Auschwitz* ピレツキ『アウシュヴィッツ潜入記』loc.1870; Pilecki, [Raport 1945], PUMST, BI 874, p.57.
41. Paczyńska, *Grypsy,* p.XXXIII. ヴィトルトは後の著作でナポレオンの使命を確認していないが、スタニスワフ・クウォジンスキはヴィトルトの組織のメンバーで、スタシェクの右腕だった。202/I-31, pp.214-29, in Marczewska, Ważniewski et al., *Zeszyty* (1968), p.70.
42. 202/I-31, pp.95-97, in Marczewska, Ważniewski et al., *Zeszyty* (1968), p.47.
43. Vrba, *I Cannot,* p.9.
44. Czech, *Auschwitz,* p.198, Höss, *Death,* pp.32-33.
45. Höss, *Death,* pp.32-33.

13章　書類

1. Paczyńska, *Grypys,* pp.XLV-XLVI; Segieda, [Raport], PISM, A.9.III.2a t.3.
2. Segieda, [Raport], PISM, A.9.III.2a t.3; 202/I-32, p.71, in Marczewska, Ważniewski et al., *Zeszyty* (1968), p.54; Taul, Oświadczenia, vol.9, APMA-B, p.1267.

原註

第3部

12章　デッドライン

1. Höss, *Commandant,* p. 120; Pilecki, [Raport 1945], PUMST, BI 874, p. 48; Taul, Wspomnienia, vol. 62, APMA-B, p. 27.
2. Piekarski, *Escaping,* p. 85.
3. Pilecki, [Raport 1945], PUMST, BI 874, p. 56; Langbein, *People,* p. 29; Redzej, [Raport 1943], AAN, 202/XVIII/1, p. 45; Ciesielski, [Raport 1943], AAN, 202/XVIII, 1, p. 58.
4. Piekarski, *Escaping,* p. 85. スパイの男が収容所の外にあるSSの病院に移されて計画は失敗しかけたが、フェノールを注射された2日後に死んだ。
5. Czech, *Auschwitz,* p. 165, p. 167.
6. Rawicz, [List], August 8, 1956; Rawicz, Oświadczenia, vol. 27, APMA-B; Rawicz, [Raport], date unknown.
7. Rawicz, [List], August 8, 1956; Rawicz, Oświadczenia, vol. 27, APMA-B; Rawicz, [Raport], date unknown.
8. Pilecki, [Raport 1945], PUMST, BI 874, p. 69, p. 71, p. 111; Rawicz, [List], August 8, 1956; Lasik et al., *Auschwitz,* vol. I, p. 299. この蜂起が、収容所でホロコーストが始まる前に計画されていたことは注目に値する。
9. Pilecki, [Raport 1945], PUMST, BI 874, p. 54; Langbein, *People,* p. 29; Redzej, [Raport 1943], AAN, 202/XVIII/1, p. 45; Ciesielski, [Raport 1943], AAN, 202/XVIII/1, p. 58.
10. Dering, [Wspomnienia], p. 89; Allen, *The Fantastic,* loc. 550; Gawron, *Ochotnik,* p. 222; Pilecki, [Raport 1945], PUMST, BI 874, p. 48; Motz, [Testimony], August 28, 1971; Allen, *The Fantastic,* loc. 550. シラミを使ってドイツ人をチフスに感染させる方法は、ほかの収容所や列車内などさまざまなところで行われたことがわかっている（Siedlecki, *Beyond,* p. 167）。1942年頃には、ドイツ軍将校の食事にチフス菌を混ぜて毒殺する計画を立てたとして、数人の微生物学者がアウシュヴィッツに送られた。Allen, *The Fantastic,* loc. 1633.
11. Piekarski, *Escaping,* p. 126.
12. Pietrzykowski, Wspomnienia, vol. 161, APMA-B, p. 141; Langbein, *People,* p. 240.
13. Dering, [Wspomnienia], p. 86, p. 141; Langbein, *People,* p. 240.
14. Dering, [Wspomnienia], p. 86.
15. Dering, [Wspomnienia], p. 86.
16. Czech, *Auschwitz,* p. 165; Kielar, *Anus Mundi,* p. 128; Dering, [Wspomnienia], p. 90.
17. Pilecki, *Report W,* p. 31; Czech, *Auschwitz,* p. 171; Piekarski, *Escaping,* p. 138.
18. Pilecki, [Raport 1945], PUMST, BI 874, p. 69; Pilecki, [Raport W], AAN, 202/XVIII/1, p. 31; Rawicz, [List], September 23, 1957; Bartosiewicz, [Wywiad], Ossolineum, 87/00; Bartosiewicz, Oświadczenia, vol. 84, APMA-B, p. 127; Rawicz, [List], September 23, 1957.
19. Chrościcki, Oświadczenia, vol. 11, APMA-B, pp. 4-5; Czech, *Auschwitz,* p. 174.
20. Pilecki, *The Auschwitz* ピレツキ『アウシュヴィッツ潜入記』loc. 3083; Pilecki, [Raport 1945],

Zabielski, Józef. *First to Return.* London: Garby Publications, 1976.

Zaborowski, Leszek (ed.). *Chronicles of Terror. German Atrocities in Warsaw-Wola, August 1944.* Vol. II. Warszawa: Witold Pilecki Center for Totalitarian Studies [IP], 2018.

Zagórski, Wacław. *Seventy Days.* Trans. John Welsh. London: Panther Books, 1959.

Zagórski, Wacław. *Wicher wolności. Dziennik powstańca.* Warszawa: Czytelnik, 1990.

Zalc, Claire; Bruttman, Tal (eds.). *Microhistories of the Holocaust.* New York: Berghahn Books, 2016.

Zakrzewski, Jerzy. Interview（イェジ・ザクシェフスキのインタビュー）, October 17, 2016.

Zaremba, Marcin. *Wielka trwoga. Polska 1944–1947.* Kraków: Znak, 2012.

Zaremba, Zygmunt. *Wojna i konspiracja.* Kraków: Wydawnictwo Literackie, 1991.

Zawadzki, Antoni. [Zeznania.] IPN, Oddziałowa Komisja Ścigania Zbrodni Przeciwko Narodowi Polskiemu, S/139/12/Zn, pp. 124–28.

Ziegler, Philip. *London at War: 1939–1945.* New York: Sinclair-Stevenson Ltd., 1995. Zieliński, Jan. "List posła Ładosia i doktora Kühla." *Zeszyty Literackie,* 2000/4, pp. 157–67.

Zimmerman, Joshua D. *The Polish Underground and the Jews, 1939–1945.* Cambridge: Cambridge University Press, 2015.

Ziółkowski, Michał. *Byłem od początku w Auschwitz.* Gdańsk: Marpress, 2007.

Znak. [Deklaracja ideowa grupy "ZNAK."] AAN, 2/2505/0/–/194.

Zwerin, Mike. *Swing Under Nazis: Jazz as a Metaphor for Freedom.* New York: Cooper Square Press, 2000.

Лаўрэш, Леанід Лявонцьевіч. "Яўрэі Ліды." *Маладосць,* 2016/4, pp. 141–54.

Лаўрэш, Леанід Лявонцьевіч. "Лідчына ў 1936–1939 гг. у люстэрку прэсы". *Лідскі летапісец.* 2014/66 (2), pp. 25–93.

Лаўрэш, Леанід Лявонцьевіч. "13 траўня 1901 г. нарадзіўся Вітольд Пілецкі." *Лідскі Летапісец,* 2016/2 (74), pp. 15–9.

Лаўрэш, Леанід Лявонцьевіч. "Лідчына ў 1924–1929 гг. у люстэрку прэсы." Ліòскі *летапісец,* 2015/69 (I), pp. 25–94.

Ярмонт, Евгения. *В тени замка Гедимина Лида. Воспоминания детства.* Grodno: КЛФ «Сталкер», 1995, pp. 93–4, cited in Лаўрэш, "Лідчына," p. 76.

地図製作：小野寺美恵（上下巻）

Walter-Janke, Zygmunt. *W Armii Krajowej na Śląsku.* Katowice: Wydawnictwo Śląsk, 1986.

Wanat, Leon. *Apel więźniów Pawiaka.* Warszawa: Książka i Wiedza, 1976.

Wanat, Leon. *Za murami Pawiaka.* Warszawa: Książka i Wiedza, 1985.

Wanner, Gerhard. "Flüchtlinge und Grenzverhältnisse in Vorarlberg 1938–1944. Einreiseund Transitland Schweiz." *Rheticus Vierteljahresschrift der Rheticus-Gesellschaft.* 1998/3–4, pp. 227–71.

War and Internationa [sic] Situation. February 22, 1944. Hansard. U.K. Parliament: https://api.parliament.uk/historic-hansard/commons/1944/feb/22/war-and-internationa-situation [January 22, 2019].

Wasserstein, Bernard. *Britain and the Jews of Europe, 1939–1945.* London: Leicester University Press, 1999.

Westermann, Edward B. "The Royal Air Force and the Bombing of Auschwitz: First Deliberations, January 1941." *Holocaust and Genocide Studies,* 2001/15, pp. 70–85.

Whaley, W. Gordon; Bowen, John S. *Russian Dandelion (Kok-Saghyz): An Emergency Source of Natural Rubber.* US Dept. of Agriculture, 1947.

Widelec, Jakob. *A Diary of Four Weeks with the Nazis in Ostrów,* in Margolis, Memorial, pp. 421–28.

Widfeldt, Bo; Wegman, Rolph. *Making for Sweden.* Walton-on-Thames: Air Research Publications, 1999.

Wielopolski, Piotr. Interview（ピョートル・ヴィエロポルスキのインタビュー）, May 18, 2017.

Wierusz, Witold. Oświadczenia, vol. 77, APMA-B, pp. 13–37.

Wierzbicka, Agnieszka. "Żyd, Żydzi, Żydy, Żydki—Stereotypes and Judgments Ingrained in the Polish Language." *Acta Universitis Lodzensis. Folia Linguistica,* 2015/49, pp. 57–67.

Wilkinson, Peter. *Foreign Fields: The Story of an SOE Operative.* Staplehurst: Spell-mount Publishers, 2013. Kindle.

Willenberg, Samuel. *Revolt in Treblinka.* Warszawa: ŻIH, 1992.

Winstone, Martin. *The Dark Heart of Hitler's Europe: Nazi Rule in Poland Under the General Government.* London: I. B. Tauris, 2014. Kindle.

Wiśnicka, Maria (dir.). *Sprawa szpiega Pileckiego.* 1991. WFD Warszawa Zespół Filmowy WIR.

Witowiecki, Tadeusz. *Tu mówi "Żelazo."* Łódź: Wydawnictwo Łódzkie, 1966.

Wnuk, Rafał; Poleszak, Sławomir; Jaczyńska, Agnieszka; Śladecka, Magdalena (eds.). *Atlas Polskiego Podziemia Niepodległościowego 1944–1956.* Warszawa-Lublin: IPN, 2007.

Wolny, Edward. Oświadczenia, vol. 33, APMA-B, pp. 25–26.

Wołosiuk, Bruno. "Znałem rotmistrza Pileckiego." *Słowo Powszechne,* 1980/49, pp. 19–26.

Wood, E. Thomas. *Karski: How One Man Tried to Stop the Holocaust.* Lubbock: Gihon River Press and Texas Tech University Press, 2014.

Wortmán, Marek (dir.). *Ucieczka z Oświęcimia.* 1998. TVP.

Wróbel, Janusz. *Na rozdrożu historii. Repatriacja obywateli polskich z Zachodu w latach 1945–1949.* Łódź: IPN, 2009.

Wyczański, Andrzej. *Mikrofilm. Nowa postać książki.* Wrocław: Ossolineum, 1972.

Wyman, David. *The Abandonment of the Jews: America and the Holocaust 1941–1945.* New York: New Press, 2007.

Wysocki, Wiesław Jan. *Rotmistrz Witold Pilecki 1901–1948.* Warszawa: Rytm, 2009.

Zabawski, Edmund. Wspomnienia, vol. 98, APMA-B, pp. 83–103.

Targosz, Franciszek. Oświadczenia, vol. 144, APMA-B, pp. 193-200, pp. 209-17. Taubenschlag, Stanisław. *To Be a Jew in Occupied Poland: Cracow-Auschwitz-Buchenwald.* Trans. from the French by David Herman. Oświęcim: Frap—Books, 1998.

Taul, Roman. Oświadczenia, vol. 9, APMA-B, pp. 1264-71, pp. 1273-85.

Taul, Roman. Wspomnienia, vol. 62, APMA-B, pp. 26-59.

Tereszczenko, Jan. Interview（ヤン・テレシュチェンコのインタビュー）, November 1, 2016.

Tereszczenko, Jan B. *Wspomnienia warszawiaka egocentrysty. "JA."* Warszawa: Muzeum Historyczne m. st. Warszawy, 2012.

Terry, Nicholas. "Conflicting Signals: British Intelligence on the 'Final Solution' Through Radio Intercepts and Other Sources." *Yad Vashem Studies,* 2004/32, pp. 351-96.

Thomas, *German,* p. 8.

Thompson, Mark Christian. *Anti-Music: Jazz and Racial Blackness in German Thought Between the Wars.* New York: State University of New York Press, 2008.

Thorsell, Staffan. *Warszawasvenskarna: De som lät världen veta.* Stockholm: Albert Bonniers förlag, 2014. Kindle.

Thugutt, Mieczysław. [List], November 19, 1941. PISM, A.9.III.4/14.

Tomaszewski, Aleksander. Wspomnienia, vol. 66, APMA-B, pp. 107-14.

Tomicki, Jan. *Stanisław Dubois.* Warszawa: Iskry, 1980.

Tooze, Adam. *The Wages of Destruction: The Making and Breaking of the Nazi Economy.* London: Penguin, 2008. Kindle.

Tracki, Krzysztof. *Młodość Witolda Pileckiego.* Warszawa: Wydawnictwo Sic!, 2014.

Tucholski, Jędrzej. *Cichociemni.* Warszawa: Instytut Wydawniczy PAX, 1984.

Tumielewicz, Józef. [Kronika.] Material courtesy of Stanisław Tumielewicz.

Tymowski, Stanisław Janusz. *Zarys historii organizacji społecznych geodetów polskich.* Warszawa: Państwowe Przedsiębiorstwo Wydawnictw Kartograficznych, 1970.

Unknown author. [Zasady konspiracji.] AAN, 2/2505/0/-/194—Fundacja Archiwum Polski Podziemnej 1939-1945. Foundation of the Polish Underground Archives, 1939-1945.

Urbanek, Jerzy. Oświadczenia, vol. 44, APMA-B, pp. 1-13.

Urbańczyk, Zygmunt. Wspomnienia, vol. 54, APMA-B, pp. 11-50.

Urynowicz, Marcin. *Adam Czerniaków 1880-1942. Prezes getta warszawskiego.* Warszawa: IPN, 2009.

van Pelt, Robert. *The Case for Auschwitz: Evidence from the Irving Trial.* Bloomington: Indiana University Press, 2016.

Vrba, Rudolf. *I Cannot Forgive.* Vancouver: Regent College Publishing, 1997.

Wachsmann, Nikolas. *KL: A History of the Nazi Concentration Camps.* New York: Farrar, Straus & Giroux, 2016.

Walasek, Bohdan. Interview（ボフダン・ワラセクのインタビュー）, May 19, 2016.

Walasek, Bohdan. [Wspomnienia], Muzeum Powstania Warszawskiego: https://www.1944.pl/archiwum-historii-mowionej/bohdan-zbigniew-walasek,2545.html [January 16, 2019.]

Walendzik, Janusz. Interview（ヤヌシュ・ワレンジクのインタビュー）, October 12, 2016.

Walker, Jonathan. *Poland Alone: Britain, SOE and the Collapse of the Polish Resistance, 1944.* Stroud: The History Press, 2011. Kindle.

1997/11, pp. 1–27.

Stola, Dariusz. *Nadzieja i zagłada: Ignacy Schwarzbart—żydowski przedstawiciel w Radzie Narodowej RP (1940–1945).* Warszawa: Oficyna Naukowa, 1995.

Stoves, Rolf O. G. Die 1. *Panzer-Division 1935–1945.* Dornheim: Podzun-Verlag, 1976. Stranský, Karl. Oświadczenia, vol. 84, APMA–B, pp. 44–58.

Strzelecka, Irena. *Voices of Memory 2: Medical Crimes: The Experiments in Auschwitz.* Oświęcim: PMA–B, 2011.

Strzelecka, Irena. *Voices of Memory 3: Medical Crimes. The Hospitals in Auschwitz.* Oświęcim: PMA–B, 2008.

Stupka family. Interviews（ストゥプカ家のインタビュー）, September 21, 2016; September 24, 2016.

Stupka, Helena. Oświadczenia, vol. 68, APMA–B, pp. 124–32.

Stykowski, Jacek. Interview（ヤツェク・スティコフスキのインタビュー）, September 12, 2018.

Stykowski, Jacek. *Kapitan "Hal." Kulisy fałszowania prawdy o Powstaniu Warszawskim '44.* Warszawa: Capital, 2017.

Syzdek, Włodzimierz. "W 45 rocznicę śmierci Stanisława Dubois. Był człowiekiem działania." *Za wolność i lud,* 22.08.1987/34, p. 5.

Szarota, Tomasz. *Okupowanej Warszawy dzień powszedni. Studium Historyczne.* Warszawa: Czytelnik, 2010.

Szarota, Tomasz. *Stefan Rowecki "Grot."* Warszawa: PWN, 1985.

Szczepański, Marian. Video recollection [July 14, 1995], APMA–B, V–246.

Szejnert, Małgorzata. *Śród żywych duchów.* Kraków: Znak, 2012.

Szmaglewska, Seweryna. *Dymy nad Birkenau.* Warszawa: Czytelnik, 1971.

Szmaglewska, Seweryna. *Smoke over Birkenau.* Trans. Jadwiga Rynas. Warszawa: Książka i Wiedza; Oświęcim: PMA–B, 2008.

Szpakowski, Ludomir. Interview（ルドミル・シュパコフスキのインタビュー）, January 31, 2017.

Szpilman, Władysław. *The Pianist: The Extraordinary True Story of One Man's Survival in Warsaw, 1939–1945.* Trans. Anthea Bell. New York: Picador, 2000. ウワディスワフ・シュピルマン『戦場のピアニスト』春秋社、2003年

Szwajkowski, Kazimierz. [Zeznania.] IPN, Oddziałowa Komisja Ścigania Zbrodni Przeciwko Narodowi Polskiemu, S/139/12/Zn, pp. 137–42.

Świebocki, Henryk. *London Has Been Informed...: Reports by Auschwitz Escapees.* Oświęcim: PMA–B, 2002.

Świebocki, Henryk. "Przyobozowy ruch oporu w akcji niesienia pomocy więźniom KL Auschwitz." *Zeszyty Oświęcimskie 19.* Oświęcim: PMA–B, 1988.

Świebocki, Henryk (ed.). *Auschwitz, 1940–1945: Central Issues in the History of the Camp.* Vol. IV: *The Resistance Movement.* Trans. William Brandt. Oświęcim: PMA–B, 2000.

Świętorzecki, Karol. Interviews（カロル・シュヴィエントジェツキのインタビュー）, February 14, 1970; February 14, 1972, http://www.infopol.com/ms/070531all_restored.wav [January 20, 2019].

Świętorzecki, Karol. Oświadczenia, vol. 76, APMA–B, pp. 88–110.

Świętorzecki, Karol. Wspomnienia, vol. 86, APMA–B, pp. 232–37.

Tabeau, Jerzy. [Sprawozdanie], in *Zeszyty oświęcimskie. Raporty uciekinierów z KL Auschwitz.* Oświęcim: PMA–B, 1991, pp. 77–130.

Setkiewicz, Piotr. "Zapomniany czyn Mariana Batko." *Pro Memoria,* 06.2002-01.2003/17-18, pp. 61-64.

Siciński, Antoni. "Z psychopatologii więźniów funkcyjnych. Ernst Krankemann." *Przegląd Lekarski,* 1974/1, pp. 126-30.

Siedlecki, Janusz Nel. *Beyond Lost Dreams.* Lancaster: Carnegie Publishing, 1994.

Sierchuła, Rafał; Utracka, Katarzyna. "Historia oddziału WIG—rtm. Witolda Pileckiego." *Grot. Zeszyty Historyczne poświęcone historii wojska i walk o niepod-ległość,* 2015/39-40, pp. 213-23.

Słuchoński, Artur. [Wspomnienia.] Chronicles of Terror. IP, 019 Sluchonski_Artur_2_skan_AK: www.chroniclesofterror.pl.

Smoczyński, Juliusz. "Ostatnie dni Stanisława Dubois." *Kurier Polski,* 03.02.1980/25. No pages given.

Smoleń, Kazimierz. "'Czarna giełda' w obozie." *Wolni ludzie,* 1948/3, p. 4.

Smoleń, Kazimierz; Czech, Danuta; Iwaszko, Tadeusz; Jarosz, Barbara; Piper, Franciszek; Polska, Irena; Świebocka, Teresa (eds.). *KL Auschwitz Seen by SS.* Trans. Constantine FitzGibbon, Krystyna Michalik. Oświęcim: PMA-B, 2005.

Snyder, Timothy. *Black Earth: The Holocaust as History and Warning.* New York: Tim Duggan Books, 2016. ティモシー・スナイダー『ブラックアース：ホロコーストの歴史と警告』（上下）慶應義塾大学出版会、2016 年

Snyder, Timothy. *Bloodlands: Europe Between Hitler and Stalin.* New York: Basic Books, 2012. ティモシー・スナイダー『ブラッドランド：ヒトラーとスターリン　大虐殺の真実』（上下）筑摩書房、2015 年

Snyder, Timothy. *The Reconstruction of Nations: Poland, Ukraine, Lithuania, Belarus, 1956-1999.* New Haven: Yale University Press, 2003.

Sobański, Tomasz. *Ucieczki oświęcimskie.* Warszawa: Wydawnictwo MON, 1987.

Sobolewicz, Tadeusz. *But I Survived.* Oświęcim: PMA-B, 1998.

Šołta, Jan; Kunze, Pětr; Šěn, Franc (eds.). *Nowy biografiski słownik k stawiznam a kulturje Serbow.* Budyšin Ludowe nakładnistwo Domowina, 1984.

Sowa, Andrzej Leon. *Kto wydał wyrok na miasto? Plany operacyjne ZWZ-AK (1940-1944) i sposoby ich realizacji.* Kraków: Wydawnictwo Literackie, 2016.

Sowul, Czesław. Oświadczenia, vol. 72, APMA-B, pp. 160-81.

Stafford, David. *Britain and European Resistance: 1940-1945: A Survey of the Special Operations Executive, with Documents.* London: Thistle Publishing, 2013.

Stapf, Adam. Oświadczenia, vol. 29, APMA-B, pp. 86-94.

Stapf, Adam. Oświadczenia, vol. 55, APMA-B, pp. 1-6.

Stapf, Adam. Wspomnienia, vol. 110, APMA-B, pp. 75-105.

Stapf, Adam. Oświadczenia, vol. 148, APMA-B, pp. 96-138.

Stargardt, Nicholas. *The German War: A Nation Under Arms, 1939-1945. Citizens and Soldiers.* New York: Basic Books, 2015.

Steinbacher, Sybille. *Auschwitz: A History.* Trans. Shaun Whiteside. London: Harper Perennial, 2006. Kindle.

Stępień, Jan. Wspomnienia, vol. 179, APMA-B, pp. 176-77.

Stola, Dariusz. "Early News of the Holocaust from Poland." *Holocaust and Genocide Studies,*

Roberts, Andrew. *Churchill: Walking with Destiny.* New York: Viking, 2018.

Rohleder, Joachim. [Bundesanschaftschaftsakten]. Schweizerisches B4, E 4320 (B) 1990/133, Bd. 67.

Romanowicz, Jerzy. "Czy W. Pilecki zostanie zrehabilitowany?" *Głos Pomorza,* 09–10.12.1989.

Romanowicz, Jerzy. "Zgrupowanie 'Chrobry II' w Powstaniu Warszawskim." *Słupskie Studia Historyczne,* 2003/10, pp. 293–303.

Romanowski, Andrzej. "Tajemnica Witolda Pileckiego." *Polityka,* 2013/20.

Rostkowski, Jerzy. *Świat Muszkieterów. Zapomnij albo zgiń.* Warszawa: Rebis, 2016.

Roth, Markus. *The Murder of the Jews in Ostrów Mazowiecka in November 1939,* in Zalc, Bruttman, *Microhistories,* pp. 227–41.

Rowecka-Mielczarska, Irena. *Father: Reminiscences About Major General Stefan "Grot" Rowecki.* Trans. Elżbieta Puławska. Warszawa: Presspol, 1983.

Rowiński, Aleksander. *Zygielbojma śmierć i życie.* Warszawa: Rój, 2000.

Russell, Sharman Apt. *Hunger: An Unnatural History.* New York: Basic Books, 2008. Rutkowski, Tadeusz Paweł. *Stanisław Kot 1885–1975. Biografia polityczna.* Warszawa: Dig, 2000.

Rybak, Krystyna. Interview（クリスティナ・リュバクのインタビュー）, March 8, 2017.

Sawicki, Jan (dir.). *Rotmistrz Witold Pilecki.* 1991. TVP Edukacyjna 1991.

Schulte, Jan E. *London war informiert. KZ-Expansion und Judenverfolgung. Entschlüsselte KZ-Stärkemeldungen vom Januar 1942 bis zum Januar 1943 in den britischen National Archives in Kew,* in Hackmann, Süß (eds.), Hitler's, pp. 183–207.

Schwarzbart, Ignacy. [Archives 1943–45.] IPN. BU_2835_15.

Segieda, Napoleon. HIA. Stanislaw Mikolajczyk Papers. Box 28, Folder 7.

Segieda, Napoleon. [Raport.] PISM, A.9.III.2a t.3.

Sehn, Jan. *Obóz koncentracyjny Oświęcim-Brzezinka Auschwitz-Birkenau.* Warszawa: Wydawnictwo Prawnicze, 1964.

Serafińska, Zofia. *Ziemniaki na pierwsze ..., na drugie ..., na trzecie.* Warszawa: Gebethner i Wolff, 1940.

Serafiński, Tomasz. [Ucieczka skazanych.] Nowy Wiśnicz: 1965. Document in the possession of Maria Serafińska-Domańska.

Setkiewicz, Piotr. *Głosy Pamięci 13: Załoga SS w KL Auschwitz.* Oświęcim: PMA-B, 2017.

Setkiewicz, Piotr. "Pierwsi Żydzi w KL Auschwitz." *Zeszyty Oświęcimskie 19.* Oświęcim: PMA-B, 2016, pp. 7–46.

Setkiewicz, Piotr (ed.). *The Private Lives of the Auschwitz SS.* Trans. William Brand. Oświęcim: PMA-B, 2014.

Setkiewicz, Piotr (ed.). *Studia nad dziejami obozów koncentracyjnych w okupowanej Polsce.* Oświęcim: PMA-B, 2011.

Setkiewicz, Piotr. *Voices of Memory 6: The Auschwitz Crematoria and Gas Chambers.* Oświęcim: PMA-B, 2011.

Setkiewicz, Piotr. *Z dziejów obozów IG Farben Werk Auschwitz 1941–1945.* Oświęcim: PMA-B, 2006.

Setkiewicz, Piotr. *Zaopatrzenie materiałowe krematoriów i komór gazowych Auschwitz: koks, drewno, cyklon,* in Setkiewicz, *Studia,* pp. 46–74.

Pszenicki, Krzysztof. *Tu mówi Londyn. Historia Sekcji Polskiej BBC.* Warszawa : Rosner and Wspólnicy, 2009.

Ptakowski, Jerzy. *Oświęcim bez cenzury i bez legend.* London : Myśl Polska, 1985.

Puławski, Adam. "Kwestia sowieckich jeńców wojennych w polityce Polskiego Państwa Podziemnego." *Rocznik Chełmski,* 2014/18, pp. 231–94.

Puławski, Adam. *Wobec niespotykanego w dziejach mordu.* Chełm : Stowarzyszenie Rocznik Chełmski, 2018.

Puławski, Adam. *W obliczu zagłady. Rząd RP na uchodźstwie, Delegatura Rządy RP na Kraj, ZWZ–AK wobec deportacji Żydów do obozów zagłady (1941–1942).* Lublin IPN, 2009.

Rablin, Andrzej. Oświadczenia, vol. 29, APMA–B, pp. 78–85.

Raczyński, Edward. *In Allied London.* London : Weidenfeld & Nicolson, 1962.

Radlicki, Ignacy. *Kapo odpowiedział—Auschwitz. Wspomnienia adwokata z obozu koncentracyjnego.* Warszawa : Redakcja "Palestry," 2008.

Radomska, Maria et al. (eds.). *Nasza niezwykła szkoła. Porto San Giorgio—Foxley 1945–1948.* Londyn : Koło Szkoły Porto San Giorgio—Foxley, 1985.

Rambert, Eugene. *Bex Et Ses Environs (1871).* Whitefish : Kessinger Publishing, 2010.

Rawicz (Popiel), Barbara. Interview（バーバラ・ラヴィチ［ポピエル］のインタビュー), March 5, 2017.

Rawicz, Jerzy. *Kariera szambelana.* Warszawa : Czytelnik, 1971.

Rawicz, Kazimierz. [List do L. Serafińskiej]. August 4, 1958. Materiały, vol. 220, APMA–B, pp. 167–68.

Rawicz, Kazimierz. [List], August 8, 1956 ; [List], 1957 ; [List], August 8, 1957 ; [List], August 22, 1957 ; August 31, 1957 ; [List], September 23, 1957 ; [List], 1957 ; [Raport], date unknown. Material courtesy of Andrzej Kunert.

Rawicz, Kazimierz. Oświaczenia, vol. 27, APMA–B, pp. 33–41, pp. 41a–41h.

Rawicz-Heilman, Kazimierz. [Pobyt w obozie w Oświęcimiu], pp. 1–64. Manuscript in the possession of Marek Popiel.

Redzej, Jan. [Raport 1943.] AAN, 202/XVIII/1, pp. 33–47a.

Rees, Laurence. *Auschwitz : A New History.* New York : PublicAffairs, 2015. Kindle.

Reisman, Michael ; Antoniou, Chris T. *The Laws of War : A Comprehensive Collection of Primary Documents on International Laws Governing Armed Conflict.* New York : Vintage, 1994.

Remlein, Janusz. [Wspomnienia]. https://www.1944.pl/archiwum-historii-mo wionej/janusz-remlein, 1137.html [December 27, 2018].

Republic of Poland, Ministry of Foreign Affairs. *The Mass Extermination of Jews in German Occupied Poland.* December 1942. NA, FCO 371/30924, C12313.

Richie, Alexandra. *Warsaw 1944 : Hitler, Himmler, and the Warsaw Uprising.* New York : Farrar, Straus & Giroux, 2013.

Ringelblum, Emmanuel. *Notes from the Warsaw Ghetto.* San Francisco : Pickle Partners Publishing, 2015. Kindle. エマヌエル・リンゲルブルム『ワルシャワ・ゲットー【新版】捕囚 1940–42 のノート』みすず書房、2006 年

Ringelblum, Emmnuel. *Polish-Jewish Relations During the Second World War.* Evanston : Northwestern University Press, 1992.

Pilecki, Witold. Akta sprawy przeciwko Witoldowi Pileckiemu i innym. [Tragedia kielecka], Materiały, vol. 223a, APMA-B, pp. 542-43.
Pilecki, Witold. Akta sprawy przeciwko Witoldowi Pileckiemu i innym. Protokół rozprawy głównej. Spis adresów, Materiały, vol. 223b, APMA-B, pp. 639-42.
Pilecki, Witold. Akta sprawy przeciwko Witoldowi Pileckiemu i innym. Protokół przesłuchania Witolda Pileckiego przez oficera śledczego MBP Stefana Alabor-skiego z 10 czerwca 1947 roku, Materiały, vol. 223, APMA-B, pp. 81-93.
Pilecki, Witold. Akta sprawy przeciwko Witoldowi Pileckiemu i innym. Protokół przesłuchania Witolda Pileckiego przez oficera śledczego MBP ppor. Eugeniusza Chimczaka z 8 maja 1947 roku, Materiały, vol. 223, APMA-B, pp. 73-76.
Pilecki, Witold. Akta sprawy Witolda Pileckiego. Protokół rozprawy głównej, vol. 5, ASS MON, pp. 25-26, cited in Cyra, *Rotmistrz.*
Pilecki, Witold. Akta sprawy Witolda Pileckiego. vol. 5, ASS MON, pp. 107-17, cited in Cyra, *Rotmistrz.*
Pilecki, Witold. Akta sprawy Witolda Pileckiego. Zeznanie w śledztwie Witolda Pileckiego, ASS MON, vol. 1, p. 74, cited in Cyra, *Rotmistrz.*
Piper, Franciszek (ed.). *Auschwitz 1940–1945: Central Issues in the History of the Camp.* Vol. III: *Mass Murder.* Trans. William Brandt. Oświęcim: PMA-B, 2000.
Piper, Franciszek. *Auschwitz: How Many Perished Jews, Poles, Gypsies.* Kraków: Poligrafia ITS, 1992.
Piper, Franciszek. *Ilu ludzi zginęło w KL Auschwitz? Liczba ofiar w świetle źródeł i badań 1945-1990.* Oświęcim: PMA-B, 1992.
Piper, Franciszek. *Voices of Memory 8: Poles in Auschwitz.* Oświęcim: PMA-B, 2011. Piper, Franciszek; Strzelecka, Irena (eds). *Księga Pamięci. Transporty Polaków z Warszawy do KL Auschwitz 1940–1944.* Oświęcim: PMA-B, 2000.
Plaskura, Władysław. Oświadczenia, vol. 82, APMA-B, pp. 50-69.
Plaskura, Władysław. Oświadczenia, vol. 105, APMA-B, pp. 38-45a.
Plaskura, Władysław. Oświadczenia, vol. 115, APMA-B, pp. 131-47.
Pluta, Wacław. Oświadczenia, vol. 129, APMA-B, pp. 187-92.
Pluta-Czachowski, Kazimierz. *"...gdy przychodzi czas—trzeba odejść." Ze wspomnień o gen. Stefanie Roweckim,* in Garlicka, *Zarzewie.*
Płużański, Tadeusz M. *Obława na wyklętych. Polowanie bezpieki na Żołnierzy Wyklętych.* Zakrzewo: Replika, 2017.
Pogozhev, Andrey. *Escape from Auschwitz.* Barnsley: Pen & Sword Military, 2007 Kindle edition.
Poleszak, Sławomir; Wnuk, Rafał. *Zarys dziejów polskiego podziemia niepodległościowego 1944-1956,* in Wnuk et al., *Atlas,* pp. xxii-xxxiv.
Polish Ministry of Information. *The Black Book of Poland.* New York: G. P. Putnam's Sons, 1942.
Polonsky, Antony. *My Brother's Keeper: Recent Polish Debates on the Holocaust.* London: Routledge, 1990.
Porębski, Henryk. Oświadczenia, vol. 21, APMA-B, pp. 11-31.
Porębski, Henryk. Oświadczenia, vol. 22, APMA-B, pp. 59-60.
Porębski, Henryk. Oświadczenia, vol. 102, APMA-B, pp. 27-28.
Pozimski, Jerzy. Wspomnienia, vol. 52, APMA-B, pp. 109-77.

Pilecki, Witold. [Klucz do raportu W z 1943 roku]. Wspomnienia, vol. 183, APMA-B, p. 79.
Pilecki, Witold. [List do córki], October 18, 1943, IPN: https://pilecki.ipn.gov.pl/rp/pilecki-nieznany/listy/7108, List-do-corki-Zosi.html [January 20, 2019].
Pilecki, Witold. [List do Generała ełczyńskiego], October 19, 1945, PUMST, BI 6991, pp. 1–2.
Pilecki, Witold. [Pod Lidą]. Materiały, vol. 223c, APMA-B, pp. 26–54.
Pilecki, Witold. [Raport—Nowy Wiśnicz], Wspomnienia, vol. 130, APMA-B, pp. 110–20.
Pilecki, Witold. [Raport 1945]. PUMST, BI.874, pp. 1–104.
Pilecki, Witold. [Raport teren S]. AAN, 202/XVIII/1, p. 88.
Pilecki, Witold. [Raport W]. AAN, 202/XVIII/1, pp. 64–87.
Pilecki, Witold. *Report W KL Auschwitz 1940–1943 by Captain Witold Pilecki.* Trans. Adam J. Koch. Melbourne: Andrzej Nowak with the Polish Association of Political Prisoners in Australia, 2013.
Pilecki, Witold. [W jaki sposób znalazłem się w Oświęcimiu]. PUMST, BI 6991.
Pilecki, Witold. [Wiersz do pułkownika Różańskiego]. May 14, 1947. UOP, 1768/III/9, p. 267.
Pilecki, Witold. [Zamiast wstępu-słów kilka do przyjaciół moich tych, którzy byli stale na ziemi]. Materiały, vol. 223c, APMA-B, pp. 1–5.
Pilecki, Witold. [Życiorys]. Materiały, vol. 223c, APMA-B. No pages given.
Pilecki, Witold. Akta procesowe Witolda Pileckiego. ASS MON, vol. 5, p. 33, cited in Cyra, *Rotmistrz.*
Pilecki, Witold. Akta sprawy przeciwko Witoldowi Pileckiemu i innym. [List Aliny Bieleckiej], Materiały, vol. 223b, APMA-B, p. 831.
Pilecki, Witold. Akta sprawy przeciwko Witoldowi Pileckiemu i innym. [List do Prezydenta Polski], May 7, 1948, Materiały, vol. 223b, pp. 773–75.
Pilecki, Witold. Akta sprawy przeciwko Witoldowi Pileckiemu i innym. [Meldunek nr 2], Materiały, vol. 223b, APMA-B, p. 555.
Pilecki, Witold. Akta sprawy przeciwko Witoldowi Pileckiemu i innym. Protokół przesłuchania Makarego Sieradzkiego, Materiały, vol. 223a, APMA-B, pp. 361–67.
Pilecki, Witold. Akta sprawy przeciwko Witoldowi Pileckiemu i innym. Protokół przesłuchania Marii Szelągowskiej, Materiały, vol. 223, APMA-B, pp. 150–65.
Pilecki, Witold. Akta sprawy przeciwko Witoldowi Pileckiemu i innym Protokół przesłuchania podejrzanego Tadeusza Płużańskiego, Materiały, vol. 223, APMA-B, pp. 184–223.
Pilecki, Witold. Akta sprawy przeciwko Witoldowi Pileckiemu i innym. Protokół przesłuchania Tadeusza Sztrum de Sztrema, Materiały, vol. 223a, APMA-B, pp. 397–402.
Pilecki, Witold. Akta sprawy przeciwko Witoldowi Pileckiemu i innym. Protokół przesłuchania Witolda Pileckiego, Materiały, vol. 223, APMA-B, pp. 10–317.
Pilecki, Witold. Akta sprawy przeciwko Witoldowi Pileckiemu i innym. Protokół rozprawy głównej, Materiały, vol. 223b, APMA-B, pp. 639–93.
Pilecki, Witold. Akta sprawy przeciwko Witoldowi Pileckiemu i innym. Protokół przesłuchania Wacława Alchimowicza, Materiały, vol. 223a, APMA-B, pp. 403–10.
Pilecki, Witold. Akta sprawy przeciwko Witoldowi Pileckiemu i innym. Protokół przesłuchania Witolda Pileckiego, Materiały, vol. 223a, APMA-B, pp. 117–21.
Pilecki, Witold. Akta sprawy przeciwko Witoldowi Pileckiemu i innym. [Meldunek nr 5], Materiały, vol. 223b, APMA-B, p. 556.

Ostrowska, Eleonora. Wspomnienia, vol. 179, APMA-B, pp. 143–58.

Ostrowska, Joanna; Zaremba, Marcin. "Kobieca gehenna." *Polityka,* 2009/10, pp. 64–66.

Ostrowski, Marek. Interviews（マレク・オストロフスキのインタビュー), March 9, 2016; May 1, 2016; October 10, 2017.

Overy, Richard. *The Bombing War.* London: Allen Lane, 2009.

Paczkowski, Andrzej. *Aparat bezpieczeństwa w latach 1944–1956. Taktyka, strategia, metody.* Vol. I. Warszawa: Instytut Studiów Politycznych PAN, 1994.

Paczuła, Tadeusz. Oświadczenia, vol. 108, APMA-B, pp. 70–72.

Paczyńska, Irena (ed.). *Grypsy z Konzentrationslager Auschwitz Józefa Cyrankiewicza i Stanisława Kłodzińskiego.* Kraków: Wydawnictwo Uniwersytetu Jagiellońskiego, 2013.

Paczyński, Józef. Oświadczenia, vol. 100, APMA-B, pp. 92–122.

Paulsson, Gunnar S. *Secret City: The Hidden Jews of Warsaw, 1940–1945.* New Haven: Yale University Press, 2013.

Pawlicki, Tadeusz (dir.). *Witold.* 1990. Studio A. Munka.

Pawłowski, Marek T.; Walczak, Małgorzata (dir.). *Jaster. Tajemnica Hela.* 2014. Polski Instytut Sztuki Filmowej.

Pęziński, Andrzej Franciszek. [Ostrów Mazowiecka z dystansu.] Material courtesy of Michał Dekiel.

Piątkowska, Antonina. Wspomnienia, vol. 66, APMA-B, pp. 116–19.

Picard, Jacques. *Die Schweiz und die Juden 1933–1945: Schweizerischer Antisemitismus, jüdische Abwehr und internationale Migrations-und Flüchtlingspolitik.* Zurich: Chronos, 1994.

Piechowski, Kazimierz. *Byłem numerem...: historie z Auschwitz.* Warszawa: Wydawnictwo Sióstr Loretanek, 2003.

Piechowski, Kazimierz. Interview（カジミエシュ・ピエホフスキのインタビュー), October 14, 2016.

Piekarski, Konstanty. *Escaping Hell: The Story of a Polish Underground Officer in Auschwitz and Buchenwald.* Toronto: Dundum Press, 2009.

Pieńkowska, Janina. [Wspomnienia 1.] AAN, 2/2505/0/-/194—Fundacja Archiwum Polski Podziemnej 1939–1945. Foundation of the Polish Undergroud Archives, 1939–1945.

Pietrzykowski, Tadeusz. Oświadczenia, vol. 88, APMA-B, p. 1–38.

Pietrzykowski, Tadeusz. Wspomnienia, vol. 161, APMA-B, pp. 140–5.

Pilecka, Maria. [Dzieje rodu Pileckich. Saga]. Materiały, vol. 223c, APMA-B, pp. 1–116.

Pilecka, Maria. [List do Bolesława Bieruta], data unknown. ASS MON. vol. 5, p. 194, in Cyra, *Rotmistrz.*

Pilecka-Optułowicz, Zofia. Interviews（ゾフィア・ピレツカ－オプトゥウォヴィチのインタビュー), February 1, 2016; May 17, 2016; July 14, 2016.

Pilecki, Andrzej. Interviews（アンジェイ・ピレツキのインタビュー), February 1, 2016; February 2, 2016; February 5, 2016; March 11, 2016; May 16, 2016; May 17, 2016; May 19, 2016; May 21, 2016; July 11, 2016; October 10, 2017; July 20, 2018.

Pilecki, Andrzej; Krzyszkowski, Mirosław; Wasztyl, Bogdan. *Pilecki. Śladami mojego taty.* Kraków: Znak, 2015.

Pilecki, Witold. *The Auschwitz Volunteer: Beyond Bravery.* Trans. Jarek Garliński. Los Angeles: Aquila Polonica, 2014. Kindle. ヴィトルト・ピレツキ（ヤレク・ガルリンスキ英訳）『アウシュヴィッツ潜入記』みすず書房、2020 年

Minkiewicz, Władysław. *Mokotów. Wronki. Rawicz. Wspomnienia 1939–1954.* Warszawa: Instytut Prasy i Wydawnictw "Novum," 1990.
Mitkiewicz, Leon. *W Najwyższym Sztabie Zachodnich Aliantów 1943–1945.* Londyn: Katolicki Ośrodek Wydawniczy Veritas, 1971.
Mitkiewicz, Leon. *Z Gen. Sikorskim na Obczyźnie.* Paryż: Instytut Literacki, 1968.
Moczarski, Kazimierz. *Conversations with an Executioner.* Trans. Mariana Fitzpatrick. Englewood Cliffs: Prentice-Hall, 1981.
Molenda, Antoni. *Władysław Plaskura (1905–1987).* Katowice: TOnO, 1995.
Molin, Andrzej. Interview（アンジェイ・モリンのインタビュー）, September 23, 2017.
Motz, Eugeniusz. [Testimony.] An appendix to the letter from Eugeniusz Motz to Józef Garliński, August 28, 1971, Warszawa.
Możdżeń, Andrzej. Oświadczenia, vol. 3, APMA–B, pp. 371–76.
Müller, Filip. *Eyewitness Auschwitz: Three Years in the Gas Chambers.* Chicago: Ivan R. Dee, 1999.
Mulley, Clare. *The Spy Who Loved: The Secrets and Lives of Christine Granville.* New York: St. Martin's Griffin, 2014.
Münch, Hans. *Analyse von Nahrungsmittelproben (1947),* Opracowania, vol. 19, APMA–B, pp. 5–47.
Nahlik, Stanisław Edward. *Przesiane przez pamięć.* Kraków: Zakamycze, 2002.
Naruszewicz, Władysław. *Wspomnienia Lidzianina.* Warszawa: Bellona, 2001.
Nejmark, Helena. *The Destruction of Jewish Ostrów,* in Margolis, *Memorial,* pp. 445–46.
Neufeld, Michael J.; Berenbaum, Michael (eds.). *The Bombing of Auschwitz: Should the Allies Have Attempted It?* New York: St. Martin's Press, 2000.
Nosal, Eugeniusz. Oświadczenia, vol. 106, APMA–B, pp. 29–30.
Nosal, Eugeniusz. Oświadczenia, vol. 132, APMA–B, pp. 164–91.
Nowacki, Zygmunt. Wspomnienia, vol. 151, APMA–B, pp. 65–163.
Nowak, Jan. *Courier from Warsaw.* Detroit: Wayne State University Press, 1983.
Nowak, Jan. *Kurier z Warszawy.* Warszawa-Kraków: ResPublica, 1989.
O'Connor, Gary. *The Butcher of Poland: Hitler's Lawyer Hans Frank.* Staplehurst: Spellmount Publishers, 2014. Kindle.
Ollier, Michael. Email, August 16, 2001.
Olson, Lynne. *Last Hope Island.* New York: Random House, 2017, Kindle edition.
Olson, Lynne; Cloud, Stanley. *For Your Freedom and Ours: The Kosciuszko Squadron—Forgotten Heroes of World War II.* Estbourne: Gardners Books, 2004.
Olszowski, Jan. "Więźniarska kancelaria w obozie oświęcimskim." *Przegląd Lekarski,* 1982/1–2, pp. 182–87.
Olszowski, Jan. Wspomnienia, vol. 127, APMA–B, pp. 54–88. Orłowska, Marta. Interview, November 13, 2018.
Osęka, Piotr. "Zabawa pod barykadą." *Przekrój,* 2004/8.
Ostańkowicz, Czesław. *Ziemia parująca cyklonem.* Łódź: Wydawnictwo Łódzkie, 1967.
Ostrowska, Eleonora. [Wspomnienia 1.] Warszawa: 1981/82. Material courtesy of Andrzej Ostrowski.
Ostrowska, Eleonora. [Wspomnienia 2: Upadek powstania na Starym Mieście i okres popowstaniowy.] Warszawa: 1993, pp. 1–12. Material courtesy of Andrzej Ostrowski.

Northeastern University Press, 2005.
Leski, Kazimierz. *Życie niewłaściwie urozmaicone. Wspomnienia oficera wywiadu i kontrwywiadu AK.* Warszawa : Wydawnictwo Naukowe PWN, 1989.
Leśniewski, Andrzej. "Czy przygotowano proces Mikołajczyka?" *Przegląd Katolicki.* 19.02.1989/8, p. 2.
Lewandowski, Jozef. *Swedish Contribution to the Polish Resistance Movement During World War Two, 1939–42.* Trans. T. Szafar. Uppsala : Acta Universitatis Upsaliensis, 1979.
Lewitt, Chana. *When the Germans Arrived in Ostrów,* in Margolis, *Memorial,* pp. 442–43.
Lifton, Robert Jay. *The Nazi Doctors : Medical Killing and the Psychology of Genocide.* New York : Basic Books, 1988.
Lipstadt, Deborah E. *Beyond Belief : The American Press and the Coming of the Holocaust, 1933–1945.* New York : Touchstone, 1993.
Lowe, Keith. *Savage Continent : Europe in the Aftermath of World War II.* New York : St. Martin's Press, 2012. キース・ロウ『蛮行のヨーロッパ：第二次世界大戦直後の暴力』白水社、2018年
Lukas, Richard C. *Forgotten Holocaust : The Poles Under German Occupation, 1939–1944.* New York : Hippocrene Books, 2012. Kindle.
Machnowski, Jan. "Sprawa ppłk. Gilewicza." *Kultura.* Paryż, 1963/4, pp. 125–30.
Majzner, Robert (ed.). *Si Vis Pacem, Para Bellum. Bezpieczeństwo i Polityka Polski.* Częstochowa, Włocławek : Wydawnictwo Akademii im. Jana Długosza, 2013.
Malinowski, Kazimierz. *Tajna Armia Polska, Znak, Konfederacja Zbrojna : zarys genezy, organizacji i działalności.* Warszawa : Instytut Wydawniczy PAX, 1986.
Manchester, William ; Reid, Paul. *The Last Lion : Winston Spencer Churchill : Defender of the Realm, 1940–1965.* Boston : Little, Brown & Company, 2012. Kindle.
Marczewska, Krystyna ; Ważniewski, Władysław (eds.). *Zeszyty Oświęcimskie : numer specjalny (I) opracowany przez Zakład Historii Partii przy KC PZPR przy współpracy Państwowego Muzeum w Oświęcimiu.* Oświęcim : PMA-B, 1968.
Margolis, Arye (ed.). *Memorial Book of the Community of Ostrow-Mazowiecka.* Tel Aviv : Association of Former Residents of Ostrow-Mazowiecka, 1960.
Markert, Wojciech. *77. Pułk Strzelców Kowieńskich w latach 1918–1939.* Pruszków : Ajaks, 2003.
Marrus, Michael (ed.). *The Nazi Holocaust.* Part 5 : "Public Opinion and Relations to Jews." Berlin : De Gruyter, 1989.
Mastalerz, Mieczysław. Interview（ミエチスワフ・マスタレルツのインタビュー）, September 21, 2016.
Matusak, *Wywiad,* p. 32, p. 35.
McGilvray, Evan. *A Military Government in Exile : The Polish Government in Exile, 1939–1945 : A Study of Discontent.* Warwick : Helion & Company, 2013. Kindle.
Mierzanowski, Jan. Wspomnienia, vol. 203, APMA-B, pp. 82–104.
Mikusz, Józef. Oświadczenia, vol. 68, APMA-B, pp. 21–36.
Mikusz, Józef. Oświadczenia, vol. 99, APMA-B, pp. 156–59.
Milton, Giles. *Churchill's Ministry of Ungentlemanly Warfare : The Mavericks Who Plotted Hitler's Defeat.* London : Picador, 2017. Kindle.

im. gen. Sikorskiego, 1952, vol. 1, part 1.

Komorowski, Tadeusz. *The Secret Army: The Memoirs of General Bór-Komorowski.* Barnsley, South Yorkshire: Frontline Books, 2011.

Komski, Jan. Oświadczenia, vol. 71, APMA-B, pp. 57-78.

Korboński, Stefan, *Fighting Warsaw: The Story of the Polish Underground State, 1939-1945.* New York: Hippocrene Books, 2004.

Kotowicz, Stanisław. *Jak Napoleon Segieda szedł do Wojska Polskiego?* Buenos Aires: Buenos Aires, 1941.

Kowalczyk, August. *A Barbed Wire Refrain: An Adventure in the Shadow of the World.* Trans. Witold Zbirohowski-Kościa. Oświęcim: PMA-B, 2011.

Kowalski, Edward. Wspomnienia, vol. 96, APMA-B, pp. 158-265.

Kowalski, Stanisław, *Niezapomniana przeszłość. Haftling 4410 opowiada.* Oświęcim: PMA-B, 2001.

Kozłowiecki, Adam. *Ucisk i strapienie.* Vols. I-II. Kraków: WAM, 1995.

Kożusznik family, Interview（コズスニク家のインタビュー）, October 20, 2017.

Kożusznik, Władysława. Oświadczenia, vol. 12, APMA-B, pp. 7-23.

Kranzler, David. *Brother's Blood: The Orthodox Jewish Response During the Holocaust.* New York: Mesorah Publications, 1987.

Król, Henryk. Oświadczenia, vol. 76, APMA-B, pp. 191-210.

Kuciński, Dominik. *August Fieldorf "Nil."* Warszawa: Bollinari Publishing House, 2016.

Kuczbara, Janusz. [*Grypsy*]., Materiały Ruchu Oporu, vol. X, APMA-B. p. 6, p. 9, p. 11.

Kühl, Juliusz. [Memoir], USHMM, RG-27.001*08, p. 31.

Kühl, Juliusz. [Report], USHMM, RG-27.001*05, Miscellaneous reports, micro-fiche 1, p. 1.

Kunert, Andrzej Krzysztof. *Słownik biograficzny konspiracji Warszawskiej,* 1939-1944. Vols. I-II. Warszawa: Instytut Wydawniczy Pax, 1987.

Lachendro, Jacek. "Orkiestry w KL Auschwitz." Trans. William Brand. *Auschwitz Studies* 27. Oświęcim: PMA-B, 2015, pp. 7-148.

Lachendro, Jacek. *Zburzyć i zaorać ...? Idea założenia Państwowego Muzeum Auschwitz-Birkenau w świetle prasy polskiej w latach 1945-1948.* Oświęcim: PMA-B, 2007.

Lacki, Stanisław. "Burza nad Nowogródczyzną. (Kronika)." *Ziemia Lidzka—Miesięcznik krajoznawczo-regionalny,* 1939/IV (7-8), pp. 229-30: http://pawet.net/files/zl_1939_7_8.pdf [January 20, 2019.]

Landau, Ludwik. *Kronika lat wojny i okupacji.* Vols. I-III. Warszawa: PWN, 1962-1963.

Langbein, Herman. *People in Auschwitz.* Trans. Harry Zohn. London: University of North Carolina Press, 2004.

Łapian family, Interview（ワピアン家のインタビュー）, May 15, 2017.

Laqueur, Walter. *The Terrible Secret: Suppression of the Truth about Hitler's "Final Solution."* London: Penguin Books, 1982.

Lasik, Aleksander; Piper, Franciszek; Setkiewicz, Piotr; Strzelecka, Irena (eds.). *Auschwitz 1940-1945. Central Issues in the History of the Camp. Vol. I: The Establishment and Organization of the Camp.* Trans. William Brandt. Oświęcim: PMA-B, 2000.

Ławski, Zenon. Wspomnienia, vol. 154/154a, APMA-B, pp. 1-393.

Leff, Laurel. *Buried by the Times: The Holocaust and America's Most Important Newspaper.* Boston:

Jekiełek, Jan. Interview（ヤン・イェキエウェクのインタビュー）, March 4, 2017.

Jekiełek, Wojciech. [Konspiracja chłopska w okresie II wojny światowej w powiecie bialskim]. AZHRL, R-VI-2/547, pp. 1-172.

Jekiełek, Wojciech. *W pobliżu Oświęcimia.* Warszawa: Ludowa Spółdzielnia Wydawnicza, 1963.

Jezierski, Alfons Sylwester. [Wspomnienia.] CAW, I.302.4.466.

Jud, Ursina. *Liechtenstein und die Flüchtlinge zur Zeit des Nationalsozialismus.* Vaduz/Zurich: Chronos, 2005.

Kajtoch, Janina. Wspomnienia, vol. 27, APMA-B, pp. 1-149.

Kamber, Peter. *Geheime Agentin, Roman.* Berlin: Basis Druck Verlag, 2010.

Kantyka, Jan; Kantyka, Sławomir. *Oddani sprawie. Szkice biograficzne więźniów politycznych KL Auschwitz-Birkenau.* Vols. I-II. Katowice: Fundacja dla Wspierania Śląskiej Humanistyki. Zarząd Wojewódzki TOnO, 1999.

Kantyka, Jan; Kantyka, Sławomir. *Władysław Dering—nr 1723,* in idem, *Oddani,* vol. II, pp. 259-92.

Karski, Jan. *Story of a Secret State: My Report to the World.* Washington, D.C.: Georgetown University Press, 2014.

Karski, Jan. *The Tragedy of Szmul Zygielbojm.* Warsaw: Warsaw, 1967.

Karwowska-Lamparska, Alina. "Rozwój, radiofonii i telewizji." *Telekomunikacja i techniki informacyjne,* 2003/3-4, pp. 20-47.

Kawecka-Starmachowa, Bolesława. *Sto potraw z ziemniaków.* Kraków: Wydawnictwo Obywatelskiego Komitetu Pomocy, 1940.

Kielar, Wiesław. *Anus Mundi: Five Years in Auschwitz.* Trans. from the German by Susanne Flatauer. Harmondsworth: Penguin, 1982.

Kisielewicz, Danuta. *Oflag VIIA Murnau.* Opole: Centralne Muzeum Jeńców Wojennych w Łambinowicach-Opolu, 1990.

Klęczar, Krystyna. Interview（クリスティナ・クレチャルのインタビュー）, March 4, 2017.

Klukowski, Zygmunt. *Diary from the Years of Occupation 1939-44.* Champaign: University of Illinois Press, 1993.

Kłodziński, Stanisław. "Dur wysypkowy w obozie Oświęcim I." *Przegląd Lekarski,* 1965/1, pp. 46-76.

Kłodziński, Stanisław. "Pierwsza oświęcimska selekcja do gazu. Transport do 'sanatorium Dresden.'" *Przegląd Lekarski,* 1970/1, pp. 39-50.

Kłodziński, Stanisław. "Pierwsze zagazowanie więźniów i jeńców radzieckich w obozie oświęcimskim." *Przegląd Lekarski,* 1972/1, pp. 80-94.

Kłodziński, Stanisław. "Rola kryminalistów niemieckich w początkach obozu oświęcimskiego." *Przegląd Lekarski,* 1974/1, p. 113-26.

Kobrzyński, Stefan. Wspomnienia, vol. 129, APMA-B, pp. 1-49.

Kochanski, Halik. *The Eagle Unbowed: Poland and the Poles in the Second World War.* Cambridge: Harvard University Press, 2014.

Kochavi, Arieh J. *Prelude to Nuremberg: Allied War Crimes Policy and the Question of Punishment.* Chapel Hill: University of North Carolina Press, 2005.

Komisja Historyczna. *Polskie siły zbrojne w drugiej wojnie światowej.* Londyn: Instytut Historyczny

pp. 299–309.

Häsler, Alfred A. *The Lifeboat Is Full.* Trans. Charles Lam Markmann. New York: Funk & Wagnalls, 1969.

Hastings, Max. *Bomber Command.* London: Zenith Press, 2013. Kindle.

Hastings, Max. *The Secret War: Spies, Codes and Guerrillas 1939–1945.* New York: Harper, 2016. Kindle.

Herbert, Ulrich. *Hitler's Foreign Workers: Enforced Foreign Labor in Germany Under the Third Reich.* Cambridge: Cambridge University Press, 1997. ウルリヒ・ヘルベルト『第三帝国：ある独裁の歴史』KADOKAWA、2021 年（原題 *Das Dritte Reich*）

Heuener, Jonathan. *Auschwitz, Poland, and the Politics of Commemoration, 1945–1979.* Athens: Ohio University Press, 2003.

Heydecker, Joe J. *Moja wojna. Zapiski i zdjęcia z sześciu lat w hitlerowskim Wermachcie.* Trans. B. Ostrowska. Warszawa: Świat Książki, 2009.

Hilberg, Raul. *The Destruction of the European Jews.* New Haven: Yale University Press, 1961. ラウル・ヒルバーグ『ヨーロッパ・ユダヤ人の絶滅』（上下）柏書房、2012 年

Hill, Mavis Millicent; Williams, Leon Norman. *Auschwitz in England.* London: Panther, 1966.

Hodubski, Franciszek. [Protokół przesłuchania świadka]. Ostrów Mazowiecka, August 5, 1947, IPN, Bl 407/63. K. 296/47, GK 264/63, SOŁ 63, pp. 0343–0344.

Hołuj, Tadeusz; Friedman, Philip. *Oświęcim.* Warszawa: Spółdzielnia Wydawnicza "Książka," 1946.

Höss, Rudolf. *Commandant of Auschwitz: The Autobiography of Rudolf Höss.* Trans. Constantine FitzGibbon. London: Phoenix, 2000. Kindle. ルドルフ・ヘス『アウシュヴィッツ収容所』講談社、1999 年

Höss, Rudolf. *Death Dealer: The Memoirs of the SS Kommandant at Auschwitz.* Trans. Andrew Pollinger. Cambridge: Da Capo Press, 1996.

Iranek-Osmecki, Kazimierz; Bokiewicz, Zbigniew; Czarnocka, Halina; Garliński, Józef; Jastrzębski, Leonard; Jordanowa, Wanda; Olszewska, Jadwiga; Otocki, Włodzimierz; Pełczyński, Tadeusz; Suchcitz, Andrzej; Zawadzki-Żenczykowski, Tadeusz (eds.). *Armia Krajowa w dokumentach 1939–1945.* Vols. I–VI. Wrocław-Warszawa-Kraków: Ossolineum, 1990–1991.

Iranek-Osmecki, Kazimierz. *Powołanie i przeznaczenie: wspomnienia oficera Komendy Głównej AK 1940–1944.* Warszawa: Państwowy Instytut Wydawniczy, 1998.

Iwaszko, Tadeusz. "Ucieczki więźniów obozu koncentracyjnego Oświęcim." *Zeszyty oświęcimskie* 7. Oświęcim: PMA-B, 1963, pp. 3–53.

Iwaszko, Tadeusz; Kłodziński, Stanisław. "Bunt skazańców 28 października 1942 r. w oświęcimskim bloku nr 11." *Przegląd Lekarski,* 1977/1, pp. 119–22.

Iwaszko, Tadeusz; Kubica, Helena; Piper, Franciszek; Strzelecka, Irena; Strzelecki, Andrzej (eds.). *Auschwitz 1940–1945. Central Issues in the History of the Camp.* Vol. II*: The Prisoners—Their Life and Work.* Trans. William Brandt. Oświęcim: PMA-B, 2000.

Jagoda, Zenon; Kłodziński, Stanisław; Masłowski, Jan. "Sny więźniów obozu oświęcimskiego." *Przegląd Lekarski,* 1977/34, pp. 28–66.

Jaworski, Czesław Wincenty. *Wspomnienia oświęcimskie.* Warszawa: Instytut Wydawniczy PAX, 1962.

Jaźwiec, Jan. *Pomnik dowódcy.* Warszawa: Ludowa Spółdzielnia Wydawnicza, 1971.

Gelman, Abraham. *Economic Life of Jewish Lida before World War II,* in Ganusovitch, Manor, Lando, *Book,* pp. 83–85.

Gilbert, Martin. *Auschwitz and the Allies.* London: Vintage UK, 2001.

Gilbert, Martin. *Churchill: A Life.* New York: Holt Paperbacks, 1992.

Gistedt, Elna. *Od operetki do tragedii. Ze wspomnień szwedzkiej gwiazdy operetki warszawskiej.* Trans. M. Olszańska. Warszawa: Czytelnik, 1982.

Gliński, Bogdan. Oświadczenia, vol. 95, APMA-B, pp. 63–90.

Głowa, Stanisław. Oświadczenia, vol. 36, APMA-B, pp. 13–17.

Głowa, Stanisław. Oświadczenia, vol. 36, APMA-B, pp. p. 1–7.

Głowa, Stanisław. Oświadczenia, vol. 36, APMA-B, pp. 8–12.

Głowa, Stanisław. Oświadczenia, vol. 70, APMA-B, pp. 100–02.

Głowa, Stanisław. Oświadczenia, vol. 108, APMA-B, pp. 77–103.

Głowa, Stanisław. Wspomnienia, vol. 181, APMA-B, pp. 1–176.

Głowa, Stanisław. Wspomnienia, vol. 94, APMA-B, pp. 138–39.

Gnatowski, Leon. [Raport.] CAW, I.302.4.466. Material courtesy of Wojciech Markert.

Goebbels, Joseph. *The Goebbels Diaries, 1942–1943.* Trans. Louis P. Lochner. Lon-don: Penguin Books, 1984.

Gombrowicz, Witold. *Polish Memories.* Trans. Bill Johnson. New Haven: Yale University Press, 2011.

Gorzkowski, Kazimierz. *Kroniki Andrzeja. Zapiski z podziemia 1939–1941.* Warszawa: Wydawnictwo Naukowe PWN, 1989.

Grabowski, Waldemar. *Kurierzy cywilni (kociaki) na spadochronach. Zarys problematyki,* in Majzner, *Si vis Pacem,* pp. 175–202.

Gross, Jan T. *Polish Society Under German Occupation: The Generalgouvernement 1939–1944.* Princeton and Guilford: Princeton University Press, 1979.

Gutheil, Jorn-Erik. *Einer, muss überleben: Gespräche mit Auschwitzhäftlingen 40 Jahre danach.* Düsseldorf: Der Kleine Verlag, 1984.

Gutman, Israel; Krakowski, Shmuel. *Unequal Victims: Poles and Jews During World War Two.* New York: Holocaust Library, 1986.

Hackmann, Rüdiger; Süß, Winfried (eds.). *Hitler's Kommissare. Sondergewalten in der nationalsozialistischen Diktatur.* Göttingen: Wallstein Verlag, 2006.

Hahn, Stefan L. Interview (シュテファン・L・ハーンのインタビュー), April 24, 2018.

Hałgas, Kazimierz. "Oddział chirurgiczny szpitala obozowego w Oświęcimiu w latach 1940–1941." *Przegląd Lekarski,* 1971/1, pp. 48–54.

Hałgas, Kazimierz. Oświadczenia, vol. 89, APMA-B, pp. 161–88.

Hałgas, Kazimierz. Oświadczenia, vol. 95, PMA-B, pp. 231–47.

Hałko, Lech. *Kotwica herbem wybranym.* Warszawa: Askon, 1999.

Hančka, Great. *Bogumił Šwjela,* in Šołta, Kunze, Šěn, *Nowy.*

Harat, Andrzej; (Dęsoł-Gut, Ewa; Kowalska, Ewa [eds.]). *Działalność Armii Krajowej w Okręgu Śląskim we wspomnieniach porucznika Andrzeja Harata: działal-ność AK na terenie Libiąża.* Libiąż: Urząd Miejski, 2016.

Haska, Agnieszka. "'Proszę Pana Ministra o energiczną interwencję'. Aleksander Ładoś (1891–1963) i ratowanie Żydów przez Poselstwo RP w Bernie." *Zagłada Żydów. Studia i Materiały,* 2015/11,

Drzazga, Alojzy. Oświadczenia, vol. 33, APMA-B, pp. 45–56.
Duraczyński, Eugeniusz. *Rząd polski na uchodźstwie 1939–1945: organizacja, personalia, polityka.* Warszawa: Książka i Wiedza, 1993.
Dwork, Debórah; van Pelt, Robert Jan. *Auschwitz.* New York: W. W. Norton & Company, 2002.
Dziubek, Marcin. *Niezłomni z oddziału "Sosienki." Armia Krajowa wokół KL Auschwitz.* Oświęcim: Stowarzyszenie Auschwitz Memento; Kraków: Wydawnictwo Rudy Kot, 2016.
Engel, David. *In the Shadow of Auschwitz: The Polish Government-in-exile and the Jews, 1939–1942.* Chapel Hill: University of North Carolina Press, 2012.
Engelking, Barbara; Libionka Dariusz. *Żydzi w powstańczej Warszawie.* Warszawa: Stowarzyszenie Centrum Badań nad Zagładą Żydów, 2009.
Faliński, Stanisław Sławomir. "Ideologia Konfederacji Narodu." *Przegląd Historyczny, 1985/76* (1), pp. 57–76.
Favez, Jean-Claude. *The Red Cross and the Holocaust.* Trans. J. Fletcher, B. Fletcher. Cambridge: Cambridge University Press, 1999.
Fejkiel, Władysław. *Medycyna za drutami,* in Bidakowski, Wójcik, *Pamiętniki,* pp. 404–546.
Fejkiel, Władysław. *Więźniarski szpital w KL Auschwitz.* Oświęcim: PMA-B, 1994.
Fieldorf, Maria; Zachuta, Leszek. *Generał Fieldorf "Nil." Fakty, dokumenty, relacje.* Warszawa: Oficyna Wydawnicza RYTM, 1993.
Filar, Alfons. *Śladami kurierów tatrzańskich 1939–1944.* Warszawa: Agencja Wydawnicza CB, 2008.
Filip, Lucyna. *Żydzi w Oświęcimiu.* Oświęcim: Scientia, 2003.
Fleming, Michael. *Auschwitz, the Allies, and Censorship of the Holocaust.* Cambridge: Cambridge University Press, 2014.
Foot, Michael. *Six Faces of Courage.* Yorkshire: Leo Cooper, 2003. Kindle.
Forczyk, Robert. *Warsaw 1944. Poland's Bid for Freedom.* London: Bloomsbury Publishing, 2009.
Frączek, Seweryn. Wspomnienia, vol. 66, APMA-B, pp. 162–65.
Frank, Hans. *Extracts from Hans Frank's Diary.* Thomas J. Dodd Papers, Storrs: University of Connecticut, November 10, 1939.
Frazik, Wojciech. "Wojenne losy Napoleona Segiedy, kuriera Rządu RP do kraju." *Studia Historyczne,* 1998/3 (162), pp. 407–15.
Friedenson, Joseph; Kranzler, David. *Heroine of Rescue: The Incredible Story of Recha Sternbuch, Who Saved Thousands from the Holocaust.* New York: Mesorah Publications Ltd., 1984.
Ganusovitch, Itzchak; Manor, Alexander; Lando, Aba (eds.). *Book of Lida.* Tel Aviv: Irgun yotse Lida be-Yiśra'el u-Va'ad ha-'ezrah li-Yehude Lida ba-Artsot ha-Berit, 1970.
Gardiner, Juliet. *The Blitz: The British Under Attack.* New York: HarperPress, 2010.
Garlicka, Aleksandra (ed.). *Zarzewie 1909–1920: wspomnienia i materiały.* Warszawa: Pax, 1973.
Garliński, Józef. *Fighting Auschwitz: The Resistance Movement in the Concentration Camp.* Trans. Józef Garliński. London: Julian Friedmann Publishers Ltd., 1975.
Gawron, Wincenty. [Opowiadania.] Material courtesy of Ewa Biały and Adam Wojtasiak. No pages given.
Gawron, Wincenty. *Ochotnik do Oświęcimia.* Oświęcim: Wydawnictwo Calvarianum, Wydawnictwo PMA-B, 1992.
Gawron, Wincenty. Wspomnienia, vol. 48, APMA-B, pp. 1–331.

Chrościcki, Tadeusz Lucjan. Oświadczenia, vol. 11, APMA-B, pp. 1-11.
Chrzanowski, Wiesław. *Więźniowie polityczni w Polsce 1945-1956.* Dębogóra: Wydawnictwo Dębogóra, 2015.
Cichy, Michał. "Polacy—Żydzi: czarne karty powstania." *Gazeta Wyborcza,* January 23, 1994.
Ciesielski, Edward. [Raport 1943.] AAN, 202/XVIII/1, pp. 1-91.
Ciesielski, Edward. *Wspomnienia oświęcimskie.* Kraków: Wydawnictwo Literackie, 1968.
Cohen, Susan. *Rescue the Perishing: Eleanor Rathbone and the Refugees.* Elstree: Vallentine Mitchell, 2010.
Collingham, Lizzie. *The Taste of War: World War Two and the Battle for Food.* London: Penguin, 2012. リジー・コリンガム『戦争と飢餓』河出書房新社、2012 年
Cuber-Strutyńska, Ewa. "Witold Pilecki. Konfrontacja z legendą o 'ochotniku do Auschwitz.'" *Zagłada Żydów. Studia i Materiały,* 2014/10, pp. 474-94.
Cyra, Adam. "Dr Władysław Dering—pobyt w Auschwitz i więzieniu brytyjskim." *Biuletyn informacyjny AK,* 2015/2, pp. 73-79.
Cyra, Adam. *Jeszcze raz o prof. Marianie Batce*: http://cyra.wblogu.pl/tag/batko [May 16, 2018].
Cyra, Adam. *Rotmistrz Pilecki. Ochotnik do Auschwitz.* Warszawa: RM, 2014.
Cywiński, Piotr; Lachendro, Jacek; Setkiewicz, Piotr. *Auschwitz od A do Z. Ilustrowana historia obozu.* Oświęcim: PMA-B, 2013.
Czarnecka, Daria. *Największa zagadka Polskiego Państwa Podziemnego. Stanisław Gustaw Jaster—człowiek, który zniknął.* Warszawa: Wydawnictwo Naukowe PWN, 2016.
Czarnocka, Halina; Suchcitz, Andrzej (eds.). *Armia Krajowa w dokumentach 1939-1945.* Vol. I. CZ. 1-2. Warszawa: IPN, SPP, PISM, 2015.
Czech, Danuta. *Auschwitz Chronicle, 1939-1945.* New York: Henry Holt, 1997.
Czech, Danuta. *Kalendarz wydarzeń w KL Auschwitz.* Oświęcim: PMA-B, 1992.
Czech, Danuta; Kłodziński, Stanisław; Lasik, Aleksander; Strzelecki, Andrzej (eds.). *Auschwitz 1940-1945. Central Issues in the History of the Camp.* Vol. V: *Epilogue.* Trans. William Brandt. Oświęcim: PMA-B, 2000.
Dalton, Hugh; (Ben Pimlott [ed.]). *The Second World War Diary of Hugh Dalton, 1940-45.* London: Cape, 1986.
Davies, Norman. *Powstanie '44.* Kraków: Znak, 2004.
Davies, Norman. *Rising '44: The Battle for Warsaw.* London: Pan Books, 2007. ノーマン・デイヴィス『ワルシャワ蜂起 1944』(上下) 白水社、2012 年
Dębski, Jerzy. *Oficerowie Wojska Polskiego w obozie koncentracyjnym Auschwitz 1940-1945. Słownik biograficzny.* Oświęcim: PMA-B, 2016.
Dekel, Mikhal. [Browar Near Skater's Pond]. Material courtesy of the author.
Dembiński, Stanisław. [Raport], December 28, 1940. Dokumentacja Oddziału VI Sztabu Naczelnego Wodza, 1940. PUMST, A. 680.
Dering, Władysław. [Wspomnienia], pp. 1-200. Material courtesy of Adam Cyra.
Diem, Rudolf, "Ś. P. Kazimierz Jarzębowski." *Przegląd geodezyjny,* 1947/2, pp. 45-47.
Diem, Rudolf. Wspomnienia, vol. 172. APMA-B. pp. 1-235.
Dmytruk, Nykanor. "Z novogo pobutu." *Ethnografichnyi visnyk,* 1926/2, pp. 31-37.
Dobrowolska, Anna. *The Auschwitz Photographer.* Warsaw: Anna Dobrowolska, 2015.

Białas, Stanisław. Oświadczenia, vol. 94, APMA-B, pp. 23-26.
Bidakowski, Kazimierz; Wójcik, Tadeusz (eds.). *Pamiętniki lekarzy.* Warszawa: Czytelnik, 1964.
Biddle, Tami Davis. *Allied Airpower: Objective and Capabilities,* in Neufeld, Berenbaum (ed.), *The Bombing,* pp. 35-51.
Bielecki, Jerzy. *Kto ratuje jedno życie...Opowieść o miłości i ucieczce z Obozu Zagłady.* Oświęcim: Chrześcijańskie Stowarzyszenie Rodzin Oświęcimskich, 1999.
Biernacki, Edward. [List], Materiały Ruchu Oporu, vols. 1-2, APMA-B, p. 10.
Bikont, Anna. *The Crime and the Silence: Confronting the Massacre of Jews in War-time Jedwabne.* Trans. Alissa Valles. New York: Farrar, Straus & Giroux, 2015.
Bines, Jeffrey. *The Polish Country Section of the Special Operations Executive 1940-1946: A British Perspective.* [Dissertation.] Scotland: University of Stirling, 2008.
Bishop, Patrick. *Air Force Blue: The RAF in World War Two—Spearhead of Victory.* London: William Collins, 2017.
Bleja, Henryk. Interview（ヘンリク・ブレイヤのインタビュー), September 21, 2016.
Blum, Aleksander. *O broń i orły narodowe.* Pruszków: Ajaks, 1997.
Bogacka, Marta. *Bokser z Auschwitz: losy Tadeusza Pietrzykowskiego.* Warszawa: Demart, 2012.
Bogusz, Jerzy. Interview（イェジ・ボグシュのインタビュー), December 19, 2015.
Breitman, Richard. *Official Secrets: What the Nazis Planned, What the British and Americans Knew.* London: Allen Lane, 1998. リチャード・ブライトマン『封印されたホロコースト：ローズヴェルト、チャーチルはどこまで知っていたか』大月書店、2000 年
Breitman, Richard; Laqueur, Walter. *Breaking the Silence.* New York: Simon & Schuster, 1987.
Breitman, Richard; Lichtman, Allan J. *FDR and the Jews.* Cambridge: Harvard University Press, 2014.
Brewda, Alina. *I Shall Fear No Evi l.* London: Corgi, 1966.
Broad, Pery. [Testimony], cited in Smoleń, *KL Auschwitz,* pp. 103-49.
Brochowicz-Lewiński, Zbigniew. [Raport.] CAW, I.302.4. 466.
Brown, Kate. *A Biography of No Place: From Ethnic Borderland to Soviet Heartland.* Cambridge: Harvard University Press, 2009. Kindle.
Bruland, Bjarte. *Holocaust in Norway. Registration. Deportation. Extermination.* Oslo: Dreyers forlag, 2017.
Bryan, Julien. *Warsaw: 1939 Siege.* New York: International Film Foundation, 1959.
Brzoza, Czesław; Sowa, Andrzej Leon. *Historia Polski 1918-1945.* Kraków: Wydawnictwo Literackie, 2009.
Budarkiewicz, Włodzimierz. "Wspomnienia o rtm. Witoldzie Pileckim." *Przegląd kawalerii i broni pancernej,* 1987/127, pp. 57-61.
Bujniewicz, Ireneusz (ed.). *Kolejnictwo w polskich przygotowaniach obronnych i kampanii wrześniowej. Cz. 1: Opracowania i dokumenty.* Warszawa: Tetragon, 2011.
Butterly, John R.; Shepherd, Jack. *Hunger: The Biology and Politics of Starvation.* Hanover: Dartmouth College Press, 2010.
Carter, John Franklin. [Report on Poland and Lithuania.] NARS, RG 59, 800.20211/924.
Celt, Marek. *Raport z podziemia 1942.* Wrocław-Warszawa-Kraków: Ossolineum, 1992.
Chlebowski, Cezary. *Pozdrówcie góry Świętokrzyskie.* Warszawa: Czytelnik, 1985.

Abramow-Newerly, Jarosław. *Lwy mojego podwórka.* Warszawa: Rosner & Wspólnicy, 2002.

Albin, Kazimierz. Interview（カジミエシュ・アルビンのインタビュー）, May 21, 2016.

Albin, Kazimierz. *List gończy. Historia mojej ucieczki z Oświęcimia i działalności w konspiracji.* Warszawa: PMA-B. Książka i Wiedza, 1996.

Allen, Arthur. *The Fantastic Laboratory of Dr. Weigl: How Two Brave Scientists Battled Typhus and Sabotaged the Nazis.* New York: W. W. Norton & Company, 2014. Kindle.

Anders, Władysław. *Bez ostatniego rozdziału. Wspomnienia z lat 1939–1946.* Lublin test, 1995.

Apel Rady Narodowej do Parlamentów Wolnych Państw w sprawie zbrodni niemieckich w Polsce. *Dziennik Polski,* June 11, 1942, cited in Engel, *In the Shadow,* p. 181, p. 209.

Applebaum, Anne. *Iron Curtain: The Crushing of Eastern Europe, 1944–1956.* London: Penguin Books, 2017. アン・アプルボーム『鉄のカーテン：東欧の壊滅 1944–56』（上下）白水社、2019 年

Avni, Haim. *Spain, the Jews, and Franco.* Philadelphia: Jewish Publication Society, 1982.

Bagiński, Henryk. *Zbiór drożni na terytorium Rzeczypospolitej polskiej. Dodatek statystyczny.* Cz. 3. *Obszar północno-wschodni.* Warszawa: Ministerstwo Spraw Wojskowych, 1924.

Baliszewski, Dariusz; Uziębło, Ewa (dir.). *Rewizja nadzwyczajna—Witold Pilecki.* 1998. TV Edukacyjna.

Banach, Ludwik. [Testimony], Proces Załogi esesmańskiej, vol. 55, APMA-B, pp. 102–3.

Bartosiewicz, Henryk. [Wywiad], September 14, 1970, Stagenhoe. Ossolineum. 87/00, Archive of Józef Garliński.

Bartosiewicz, Henryk. Oświadczenia, vol. 84, APMA-B, pp. 117–38.

Bartosik, Igor; Martyniak, Łukasz; Setkiewicz, Piotr. *Początki obozu Birkenau w świetle materiałów źródłowych.* Oświęcim: PMA-B, 2017.

Bartosik, Igor; Martyniak, Łukasz; Setkiewicz, Piotr. *Wstęp,* in idem. *Początki obozu Birkenau w świetle materiałów źródłowych.* Oświęcim: PMA-B, 2017.

Bartoszewski, Władysław. 1859 *dni Warszawy.* Kraków: Znak, 2008.

Bartoszewski, Władysław. *Mój Auschwitz: rozmowę przeprowadzili Piotr M. A. Cywiński i Marek Zając.* Kraków: Znak, 2010.

Bartoszewski, Władysław; Komar, Michał. *Wywiad rzeka.* Warszawa: Świat Książki, 2006.

Bartys, Czesław. Oświadczenia, vol. 63, APMA-B, pp. 132–38.

Bauer, Yehuda. *Could the US Government Have Rescued European Jewry?* Jerusalem: Yad Vashem Publications, 2018.

Bednorz, Róża. *Lamsdorf Łambinowice. Zbrodnie cierpienia pamięć.* Katowice: Muzeum Martyrologii i Walki Jeńców Wojennych w Łambinowicach, 1981.

Bergier, Jean-François; Bartoszewski, Wladyslaw; Friedländer, Saul; James, Harold; Junz, Helen B.; Kreis, Georg; Milton, Sybil; Picard, Jacques; Tanner, Jakob; Thürer, Daniel; Voyame, Joseph (eds.). *Final Report. Independent Commission of Experts Switzerland—Second World War: Switzerland, National Socialism, and the Second World War.* Zurich: Pendo Editions, 2002.

Bernacka, Monika. "Otto Küsel. Green Triangle. On the 100th Anniversary of his Birth." *Oś,* 2009/5, pp. 8–9.

Bernstein, Tatiana; Rutkowski, Adam. "Liczba ludności żydowskiej i obszar przez nią zamieszkiwany w Warszawie w latach okupacji hitlerowskiej." *Biuletyn* ŻIH 26, 1958/2, pp. 73–114.

参考文献

略語

AAN—Archiwum Akt Nowych（現代文書館、ワルシャワ）
AN—Archiwum Narodowe w Krakowie（クラクフ公文書館）
APMA-B—Archiwum Państwowego Muzeum Auschwitz-Birkenau（国立アウシュヴィッツ・ビルケナウ博物館文書館）
ASS MON—Archiwum Służby Sprawiedliwości Ministerstwa Obrony Narodowej（ポーランド国防省司法情報文書館）
AZHRL—Archiwum Zakładu Historii Ruchu Ludowego（農民運動史研究所文書館）
BA—Bundesarchiv（ドイツ連邦公文書館）
CAW—Centralne Archiwum Wojskowe（中央軍事公文書館）
DGFP—Deutsche Gesellschaft für Personalführung（ドイツ人事労務協会）
FBI—Fritz Bauer Institut（フリッツ・バウアー研究所）
HHStAW—Hessisches Staatsarchiv Wiesbaden（ヘッセン州立公文書館）
HIA—Hoover Institution Archives（フーヴァー研究所文書館）
IP—Instytut Pileckiego（ピレツキ研究所）
IPN—Instytut Pamięci Narodowej（国家記銘院）
LHCMA—Liddell Hart Centre for Military Archives, King's College London リデル・ハート軍事文書センター／キングス・カレッジ・ロンドン）
NA—The National Archives in London（イギリス国立公文書館）
NARS—National Archives and Records Service（米国立公文書記録管理局）
〔現 NARA ／ National Archives and Records Administration〕
NRW—Archive in Nordrhein-Westfalen（ノルトライン・ヴェストファーレン州立公文書館）
PAN—Polska Akademia Nauk（ポーランド科学アカデミー）
PISM—The Polish Institute and Sikorski Museum（ポーランド研究所およびシコルスキ博物館）
PMA-B—Państwowego Museum Auschwitz-Birkenau（国立アウシュヴィッツ・ビルケナウ博物館）
PUMST—The Polish Underground Movement Study Trust（ポーランド地下運動研究トラスト）
SPP—Studium Polski Podziemnej（ポーランド地下運動研究所）
TOnO—Towarzystwo Opieki nad Oświęcimiem（オシフィエンチム福祉協会）
UOP—Urząd Ochrony Państwa（ポーランドの旧情報機関）
USHMM—United States Holocaust Memorial Museum（米ホロコースト記念博物館）
WFD—Wytwórnia Filmów Dokumentalnych（ワルシャワ・ドキュメンタリー映画スタジオ）
WIH—Wojskowy Instytut Historyczny（軍事史研究所）
YVA—Yad Vashem Archives（ヤド・ヴァシェム文書館）
ŻIH—Żydowski Instytut Historyczny（ユダヤ歴史研究所）

Abramow-Newerly, Jarosław. Interview（ヤロスワフ・アブラモウ－ニューリーのインタビュー）, October 2, 2017.

【著】ジャック・フェアウェザー（Jack Fairweather）
イギリスの作家、ジャーナリスト。「デイリー・テレグラフ」紙のバグダッド支局長、「ワシントン・ポスト」紙の映像ジャーナリストとしてアフガニスタンでの活動などを経て、著述業に専念。著書に *The Good War: Why We Couldn't Win the War or the Peace in Afghanistan*, *A War of Choice: The British in IRAQ 2003–9* などがある。本書 *The Volunteer* は、25カ国で刊行された世界的ベストセラーとなり、2019年のコスタ賞伝記部門を受賞した。

【訳】矢羽野 薫（やはの・かおる）
翻訳家。訳書に、ペロテット『古代オリンピック：全裸の祭典』、ウィークス『毎日使える、必ず役立つ哲学』、シェンク『POWERS OF TWO 二人で一人の天才』など、共訳にマクドナルド編『ニューヨーク・タイムズが報じた100人の死亡記事』などがある。

編集協力：柴理子（ポーランド史）

アウシュヴィッツを破壊《はかい》せよ　下
自《みずか》ら収容所《しゅうようじょ》に潜入《せんにゅう》した男《おとこ》

2023年1月20日　初版印刷
2023年1月30日　初版発行

著　者　ジャック・フェアウェザー
訳　者　矢羽野薫
装丁者　木庭貴信＋青木春香（オクターヴ）
発行者　小野寺優
発行所　株式会社河出書房新社
〒151-0051 東京都渋谷区千駄ヶ谷2-32-2
電話　(03) 3404-1201［営業］(03) 3404-8611［編集］
https://www.kawade.co.jp/
印　刷　株式会社亨有堂印刷所
製　本　大口製本印刷株式会社
Printed in Japan
ISBN978-4-309-22878-5